HINCMAR

DE

REIMS.

HINCMAR

DE

REIMS

ÉTUDE SUR LE IXe SIÈCLE

PAR

L'ABBÉ VIDIEU

Vicaire de Saint-Roch, Membre de l'Académie
de Reims.

PARIS

L. LAROSE, LIBRAIRE-ÉDITEUR

22, RUE SOUFFLOT, 22.

1875

INTRODUCTION.

Comme tous les hommes qui ont exercé sur leur siècle une influence quelconque, Hincmar de Reims a été l'objet de jugements très-divers. Les uns, aveuglés par l'enthousiasme, en font un prélat qui a réuni, au plus haut degré, toutes les qualités de l'intelligence et du cœur, et dont tous les actes sont marqués au coin du génie et de la sainteté. Pour les autres, *c'est un intrigant et un ambitieux, également préoccupé de sa fortune et de son salut; c'est un caractère altier et inflexible.*

Ces appréciations contradictoires tiennent surtout à ce que pour juger la vie et les écrits de cet archevêque on ne se reporte pas au siècle où il a vécu, on ne cherche pas à en connaître l'esprit et les tendances, on ne se rend pas compte des circonstances de temps et de lieux où il se trouvait, des usages qui avaient cours, des maximes enfin qui prévalaient dans la société.

Un coup d'œil rapide sur l'état de la société chrétienne à cette époque devient donc indispensable si l'on

veut présenter sous son vrai jour une vie si intéressante.

Le christianisme pour s'établir en fait avait eu à
vaincre toutes sortes d'ennemis : les rois et les peuples,
les lois et les mœurs, les prètres et les philosophes
païens. Sorti vainqueur de ces diverses luttes, il n'en
eu pas moins de nouveaux combats à soutenir contre
l'envahissement des princes devenus protecteurs, le
relâchement des mœurs et les tentatives fréquentes de
la fausse science à reprendre le sceptre des esprits.

Dès que Constantin eut embrassé la foi chrétienne,
l'Eglise eut plus rarement à endurer les persécutions
ouvertes dirigées contre elle par la puissance temporelle; elle fut reconnue par l'Etat, et en quelque sorte
associée à l'Empire. Mais tant que dura cette deuxième
période de son existence, sa situation fut précaire, sa
liberté mal définie.

Dans la partie occidentale de l'empire romain comme
dans la partie orientale, l'Eglise fut contrainte de se
plier aux formes extérieures des gouvernements, de
subsister sous leur police; elle dut alors subir malgré
elle une oppression administrative qui plus d'une fois
osait afficher la prétention inique d'intervenir dans le
dogme : on sait quelle protection plusieurs empereurs
accordèrent aux erreurs d'Arius et de quelques autres
hérésiarques; aussi, sourdement attaquée et contrariée
dans son action, la religion chrétienne ne parvenait
que très lentement à régénérer le monde latin et bysantin. Cependant les destinées de l'Eglise n'étaient
point pareilles en Orient et en Occident. A Constanti-

nople le clergé se résignait au joug de la cour, et trop souvent partageait ses scandales; à Rome la hiérarchie se maintenait pure et chrétienne. Là siégeaient les papes successeurs de Pierre; et le monde spirituel dédaignant Constantinople et Ravenne, ces deux capitales politiques de l'empire, ne reconnaissait de métropole suprême que la cité reine d'où le père des fidèles parlait *urbi et orbi*.

L'invasion des barbares affranchit l'Italie et l'Occident tout entier de la domination décrépite des empereurs : une société jeune et forte s'installa sur les ruines qu'elle avait faites, elle répandit dans les veines du corps social un sang vigoureux qui le ranima. Les souverains pontifes n'eurent garde de laisser comprendre l'Eglise dans la conquête : pouvaient-ils ne pas se montrer soucieux de l'impérissable dépôt que Dieu leur avait confié? Ils conférèrent aux francs la dictature de l'Occident et posèrent sur le front d'un barbare, du glorieux Charlemagne la couronne impériale des anciens Césars. Dès ce moment l'alliance de la papauté et de la société nouvelle fut de nouveau consacrée, le monde vit s'installer à ses deux sommets le pape et l'empereur, la tête du pouvoir spirituel et celle de la puissance temporelle : c'était l'union de l'Eglise et de l'Etat.

Les jours d'épreuve n'étaient point finis cependant : ils dureront pour l'Eglise jusqu'à la consommation des siècles. Délivrée du joug bysantin et de la crainte prolongée par l'état précaire dont la papauté venait de sortir (au point de vue temporel), l'Eglise rencontra

dans les tendances de la société des obstacles et des
dangers non moins graves. L'Etat tendait déjà sous les
premiers Carlovingiens à s'incorporer l'Eglise, la féodalité naissante agissait sur sa discipline. Ne pouvant
empêcher ce mouvement, l'Eglise chercha et réussit à
le diriger. Alors fut soulevée la redoutable question de
la responsabilité des rois envers Dieu. Avec le grand
pape Nicolas I, le principe de la hiérarchie féodale reçut
un commencement d'application dans la société spirituelle. De même que le serf avait au-dessus de lui son
seigneur, celui-ci reconnaissait pour suzerain un plus
noble feudataire, et d'échelon en échelon on remontait
au roi. Dans l'ordre des faits religieux, les rois avaient
pour suzerain le pape, vicaire de Jésus-Christ et son
représentant visible.

Chaque fois donc que les rois attentaient aux immunités de l'Eglise, entreprenaient contre le dogme ou
donnaient aux peuples l'exemple du crime et du mépris
des choses saintes, le souverain pontife intervenait à
son tour contre eux, les retranchant de la communion
des fidèles et, plus tard, déliant même leurs sujets du
serment de fidélité.

Les rois et les empereurs se soumirent plus d'une
fois à cette autorité qui s'exerçait au nom du Seigneur,
et par laquelle l'Eglise se posait comme médiatrice
entre l'oppresseur et l'opprimé ; mais ils nièrent souvent
le droit qu'exerçaient contre eux les souverains pontifes. De là bien des luttes dans lesquelles ils furent
souvent soutenus par les évêques qui invoquaient contre
les papes les privilèges des églises particulières. De là

l'origine de cette opinion fameuse qui s'appela plus tard le gallicanisme et qui, quoique maintenant frappée à mort, compte encore de secrets partisans.

Dans l'ordre moral la ferveur brûlante des premiers chrétiens avait d'abord tourné toute l'énergie des passions de la société païenne aux saintes pratiques de l'Evangile. Mais la chute de cette ferveur et l'éruption des mœurs séculières dans le sein même de la société chrétienne avec la liberté et les richesses rendaient la vie à ces mêmes passions comprimées. Les barbares survinrent avec un fonds de vertus simples et antiques et des passions plus violentes encore. L'Eglise seule pouvait les adoucir, son influence moralisatrice se fit sentir en France d'une manière spéciale sous le règne de Charlemagne, de Louis-le-Débonnaire et de Charles-le-Chauve.

Cependant la dureté des mœurs passa alors jusqu'à un certain point dans l'action non de l'Eglise mais de ses ministres en fait d'administration. Pour redresser des natures si peu flexibles et sur lesquelles la religion seule conservait de l'ascendant, il fallait aussi une autorité inflexible et une action forte quelquefois jusqu'à la dureté. Or cette autorité et cette action ne pouvaient être que dans les évêques, et c'est alors aussi que la puissance ecclésiastique se développe tout entière dans son action sociale. Tous ses titres se révèlent et si ses actes ne sont pas toujours respectés ils sont rarement contestés en principe. Grand nombre de ces actes nous paraîtraient durs aujourd'hui; mais alors ils étaient peut-être la seule manière d'agir efficacement sur des esprits violents et égarés. Nous parlons surtout de l'excommunication dont l'Eglise commence en ce siècle à faire un usage fréquent. Les évêques pouvaient abuser dans des cas particuliers, et alors encore les inconvénients qui en résultaient étaient un moindre mal que les désordres contre lesquelles ils n'avaient plus d'autres remèdes.

Au point de vue intellectuel, la philosophie ancienne avait été dès l'origine le seul adversaire du christianisme. Rationnellement parlant, c'était entre les néoplaticiens d'Alexandrie et les chrétiens que la question s'était posée. Voilà pourquoi nous voyons les pères des premiers siècles considérer toutes les questions non seulement comme docteurs de la foi et appelés à maintenir l'orthodoxie, mais comme philosophes et en examinant les choses en elles-mêmes. Clément d'Alexandrie (mort en 220), Origène (de 185 à 254) sont des disciples de la philosophie Alexandrine, des néoplatoniciens devenus chrétiens et qui essaient d'accommoder leurs doctrines philosophiques aux croyances chrétiennes. Dans le cours des IIIe IVe et même Ve siècles ces tentatives se renouvelèrent souvent. Mais lorsqu'après un sommeil de plus de cent-cinquante ans, le mouvement théologique recommença en occident, la victoire appartenait complètement au christianisme. Le néoplatonisme Alexandrin depuis longtemps décrié, persécuté, était abandonné des princes et des peuples. Les rationalistes, abandonnant pour un temps le terrain de la spéculation où personne n'était plus disposé à les suivre, feignirent de se soumettre à l'autorité. Ils

cherchèrent aux nouvelles hérésies une base imaginaire
dans les textes de l'Ecriture et des Pères des premiers
siècles, principalement de St-Augustin. Les théologiens
encore plus étrangers que leurs adversaires aux questions philosophiques s'appliquèrent exclusivement pour
les combattre à déduire les conséquences des règles de
croyance déjà posées. Les Pères de l'Eglise furent con-
sidérés par eux comme des autorités irréfragables,
comme les maîtres de la foi. Qui oserait s'en plaindre ?
La foi n'est que cela au fond et quand les intelligences
ne sont pas capables de hautes spéculations pourquoi
risquer de les égarer en refusant de suivre les sentiers
sûrs que d'autres ont frayés ? Toutefois si, en étudiant
la vie et les ouvrages des écrivains ecclésiastiques de
cette époque, on constate que ces hommes sont des
théologiens de profession, que l'atmosphère où ils vivent
est essentiellement théologique, on reconnaît aussi que
l'esprit théologique ne règne pas seul en eux, et que
vers la littérature ancienne tendent également leurs travaux et leurs pensées. Saint-Jérôme et Saint-Augustin
leur sont familiers, mais Homère, Virgile, Sénèque,
Pline reviennent aussi à leur mémoire, et quelquefois
même quoique plus rarement Pythagore, Aristote, Platon. Ils sont la lumière de l'Eglise contemporaine, mais
ce sont en même temps des érudits et des lettrés classiques.

Cette alliance des deux éléments fondamentaux qui
ont fait au moyen-âge la force de l'esprit humain,
l'antiquité et l'Eglise, le goût de la littérature païenne
et la sincérité de la foi chrétienne, cette alliance di-

sons-nous a commencé au IXe siècle, comme celle de
l'Eglise et de l'Etat. Alors apparaissent les théologiens
Raban, Florus, Walfried-Strabo, Paschase - Radbert,
Ratramne et plusieurs autres érudits lettrés ou poëtes
qui résument l'activité intellectuelle et religieuse de la
Gaule franque sous la race carlovingienne. Les travaux
de ces hommes ne forment point d'ensemble, ne se
rattachent à aucune grande idée, à aucun système
général et fécond autour desquels on puisse les grouper.
Ce sont des travaux isolés, partiels, assez peu variés et
plus remarquables par l'activité qui s'y manifeste que
par leurs résultats.

Pour réfléchir la vie de cette époque et retrouver la
trace de l'état des consciences et du mouvement général des esprits, il faut y chercher un personnage qui
en soit l'image et essayer de le bien faire connaître.
C'est la meilleure manière de comprendre un siècle
tout entier. Or un homme illustre se présente qui en
est le représentant direct. Dans sa vie et ses écrits se
reflète comme dans un miroir fidèle l'image de tout
le IXe siècle. On y trouve la manifestation de ces deux
forces dont l'union et quelquefois la lutte a fait longtemps
toute l'histoire du moyen âge : le sacerdoce et l'empire.
Car sans cet homme on ne faisait rien d'important.
Membre du conseil du roi, il avait la gestion de toutes
les affaires et présidait à tout : aux lois, à la guerre
et aux choses religieuses. Et quoique tout se fît par ses
conseils et ses soins, quoiqu'on lui demanda son avis
sur les différentes questions qui intéressaient l'Etat ou
les membres de la famille royale dont il était le direc-

teur, et qu'il le donnât toujours, il ne perdit jamais de vue le gouvernement de son diocèse, ni la science des choses célestes. Son activité intellectuelle, sa prodigieuse érudition se déployèrent surtout dans l'hérésie de Gottschalk, et son goût pour les lettres dans cette école de Reims qui, grâce à lui, devint bientôt l'une des plus florissantes de la France. Cet homme qui se dégage de son siècle comme d'un cadre trop étroit pour son étonnante personnalité est Hincmar de Reims.

Certes, c'est là comme nous allons voir une vie pleine et puissante. Mais on ne saisirait pas la véritable physionomie d'Hincmar si on se bornait à l'apprécier d'un coup d'œil rapide. Au premier aspect, on ne peut s'empêcher de haïr son orgueil, son arrogance, son aigreur et même sa dureté; mais si on creuse plus profondément, et si on entre dans la pensée de ce grand homme, quoiqu'on ne puisse approuver tous ses actes et particulièrement ses luttes contre les Papes, on admire cependant son incroyable vigilance pour l'administration des affaires publiques, la réforme des mœurs, le rétablissement de la discipline et la culture des lettres dans le clergé, son attachement à la pure doctrine, son application aux affaires religieuses et sa sollicitude pour soulager les misères des pauvres. Dans la politique, le trait remarquable de la vie d'Hincmar c'est son attachement au roi pendant que tout le monde s'éloignait de lui ou insultait à sa position désespérée. Mais cette fidélité constante aux descendants légitimes de Charlemagne, malgré les vicissitudes du pouvoir royal, ne l'empêcha pas de montrer en toute occasion qui intéressait l'Eglise un véritable courage épiscopal. Il s'efforça non seulement de défendre un trône assailli de toute part mais d'affranchir entièrement les choses saintes de l'autorité séculière. On ne doit donc pas s'étonner que, quelquefois sévère et menaçant, Hincmar se plaigne au roi de l'enlèvement des biens ecclésiastiques, de l'atteinte portée au droit et à la liberté des évêques.

C'est toutefois à cause de cette indépendance aussi bien que pour le zèle qu'il déploya contre l'hérésie de Gottschalk que cet homme illustre a été vivement incriminé par les adulateurs du pouvoir civil ou les adversaires de ses doctrines. Quant à nous qui écrivons sans engouement et sans colère, il nous apparaît comme l'un des plus grands caractères du moyen-âge, et sur le siège de Reims aucun archevêque, pas même Gerbert, n'a jeté un éclat plus vif et plus durable. Cependant, en l'étudiant de près, nous devons reconnaître que cet astre brillant a eu ses éclipses. C'est sous cette double impression, et avec la disposition de n'approuver que ce qui mérite de l'être et de blâmer ce qui paraît répréhensible, que nous nous sommes mis à l'œuvre.

Pour bien apprécier cette vie remarquable à tant de titres, il est indispensable de classer un peu les faits qui l'ont remplie et de considérer Hincmar sous trois points de vue principaux : 1º au-dehors de l'Eglise Gallo-franque et de son diocèse, dans ses rapports soit avec le pouvoir civil national, les rois de France, soit avec le pouvoir ecclésiastique central, les Papes; 2º au-dedans de l'église Gallo-franque et de son diocèse, dans son influence ecclésiastique et son administration épiscopale ; 3º dans son activité scientifique et littéraire , comme théologien et écrivain. Tous les faits importants ou instructifs de la vie d'Hincmar se rattachent à l'un ou à l'autre de ces trois aspects.

PREMIÈRE PARTIE.

HINCMAR CONSIDÉRÉ DANS SES RAPPORTS AVEC LE POUVOIR CIVIL NATIONAL ET LE POUVOIR ECCLÉSIASTIQUE CENTRAL.

Le gouvernement de l'Église avait été une des principales affaires de Charlemagne. Ce prince exerçait dans la société religieuse une influence très-efficace bien qu'indirecte. Il nommait les évêques et quoi qu'on lise dans ses capitulaires le rétablissement de l'élection épiscopale par le clergé et le peuple, selon l'usage primitif et le droit légal de l'Église, le fait continua d'être peu en accord avec le droit. Non-seulement les Carlovingiens disposaient ainsi du personnel des évêques, ils s'appropriaient souvent une bonne part de leurs domaines. Personne n'ignore ce que fit en ce genre Charles Martel. Pendant les premières années du règne de Louis-le-Débonnaire, l'ordre de choses établi par Charlemagne se maintient, ou à peu près : c'est encore l'empereur qui gouverne, qui semble du moins gouverner l'Église mais bientôt tout change, et l'Église à son tour gouverne l'empereur.

Cette révolution qui affranchit et même éleva dans la Gaule franque le sacerdoce au-dessus de l'empire fut le résultat de la nécessité, et non de la dévotion des princes. Elle s'accomplit surtout par l'influence d'Hincmar, et en apparence au profit des évêques. Mais les principes de régénération civile et ecclésiastique, qui survivaient au milieu des troubles civils et religieux, venaient en réalité d'au-delà des Alpes, de Rome. Là se développait en effet la puissance appelée à gouverner l'Église en général, et l'Église Gallo-franque en particulier; et malgré toutes les luttes d'Hincmar contre les Papes, ce fut entre les mains de la papauté, et non de l'épiscopat que tomba en définitive le pouvoir.

PREMIÈRE SECTION.

HINCMAR ET LE POUVOIR CIVIL NATIONAL.

CHAPITRE 1er.

DÉSINTÉRESSEMENT D'HINCMAR. SA FIDÉLITÉ AU ROI ET A SON PAYS.

Il résulte du seul exposé des faits que Hincmar obtint sans les avoir recherchés les honneurs ecclésiastiques et qu'il resta invariablement fidèle à son roi et à son pays.

§ I.

Premières années d'Hincmar ; il est conduit au palais de Louis-le-Débonnaire, admis dans l'intimité des princes et, après de nombreux services, élu Archevêque de Reims.

Hincmar naquit vers l'an 806 dans la Gaule Franque proprement dite, c'est-à-dire vers le Nord-Est de la France actuelle. Sa famille était une des plus considérables du temps ; il avait pour parent le fameux Bernard II, comte de Toulouse si célèbre dans les démêlés du roi Louis avec ses enfants, et un autre Bernard comte de Vermandois. Nous ne saurions rien de ses premières années s'il n'eut été contraint par ses ennemis de se défendre d'avoir ambitionné le siège de Reims.

Il n'y a dans les écrits qu'il composa à cette occasion rien qui puisse nous faire douter de sa vertu ; ce trait seul lui échappe : « Pour obéir aux évêques et à ceux « qui m'ont ordonné j'ai baissé la tête. Car animé par « la piété comme je crois que je l'étais alors, je n'ai « pas eu la présomption d'en agir autrement, moi qui « ai passé de longs jours dans le monastère où j'ai « revêtu dès ma plus tendre enfance l'habit canonial, « et qui n'en suis sorti que pour aller au palais de « l'empereur Louis. Mais après le retour de mes frères « aux pratiques de la vie religieuse, fuyant le siècle, « je retournai au couvent de Saint-Denys où j'avais « été élevé et j'y vécus longtemps, sans aucun désir de « l'épiscopat ou de quelqu'autre prélature. C'est là que « j'ai été pris pour être appliqué au service dudit em- « pereur et des évêques qu'il réunissait. Mais comme « je n'étais retenu que par l'obéissance, au bout de « quelques années je regagnai le monastère. De ce port « où je m'étais négligemment attaché en vue du salut « de plusieurs, j'ai été rejeté à cause de mes péchés « vers les tempêtes et les périls de la grande mer, après « avoir brisé les cables de mon ancre, persuadé par « les conseils de ceux que j'ai cru plus facilement que « cela ne m'était nécessaire. »

Flodoard, qui cite souvent au sujet de Hincmar les paroles même de cet Archevêque , ajoute qu'il fut versé dans les lettres et présenté au roi par l'abbé Hilduin : « Ce fut, dit-il, autant à cause de la distinction « de sa naissance que de son esprit qu'il fut conduit « au palais de l'empereur Louis et admis dans son « intimité, et là autant qu'il le put, de concert avec « l'empereur et ledit abbé, sous la direction des évê- « ques, il s'efforça de rétablir dans le monastère de « Saint Denys la règle monastique tombée depuis long- « temps en désuétude grâce au relâchement de plu- « sieurs. »

Comme la plupart des maisons religieuses , cette abbaye était tombée en effet dans la tiédeur. Vainement Louis-le-Débonnaire avait appelé à sa cour Saint Benoît d'Aniane, ce grand réformateur des ordres monastiques, vainement il avait à sa sollicitation, convoqué en 817 à Aix-la-Chapelle tous les abbés de ses états; les réso- lutions qu'on y avait prises étaient restées à l'état de lettre morte pour la plupart des monastères ; mais un concile s'étant réuni à Paris en 829, Hincmar, qui pou- vait avoir 23 ou 24 ans, demanda de concert avec Hilduin que la réforme de Saint Benoît fut appliquée dans toute la Province. Les Pères faisant droit à leur requête rendirent, en effet, un décret signé du roi qui obligeait tous les monastères à accepter la réforme , sous peine pour les réfractaires d'encourir les censures de l'Eglise. La règle de Saint Benoît n'était pas agréable à la nature. On se couchait tard, on se levait la nuit, on donnait de longues heures à la prière, la plus grande sobriété était prescrite dans les repas, l'obéissance la plus ponctuelle et la plus stricte était commandée, la personnalité disparaissait en quelque sorte et « non-seulement (ce sont les termes de la règle) personne ne devait rien donner ni recevoir sans l'ordre de l'abbé, n'avoir en propre ni livres, ni stylet, ni tablettes, ni quoi que ce soit, mais chacun devait en outre se dépouiller de sa volonté et de ses inclinations. »

Telle fut la règle que fit adopter Hincmar et qu'il embrassa lui-même, dit Flodoard, pour réaliser par ses exemples ce qu'il recommandait par ses discours.

Cette vie austère durait depuis quelque temps quand éclatèrent les querelles de Louis avec ses enfants (830).

Devenu le jouet de la princesse Judith sa seconde femme, le faible empereur avait à son instigation fait un nouveau partage de ses états en faveur du jeune Charles, fils de Judith, et né longtemps après les autres; et cette mesure avait eu pour conséquence naturelle de mécontenter les grands, les évêques et les princes. Toutes les influences blessées, tous les droits méconnus se liguèrent contre Louis; Hilduin lui-même oubliant sa dignité d'Archi-chapelain du palais s'associa au soulèvement général. Après bien des péripéties, l'empereur, ayant ressaisi le pouvoir un instant perdu, s'empressa de punir les conspirateurs et leurs partisans. Hilduin fut dépouillé de ses charges et exilé en Saxe. Hincmar qui aimait son abbé, bien qu'il n'approuva pas sa révolte, voulut partager sa disgrâce, et, s'arrachant à l'affection des religieux, ses frères, il alla demander

asile aux moines de la *Nouvelle Corbie* (1). L'exil ne fut
pas de longue durée. Hincmar avait conservé des amis
à la cour qui ne l'oublièrent pas ; il écrivit lui-même,
et, au bout d'un an, il obtint des lettres de rappel pour
Hilduin et pour lui. L'abbé rentra en possession de
son monastère, le jeune chanoine reprit ses études, et
pendant quelque temps il put sans être troublé satisfaire ses goûts littéraires et pieux.

Bientôt de nouveaux dissentiments s'élevèrent entre
l'empereur et ses enfants. Hilduin embrassa encore
la cause des fils de Louis et s'efforça d'attirer dans
leur parti un homme de l'importance d'Hincmar. Il était
persuadé que ses talents, sa naissance, et sa faveur
auprès des grands lui seraient d'une grande utilité, mais
il ne put y réussir; il ne parvint pas davantage à l'effrayer
lorsqu'il lui fit savoir que le Pontife romain Grégoire iv
était au milieu des révoltés pour excommunier l'empereur et les évêques s'ils résistaient aux volontés des
princes (2).

Hincmar fut de ce petit nombre de sujets qui res-
èrent auprès de leur souverain dans ce champ fameux
ppelé ensuite *Champ du mensonge*, lorsque son armée

(1) *Corbeia nova* aujourd'hui Corvey en Westphalie était une
colonie de moines récemment envoyés de la célèbre abbaye de
Corbie (*Corbeia Vetus*) sur la Somme.

(2) On a calomnié le Pape en prétendant qu'il avait pris parti
pour les trois fils de Louis-le-Germanique contre leur père. A
cette époque de déchirements intérieurs, il vint en effet en France,
mais comme médiateur, il se rendit au camp des princes rebelles
mais pour y porter des paroles de paix, et quand il s'aperçut
qu'il avait été trompé par ces fils dénaturés, il reprit avec tristesse
e chemin de l'Italie.

qui l'avait abandonné pendant la nuit apparut au lever du soleil dans le camp ennemi. Etait-il présent au moment ou les évèques fidèles, oubliant la constitution essentielle de l'Église, répondirent au Pape qui multipliait ses efforts pour arrêter cette guerre impie : « s'il est venu pour nous excommunier, il s'en retournera excommunié lui-même »? Cela n'est pas certain, mais nous savons qu'à partir de ce moment Hincmar devint le conseiller intime du roi qui lui donna plusieurs abbayes, et pendant quelques années le jeune religieux jouit d'un crédit sans limites.

A la mort de Louis-le-Débonnaire, il revint à són monastère dont ses frères qui appréciaient ses immenses qualités voulurent le faire abbé. Diverses circonstances sur lesquelles les historiens ont gardé le silence l'empêchèrent d'être élu, on lui confia les fonctions de trésorier et de gardien des saintes reliques.

Charles-le-Chauve parvenu au trône se souvint de l'admirable fidélité qu'Hincmar avait gardée à son père dans les jours difficiles qu'il avait traversés; il le rappela à la cour et, pour se l'attacher, il lui donna les abbayes de Notre-Dame à Compiègne et de Saint-Germer près de Beauvais, il y ajouta quelques terres qu'Hincmar céda ensuite à l'infirmerie du monastère de Saint-Denys lorsqu'il devint archevêque de Reims.

Jusqu'en 845 Hincmar ne quitta plus guère le monarque, celui-ci en avait fait son confident, son conseil et il l'employa dans les affaires les plus délicates. En 843 il l'envoya à Louis et à Lothaire ses frères pour conclure la paix de Verdun. Au sujet de cette paix

Hincmar écrivit une lettre à Charles-le-Chauve que l'on ne trouve nulle part. Mais sa principale fonction dans la maison du roi était de servir les évêques. Il s'acquitta de cette charge au concile de Verneuil réuni par les soins de Charles pour remédier aux maux causés par les dissensions civiles.

Parmi les vœux qu'exprimèrent les Pères on trouve celui de voir enfin la cité de Reims pourvue d'un pasteur.

« Elle gémit de son veuvage, disent-ils ; les mœurs « se relâchent, la discipline s'affaiblit et, si on ne se « hâte de lui donner un évêque, elle perdra cet éclat « dont elle a brillé jusqu'alors. » En exprimant ce désir les évêques songeaient peut-être à Hincmar que désignait à ce siège éminent son mérite éclatant, ainsi que la faveur dont il jouissait à la cour. Mais Ebbon n'était pas mort, il avait encore des partisans qui continuaient de le regarder comme archevêque de Reims, et au lieu de se prononcer contre lui, Rome inclinait plutôt à le maintenir. Le roi crut donc devoir surseoir à la demande des Pères de Verneuil, mais l'année suivante, au mois d'avril 845, Charles convoqua à Beauvais les évêques des provinces de Reims et de Sens. Dix évêques s'y trouvèrent ; la première question qu'on y posa fut celle du remplacement d'Ebbon. Le roi céda aux instances des Pères, et Hincmar, alors âgé de 39 ans, fut élu d'une commune voix par le clergé et par le peuple de l'Église de cette métropole, par les évêques de la même province, par Wénilon archevêque de Sens, avec l'autorisation d'Ercanrade évêque de

Paris, le consentement de son abbé et de ses frères les moines de Saint Denis où il restait, et avec l'appui du roi Charles (1).

Rothade, évêque de Soissons, fit la cérémonie du sacre, le 3 mai de la même année 845. Au mois de juin suivant, le nouvel archevêque assista au concile de Meaux, et en février 847, à celui de Paris ou son élection fut confirmée et toute prétention interdite à Ebbon sur le siège de Reims (2). Le Pape informé de ce qui s'était passé confirma lui-même l'ordination d'Hincmar et lui envoya le Pallium. Ce fut une raison pour les évêques du concile de Soissons, en l'an 853, de décider qu'Hincmar avait été ordonné canoniquement et que les ordinations faites par Ebbon depuis sa déposition étaient nulles (3).

§ II.

Foi politique d'Hincmar ; il servit fidèlement les descendants légitimes de Charlemagne et s'opposa toujours aux envahisseurs de la patrie. — Son traité sur le Serment.

L'édifice grandiose construit par Charlemagne devait naturellement s'écrouler après lui, c'était un monstrueux amalgame de peuples d'origines diverses. Charles avait incorporé à son empire les Saxons, les Bretons, les

(1) Flodoard, lib. III, cap. XVIII.
(2)   id.   lib. III, cap. II.
(3) Concile de Soissons, sess. 4, tome VIII, des *Conciles*. p. 88.

Bavarois, les Espagnols, les Italiens, mais sans se les identifier ; il avait comprimé les nations, à sa mort les nations vont réagir. Mais si ce lien qu'il avait imposé devait se relâcher, il n'est pas vrai pour cela qu'il n'en restât rien. Ce qui tirait sa vie de l'activité du monarque périt, il n'y eut plus un centre d'où partît et ou remontat tout le mouvement. Les assemblées générales devinrent plus rares et moins puissantes. *Les missi dominici*, l'administration uniforme, le pouvoir unique, qui était accepté par tous, déchurent. Mais on vit subsister ce qui était local, à savoir les comtes, les ducs, les vicaires, les bénéficiers, ainsi que l'ordre dans lequel le gouvernement central avait disposé les propriétés et les magistratures, en les arrachant à la confusion où elles étaient précédemment, et en les poussant vers l'indépendance héréditaire c'est-à-dire vers la féodalité.

Tant que les comtes, *les missi dominici* reçurent l'impulsion de Charlemagne, ils se murent avec harmonie et rapidité. Mais lorsqu'il ne fut plus là pour la diriger — son habileté incomparable ne pouvant se transmettre avec le titre impérial — cette machine, trop rapidement assemblée et poussée par un bras hardi sur une route non encore aplanie, dût naturellement s'écrouler. Peu satisfaits de leurs domaines, les grands se mirent à dépeupler et à spolier les provinces, les églises et abbayes, ils s'en prirent même à l'autorité royale, mais ce qui accrut encore davantage les maux du pays, ce fut la division des membres de la famille impériale elle-même. On sait quelles luttes impies s'élevèrent entre Louis-le-Débonnaire et ses fils que révoltait l'administration de leur père, car ce jeune prince, qui comme particulier avait montré une certaine sagesse, géra si mal les affaires publiques qu'il les réduisit en peu de temps à un état presque désespéré. D'un caractère faible et trop tourmenté par les scrupules de sa conscience, il sévit cruellement soit contre les séducteurs de ses sœurs, soit contre ses sœurs elles-mêmes, mais il fut bientôt à son tour le jouet d'une femme légère, ambitieuse, cupide et d'une chasteté plus que douteuse. Si comme dernier trait à ce triste tableau on ajoute les incursions incessantes des Saxons et des Danois sur les bords de la mer, sur les rives des fleuves et jusque dans l'intérieur des terres, on aura une image bien sombre, hélas! de la patrie à la mort de Louis-le-Débonnaire. Il était bien difficile et presqu'au-dessus des forces de la nature humaine de faire respecter la majesté royale ainsi assaillie de toute part. Il ne faut donc pas accuser Charles-le-Chauve de paresse et d'inertie s'il ne conserva pas intacts les droits de la couronne, mais attribuer au malheur des temps les dommages qu'elle éprouva et s'écrier avec l'évêque de Meaux : « Tout n'est pas faiblesse dans la vie des princes affligés par l'adversité. » Au milieu de telles conjonctures, il n'y avait pour ce roi qu'un seul moyen de salut, c'était de recourir à l'autorité religieuse qui seule domine le bouleversement et parvient à régénérer les familles et les sociétés, c'était de choisir un homme d'un grand caractère, et très ami de son pays, qui soit par la fermeté de son âme, soit par l'autorité d'une situa-

tion éminente vint au secours du pouvoir royal et de
l'empire qui s'écroulait.

Cet homme fut Hincmar de Reims. Le trait remarquable de sa vie politique, c'est sa constante fidélité à
la ligne directe, aux descendants légitimes de Charlemagne : problême difficile à résoudre de son temps au
milieu de toutes les dissensions de la famille régnante.
Soit affection ou principe, la foi politique d'Hincmar ne
s'est jamais égarée dans ce labyrinthe, il s'est toujours
tenu éloigné du parti que l'histoire a qualifié de rebelle, et les princes, qui sont reconnus comme formant
la série des vrais rois de France, l'ont toujours compté
parmi leurs défenseurs.

Nous l'avons vu presque seul auprès de Louis-le-
Débonnaire dans sa lutte contre ses fils. En 858, il
envoya au nom de tous les évêques des lettres à Louis
de Bavière qui, devenu maître d'une grande partie
des états de son père et voulant gagner les prélats à
sa cause, leur avait ordonné de se réunir à Reims le
25 novembre de cette même année pour y régler certains points de discipline qu'il indiquait. Ces lettres
sont menaçantes et portent surtout l'empreinte du
dévouement le plus absolu au roi et à la patrie.

Après s'être excusé en quelques mots de n'avoir pas
répondu à son appel, Hincmar entre immédiatement
en matière :

« Vous voulez, dites-vous, traiter avec nous du ré-
« tablissement de la discipline dans l'église, mais vous
« l'eussiez fait d'une manière plus équitable, si vous
« aviez écouté les salutaires conseils qui vous ont été

« donnés par des amis sincères et dévoués. Aussi est-
« ce avec une sorte d'hésitation que nous venons au-
« jourd'hui vous réitérer ces mêmes avis. Rentrez en
« vous-même, et, sous les yeux de Dieu, demandez-vous
« quel a été en cette circonstance le mobile de votre
« conduite. Songez à cet instant redoutable où votre
« âme, seule, sans consolation ni appui, paraîtra de-
« vant le juge suprême pour y rendre compte de toutes
« vos œuvres. Ce moment n'est pas loin peut-être, et
« que répondrez-vous aux accusations portées contre
« vous ?

Il se plaint ensuite de la cruauté et des déprédations
des hommes d'armes et exhorte le roi à les réprimer.

« Vous dites que vous venez rétablir la charité et la
« concorde ! La charité n'est pas ambitieuse et plus il
« y a de païens (les Normands) autour de vous, exer-
« cez-là à leur égard. Voulez-vous relever l'Eglise ! eh
« bien, rendez aux évêques leurs immunités et leurs
« droits ; faites qu'on puisse en toute sécurité convo-
« quer les conciles provinciaux et les synodes diocé-
« sains. Au lieu de dévaster ou de laisser dévaster les
« biens des églises, défendez-les. N'imitez pas le prince
« Charles, frère du roi Pépin, qui pour avoir pillé ces
« mêmes biens, s'est perdu éternellement. Saint Eu-
« cher l'a vu tourmenté au fond des enfers. C'est pour
« cela, c'est à titre de restitution que Pépin et Charles
« ont accordé des privilèges aux églises ; votre père,
« l'empereur Louis, vous l'a dit lui-même. Les monas-
« tères qui de temps immémorial ont été gouvernés
« par des religieux sont aujourd'hui confiés à des laï-

« ques ; rendez à ces monastères leurs privilèges, four-
« nissez aux moines leurs vêtements et la nourriture
« dont on les a dépouillés, faites rétablir les hôpitaux
« pour les pélerins. Etablissez des comtes qui aiment
« la justice, qui ne déshonorent pas les paysans, qui
« ne dévastent pas leurs moissons, leurs vignes, leurs
« prés, leurs forêts, qui n'enlèvent pas leurs trou-
« peaux, qui écoutent les évêques dans les choses de
« Dieu, qui tiennent des assemblées non pour s'en-
« richir, mais pour rendre justice aux veuves et aux
« pauvres. Que tous les juges des fermes royales, loin
« de protéger l'usure l'interdisent dans leurs domaines,
« qu'ils ne taxent pas les serfs plus qu'ils ne doivent.
« Sans doute vous aurez un peu moins d'or et d'ar-
« gent dans vos coffres, mais le poids du péché, sou-
« venez-vous en est plus lourd que le plus lourd trésor.
« N'écoutez pas ceux qui vous disent de ne tenir aucun
« compte de ces observations. Nous vous le répétons :
« Si vous voulez régner c'est par Dieu que les rois
« règnent.

   « Et puis quand nous aurons vu si Dieu à résolu de
« sauver l'Eglise par votre moyen et si c'est lui qui
« vous appelle à régner sur les états de votre frère,
« nous tâcherons de travailler efficacement avec vous
« au bien des fidèles. »

   Si dans ce passage, Hincmar fit preuve de prudence, il ne fut pas perfide. Car s'il projetait une
alliance avec Louis, pourquoi un peu auparavant l'avait-
il invectivé avec tant de véhémence ? Nous ne parta-
geons donc nullement l'opinion d'un écrivain moder-

ne (1) qui accuse Hincmar de trahison et de prudence de mauvais aloi. En examinant toutes choses avec impartialité, Hincmar nous a paru seulement avoir agi en évêque circonspect et vigilant. Nous ne nierons pas toutefois que de cette même lettre il résulte que l'archevêque de Reims est d'avis que ce qu'il y a de bien et de légitime est établi par Dieu, n'importe ce qui prévaut par les armes et la violence, et qu'il n'y a aucun droit qui soit saint et perpétuel par le fait de l'hérédité.

« Mais avant, il faut que nous prenions l'avis des « prélats qui avec le consentement du peuple ont donné « l'onction, l'onction royale à votre frère, dont l'Eglise « a reconnu et confirmé la royauté. Lisez le livre des « Rois, et vous verrez avec quel respect Saül, quoi- « que réprouvé de Dieu, a été traité par Samuel dont « nous tenons la place, vous verrez que David quoique « élu pour le remplacer craignit de porter la main sur « l'oint du Seigneur. Nous disons ceci pour vous faire « connaître qu'il ne nous est pas possible de nous « écarter de l'obéissance que nous avons jurée au roi « votre frère, nous ne pouvons d'ailleurs nous per- « suader que vous consentiez à perdre votre âme pour « accroître votre royaume. »

Mais le langage qu'il tient aux ministres de Louis lorsqu'après le synode de Metz, en 859, il alla au-devant de lui à la tête des évêques pour traiter de la paix, n'est pas celui d'un homme qui aurait favorisé secrètement son parti :

« S'il a connu véritablement, dit-il, au ministre du

(1) Ampère, Histoire littéraire, t. iii p. 201.

Prince tout ce qui a été fait par la persuasion et la
séduction d'hommes pervers dans nos paroisses et celles
de nos frères, qu'il promette de se priver du concours
de ses iniques partisans par lesquels il a si gravement
offensé Dieu. (1) » Après avoir entendu ces commu-
nications, Louis répond qu'il lui demande pardon s'il
a commis quelqu'offense envers les évêques; Hincmar
ajoute qu'il ne demande pas raison des injures faites
à sa personne, mais du tort causé aux églises et au
peuple. Si on le jugeait cependant d'après les lettres
qu'il écrivit aux évêques et aux grands de la province
de Reims, lorsque Louis de Bavière menaçait de nouveau le royaume de son frère, on pourrait croire que
son esprit inquiet de l'issue de l'évènement hésite sur
le parti à prendre, car alors se présente à son esprit
cet ancien adage *entre l'enclume et le marteau.* D'un
côté, Charles menaçait de revenir d'Italie et pouvait
mettre en fuite Louis, et de l'autre ce dernier occupait présentement ses états. Que devait faire Hincmar ?
Il fallait qu'il restât au milieu des siens et qu'il s'ef-
forçât de prévenir de la part de ses soldats le meurtre
et le pillage, qu'il n'indisposât d'aucune manière l'en-
vahisseur, ni par ses actes ni par ses paroles et qu'il
agît le plus prudemment possible avec ce prince qui
venait, disait-on, pour rétablir les affaires publiques et
faire régner la paix et la justice. C'est précisément ce
à quoi il s'arrêta : « Ainsi dit Hincmar nous ne serons
pas infidèles au Roi, et le Roi ne pourra pas sévir contre nous, car dénués d'ambition et n'ayant point pour

(1) Baluze. t. II p. 129.

mobile un lucre honteux, nous n'avons ni appelé un autre prince ni abandonné notre souverain, et nous ne sommes pas entrés en rapport avec un autre sans nécessité. Délaissés par notre roi et exposés aux attaques d'un prince étranger, nous nous sommes confiés plein d'espérance au jugement du Roi des Rois. » Dans ces préoccupations et ces perplexités il n'y a rien qui puisse étonner, si l'on songe que la plupart des grands étaient passés du côté de Louis et que le petit nombre des seigneurs restés fidèles à Charles ravageait les pays qu'ils devaient protéger, bien plus encore que les soldats envahisseurs.

Dans cette même lettre se révèle un art ingénieux pour retenir dans le devoir quelques hommes fidèles. Hincmar ne pouvait guère les inviter à repousser l'ennemi ; ils n'étaient ni assez nombreux, ni assez riches, voilà pourquoi il s'attache de préférence à calmer l'esprit des assaillants. Il écrit aux évêques de la province de Reims : « ne refusons pas nos conseils à celui — s'il y a quelqu'un dans ce cas — qui en l'absence de notre souverain s'efforce de s'emparer de son royaume ; rappelons-lui les engagements qui existent entr'eux et assurons-le des dispositions de notre roi à les observer fidèlement. » Sont-ce là les paroles d'un traître ? N'est-ce pas plutôt ce langage habile d'un sujet très fidèle qui ne sachant comment préserver son pays des ravages de l'étranger s'efforce de l'adoucir par l'obéissance ? Ce fut cependant à cause de cette lettre qu'Hincmar desservi par ses ennemis devint suspect à Charles-le-

Chauve (1). Au concile de Pontion, Charles se fit prêter
un nouveau serment de fidélité par tous ses vassaux,
nommément par Hincmar. Celui-ci s'en défendit, mais
il fallut obéir, et en manifesta depuis son amertume
dans un traité sur le *Serment*, où, examinant chaque
parole de la formule qu'on lui avait imposée, il tâche
de montrer qu'elle était nulle. Mais il s'applique particulièrement à revendiquer l'usage où étaient les princes
de n'exiger des évêques que des déclarations et non pas
des serments. Il s'autorise de la conduite des évêques
de Nicée et de Chalcédoine qui n'exigèrent point de serment, mais seulement une profession de foi de la part
de ceux qui quittant l'hérésie Arienne et Eutychienne
revenaient à l'unité de l'Eglise. Ensuite, après avoir rappelé la sévérité de l'Eglise envers les parjures, il ajoute :
« on n'aurait pas dû me demander un autre serment à
moi qui avant ma profession et ma souscription ai observé
ce que j'ai professé et souscrit pendant tant d'années
depuis ma jeunesse jusqu'à ma vieillesse. » Cela ne l'empêcha pas cependant de dissuader le fils de Louis d'attaquer le royaume de Charles.

Il en agit de même quelques années après envers
Hugues, fils illégitime du roi Lothaire et de Valdrade
Ce prince irrité de n'avoir pas d'apanage avait assemblé des troupes et faisait de grands ravages; il prétendait recouvrer le royaume de son père. Hincmar lui
écrivit et lui dit en substance : « J'ai eu l'amitié du
roi votre père et de l'empereur votre aïeul, et celle que

(1) *Apud Pontegonem.*
(2) Hinc. op. T. ii, p. 337.

je vous porte m'oblige à vous représenter que les pillages et les autres crimes qui se commettent sous votre aveu retombent sur vous et vous exposent aux peines éternelles. On s'en est plaint à un concile tenu en Neustrie, et ce concile m'a ordonné de vous en écrire et de vous avertir d'éloigner de vous ces méchants et de vous désister de vos prétentions sur ce royaume. Si vous n'y avez égard, j'assemblerai les évêques de ma province et des provinces voisines, et nous vous excommunierons vous et vos complices; puis nous dénoncerons l'excommunication au pape et à tous les évêques et princes des royaumes circonvoisins. Faites-donc réflexion, mon fils, en quel péril vous êtes, ne croyez point ceux qui vous flattent de l'espérance de régner ; considérez de quoi a servi à vos oncles d'avoir méprisé la loi de Dieu pour conquérir des royaumes, et que votre père, après bien des travaux, a perdu et le royaume et la vie. Le roi m'a promis de vous combler d'honneurs et de biens si vous n'y mettez obstacle. J'attends de vous une réponse certaine et sincère. »

Malgre cette application d'Hincmar à défendre partout les intérêts du roi et à conjurer les dangers qui menaçaient son pays, les ennemis de cet homme illustre tramèrent contre lui d'infâmes complots. Ils parvinrent même à éveiller les soupçons de Charles, et par ses luttes avec son souverain Hincmar fournit plus d'une fois des prétextes à leur accusation ; il conserva toujours cependant la faveur royale, et il ne cessa jamais d'être considéré par Charles et ses successeurs comme l'ami des princes et l'homme nécessaire à la patrie.

CHAPITRE II.

INDÉPENDANCE ÉPISCOPALE D'HINCMAR.

La fidélité d'Hincmar ne nuisit pas à son indépendance. Il défendit contre les rois les droits de la morale et les intérêts de l'Église.

La haute faveur dont jouit toujours Hincmar auprès des princes ne coûtait rien à l'indépendance de l'évêque. Il soutenait en même temps un double personnage, celui de ministre fidèle à son maître et à son pays et d'évêque dévoué aux intérêts soit temporels, soit spirituels de l'Eglise. Et cette fermeté épiscopale, qui rappelle les beaux temps de Saint-Basile, il ne s'en départit jamais sous un spécieux prétexte de tolérance ou de conciliation. Souvent même il résista aux rois pour conserver intacts les droits de la morale et les intérêts de l'Eglise de France.

Charles ne s'en offensa pas; il demanda même à Hincmar un discours sur les vertus que doit pratiquer le chrétien et les vices qu'il doit éviter. On trouve ce traité dans le tome IIe de ses œuvres et à la page 29. Il exhorte le roi à faire usage des grands talents qu'il a reçus de Dieu et à songer au compte qu'il lui en rendra un jour. Puis, entrant en matière, il lui prescrit les bonnes œuvres dont il devait s'occuper. L'aumône est utile et agréable à Jésus-Christ, quand on la fait de son bien propre et non de ce que l'on a acquis par rapines ou autres voies illicites. Alors même qu'on fonderait des monastères ou des hopitaux avec des richesses mal acquises, on ne pourrait en espérait de récompense : *les victimes des impies sont*, dit le Sage, *abominables devant le Seigneur*. L'aumône est profitable aux pécheurs lorsqu'ils y joignent les larmes de la pénitence et qu'ils en font de dignes fruits ; s'ils confessent leurs péchés avec sincérité, s'ils les pleurent, s'ils s'en corrigent, Dieu les leur pardonnera. Il faut qu'ils réparent par l'abondance de leurs bonnes œuvres le tort qu'ils se sont fait par leurs mauvaises. Faire pénitence c'est pleurer les péchés que l'on a commis et n'en plus commettre. Que sert à l'homme violent et emporté de pleurer sa colère s'il sèche d'envie ? Il faut s'éloigner également de l'avarice, de l'orgueil, de l'envie, de la gourmandise, de la colère et des autres vices comme les jurements et les parjures. La bonne foi doit s'étendre jusqu'aux ennemis, parce qu'il faut faire moins d'attention à la personne avec laquelle on s'est engagé par serments, qu'au nom de Dieu par qui on a juré. Ce n'est pas seulement les péchés d'action qu'un chrétien doit éviter et pleurer quand il en a commis, mais encore ceux de pensée. Les uns et les autres sont effacés par l'aumône, par le pardon des injures, par une humble pénitence, par l'intercession des saints, par l'oblation du sacrifice du corps et du sang de Jésus-Christ.

A peine arrivé à l'épiscopat, il disait hautement au concile de Meaux lorsqu'on lui demandait son avis pour ramener les mœurs des chrétiens à leur ancienne pureté : « C'est en vain qu'on s'efforcera de corriger les mœurs si les rois eux-mêmes ne donnent l'exemple à leurs sujets. » Adressant ensuite la parole à

Charles-le-Chauve qui était présent, il exhorta le prince
à observer religieusement les capitulaires de Charlemagne. Une fois il alla plus loin encore, il reprocha
vivement au roi l'inconduite de ceux qui habitaient
dans la maison royale et la dévastation des provinces
par les grands (1). Mais plein de respect cependant
pour l'autorité souveraine, il usait de beaucoup de ménagements lorsqu'il avait à faire au prince quelqu'observation plus sévère. Il tourne alors sa phrase de
manière à dire qu'il a.appris, mais qu'il n'a pas voulu
croire. Lorsqu'au nom des évêques il adresse au roi un
écrit : *Pour réprimer et extirper le rapt des veuves et
des jeunes filles etc.*, il a recours dans l'exorde aux
précautions oratoires, il dit que ses collègues et lui
sont forcés par leur fonction et leur devoir d'évêques
de veiller sur les bonnes mœurs et de demander du
secours au roi contre ces hommes incorrigibles qui
n'ont pu être ramenés de leurs égarements ni par les
conseils, ni par les prières, ni par les menaces. Puis
il montre habilement au roi qu'il est de son intérêt de
restaurer les mœurs, car rien n'attire la colère du
Dieu tout-puissant et ne trouble la paix du royaume
comme le mépris de la loi divine et de l'autorité paternelle, comme la profanation de la pureté et de la
sainteté ecclésiastiques (2). Il est beau de voir cette
sainte liberté, cette dignité épiscopale en un temps où
la cour donnait l'exemple de la licence et du luxe et
où le roi lui-même par faiblesse ou par impuissance

(1) Hincm. Op. t. ii, p. 144.
(2) Hincm. Op. t. ii, p. 225 — 226.

à les prévenir fermait les yeux sur les désordres des grands.

Ces remontrances ordinairement respectueuses prenaient un autre caractère quand Charles voulait porter atteinte aux privilèges des clercs.

Dans ses capitulaires, Charlemagne par respect pour la religion avait réglé que les ministres de l'autel seraient choisis chacun dans leur église ; qu'un clerc serait jugé par les juges ecclésiastiques s'il avait commis quelque délit contre la discipline. Mais à la mort de cet empereur les grands s'arrogèrent dans les affaires spirituelles une autorité désastreuse pour l'Eglise. Le roi Charles les suivit ou peut-être les précéda dans cette voie; mais l'archevêque de Reims ne leur céda jamais, comme il parut d'abord dans l'affaire des clercs ordonnés par Ebbon lorsqu'il fut rétabli sur le siège de Reims dont il avait été dépossédé par Louis-le-Débonnaire à cause de sa révolte. Hincmar soutint que cette institution n'était point canonique, qu'Ebbon, n'ayant pas été légitime archevêque de Reims, n'avait pas eu le droit de conférer les ordres, et quoique Charles lui-même favorisa l'un d'eux appelé Wulfad, il les priva de tout honneur et de toute fonction sacrée. Peu après, il écrit à Charles au sujet de l'élection de l'évêque de Beauvais et il s'efforce d'éloigner du roi toute pensée de simonie, assurant qu'il lui serait plus agréable de voir séculariser cet évêché que de maudire d'une malédiction éternelle un évêque choisi contre les règles de l'institution canonique (1).

(1) Flodo., lib. III, cap. XVIII.

Dans une autre circonstance il apostrophe le roi et lui fait presque des menaces parce qu'il a cité devant des juges laïques Hincmar de Laon. « Et, dit-il, lorsqu'il lui a été impossible de venir à votre tribunal et de trouver un avocat qui défendit sa cause, il a pris soin de vous en avertir. Cependant sur un ordre émané de vous, il a été mis au ban par le vicomte de ce pays, ce qui s'appelle dans la langue latine *proscriptio confiscanda*. Or ce qui a été fait est nouveau sous le soleil, car on n'a jamais vu qu'un évêque et son église aient été confisqués au titre de proscription par un prince religieux, au moyen des juges laïques. Mais quels ont été ces juges ? Des hommes que l'Eglise eut repoussés de son sein si l'antique discipline était encore en vigueur (1). » Et à l'appui de sa thèse Hincmar apporte soit les décrets des empereurs romains, soit les capitulaires de Charlemagne et de Louis-le-Débonnaire, soit les paroles de Charles lui-même au concile de Beauvais et au palais de Quiersy en 858. Mais le roi Charles, qui se piquait d'être versé dans l'histoire et la littérature et qui aimait d'ailleurs ces sortes de discussions, répondit que ces décrets ne s'appliquaient qu'aux infractions aux lois disciplinaires ou morales. « Les empereurs pieux, disait-il, voulurent épargner aux prêtres à qui appartient le droit de former le peuple aux bonnes mœurs, la honte d'être traduits devant les juges laïques sous l'inculpation d'adultère ou de quelque délit analogue. Mais d'après les capitulaires de Charlemagne il n'est nullement permis au prêtre ou à

(1) Hincm., Op. t. ii, p. 318.

l'évêque en contestation avec tout autre citoyen de récuser les juges ordinaires. » Et sans prendre plus de garde aux lettres d'Hincmar et aux constitutions de Charlemagne, le roi Charles-le-Chauve continuait à porter devant les juges royaux les causes des évêques qui avaient dépouillé leurs vassaux de champs ou de bénéfices. L'archevêque de Reims ne se déclara pas vaincu par cette ténacité du roi. Il reconnaît bien que si le laïque a une affaire civile, c'est-à-dire d'intérêt à poursuivre contre l'évêque, celui-ci doit être averti et jugé par qui de droit; de même le laïque doit être averti et contraint par le pouvoir civil de recourir à la sentence de juges élus par l'une et l'autre partie, et la cause doit être finie par leur décision (1). » Mais dans un autre ouvrage qui a pour titre *Admonitio extemporalis ad regem*, Hincmar rappelle de nouveau les articles du premier livre des capitulaires de Charlemagne, dans lesquels il est dit que le métropolitain est juge de toutes les causes des évêques qui lui sont soumises, et leur dénie le pouvoir d'admettre à l'insu des métropolitains rien de nouveau dans le diocèse soit pour la discipline, soit pour la doctrine. Comme le roi se montrait peu convaincu et prétextait les décrets des rois ses prédécesseurs le subtil et habile archevêque allègue les capitulaires publiés en 844, en 851, en 853 et la profession du roi lui-même en 860 (2).

Il le prit sur un ton encore plus haut avec les autres

(1) Concil. Duziac. p. 427.

(2) Les quatre mémoires présentés alors par Hincmar à Charles-le-Chauve font partie des actes du concile de Douzy.

princes. En 858, il écrivait au roi Louis de Germanie après son invasion : « Si vous venez rétablir l'Eglise, comme vous nous avez écrit, conservez les privilèges, honorez les évêques, ne les inquiétez point à contre-temps; laissez-leur aussi exercer en paix leurs fonctions; commandez aux comtes de leur amener des pécheurs scandaleux, pour les mettre en pénitence; permettez de tenir les conciles provinciaux dans les temps réglés par les canons. Conservez les biens des Eglises et de leurs vassaux : car depuis que les richesses des Eglises se sont accrues les évêques ont jugé à propos de donner les terres à des hommes libres pour augmenter la milice du royaume et assurer aux Eglises des défenseurs. » On voit ici l'origine des fiefs dépendants de l'Eglise. — Il disait encore à ce prince : « Quant aux seigneurs qui, à l'occasion des désordres commis dans nos diocèses se sont rendus coupables de crimes dignes de l'excommunication, obligez-les à venir s'humilier devant leurs évêques pour satisfaire à l'Eglise, et si quelqu'un a participé à leurs péchés, fût-ce vous même, qu'il en fasse pénitence. Les Eglises, que Dieu nous a confiées, ne sont pas des fiefs ou des biens appartenant en propriété au roi et dont il puisse disposer à sa volonté. Ce sont des biens consacrés à Dieu, dont on ne peut rien prendre sans sacrilège. » Parce qu'il avait exigé des évêques le serment de fidélité, il répond : « nous ne sommes pas des séculiers qui puissions nous rendre vassaux ou prêter serment contre la défense de l'Ecriture et des canons. Ce serait une abomination que des mains qui ont reçu l'onction du saint-Chrème et qui,

par la prière et le signe de la croix font que le pain et
le vin deviennent le corps et le sang de Jésus-Christ
servissent à un serment : non plus que la langue de l'é-
vêque que par la grace de Dieu est la clef du ciel. Et
si l'on a exigé quelque serment des évêques, ceux qui
l'ont exigé et ceux qui l'ont prêté doivent en faire pénitence. »

En 870, le roi Charles s'étant emparé d'une partie
du royaume de Lothaire donna l'Archevêché de Trèves
à Bertulfe, Hincmar l'ordonna. Le même Louis de Germanie s'en montra irrité comme d'une entreprise faite
sur une Eglise qui n'était point de l'indépendance de
celle de Reims. L'Archevêque écrivit à ce prince qu'il
n'avait fait cette ordination que pour le bien de l'Eglise
de Trèves ; que, vu le nombre insuffisant des évêques
de cette province pour ordonner un métropolitain,
cette ordination lui appartenait comme au métropolitain le plus voisin, d'autant plus que les Eglises de Reims
et de Trèves étaient regardées comme sœurs et que
l'usage étaient dans les assemblées où ces deux métropolitains se trouvaient ensemble d'accorder la préséance
au plus ancien des deux ; que c'était à la prière de l'E-
glise même de Trèves qu'il avait ordonné Bertulfe dont
le choix était approuvé généralement. Il ajoutait que,
l'ordination étant valide, il la maintiendrait et ne recon-
naîtrait jamais Valton qui au préjudice de Bertulfe s'é-
tait emparé du siège de Trèves. Il menace même Valton
d'anathème s'il persiste dans ses prétentions ; « Et si
quelqu'un, dit-il, veut alléguer quelque chose de fâcheux
contre son ordination qu'il vienne, mais qu'il prenne

garde, car où il ne sera pas en communication avec le corps ecclésiastique et épiscopal, ou nous-même ne communiquerons pas avec les évêques (1). »

En fait la vie d'Hincmar est pleine de ces actes de résistance aux souverains, à ceux même qu'il servait avec le plus de zèle, et son langage avec eux était souvent empreint de la sévérité la plus inflexible. Il n'est pas sans intérêt d'en citer encore quelques exemples. On lit dans son traité sur le divorce de Lothaire et de Teutberge, querelle dont nous parlerons plus loin :

« Quelques sages disent que ce prince, étant roi n'est soumis aux lois ni aux jugements de personne, si ce n'est de Dieu seul qui l'a fait roi........ et que de même qu'il ne doit point, quoiqu'il fasse, être excommunié par ses évêques, de même il ne peut être jugé par d'autres évêques, car Dieu seul a le droit de lui commander..... Un tel langage n'est point d'un chrétien catholique; il est plein de blasphème et de l'esprit du démon... L'autorité des apôtres dit que les rois doivent être soumis à ceux qui les instituent au nom du Seigneur et qui veillent sur leurs âmes, afin que cette tâche ne leur soit point un sujet de douleur. Le bienheureux pape Gélase écrit à l'empereur Anastase : « Il y a deux pouvoirs principaux par qui est gouverné ce monde : l'autorité pontificale et la dignité royale; et l'autorité des pontifes est d'autant plus grande qu'ils doivent compte au Seigneur de l'âme des rois eux-mêmes... » Quand on dit que le roi n'est soumis aux lois ni aux jugements de personne, si ce n'est de Dieu seul, on dit vrai, s'il

(1) Flodo. lib. III. Cap. XXV.

est roi en effet comme l'indique son nom. Il est dit roi parce qu'il régit, gouverne; s'il se gouverne lui-même selon la volonté de Dieu, s'il dirige les bons dans la voie droite, et corrige les méchants pour les ramener de la mauvaise voie dans la bonne, alors il est roi et n'est soumis au jugement de personne si ce n'est de Dieu seul... car les lois sont institués, non contre les justes, mais contre les injustes. Mais s'il est adultère, homicide, inique, ravisseur, alors il doit être jugé en secret ou en public par les évêques qui sont le trône de Dieu (1). »

En 881, le roi Louis écrivit à Hincmar de s'intéresser à l'un de ses protégés nommé Odoacre, pour le faire mettre sur le siège épiscopal de Beauvais, vacant par la mort d'Odon. Le concile de Fimes, qui se tenait alors, n'avait point eu d'égard à l'élection que le clergé et le peuple de Beauvais avait faite d'Odoacre, et, sachant que ce clerc était appuyé par la cour, il avait envoyé des députés au roi tant pour lui rendre raison du refus que pour lui demander la liberté des élections. Le roi insistant donc sur l'élection d'Odoacre, Hincmar répondit à ce prince que les remontrances du concile n'avaient point dû lui déplaire, puisqu'elles ne contenaient rien de contraire au respect qu'on lui devait ni au bien de l'Etat, qu'elles ne tendaient qu'à conserver au métropolitain et aux évêques de la province le droit d'examiner et de confirmer les élections suivant les canons. « J'apprends, continue-t-il, que quelques courtisans vous disent que quand vous accordez

(1) De divort. Loth. et Teutb. t. i, p. 693-695.

la permission de faire une élection, les évêques, le clergé et le peuple doivent élire celui que vous souhaitez ou que vous ordonnez qu'on élise : ce ne serait pas là une élection selon la loi divine, mais une violence de la puissance humaine. Si l'on vous parle ainsi, c'est le serpent séducteur de nos premiers pères qui vous souffle aux oreilles ces maximes par le ministère des flatteurs.....

« Il y en a aussi, à ce que j'apprends, qui veulent vous persuader que les biens des évéchés sont en votre pouvoir pour les donner à qui il vous plaît. C'est encore une suggestion du malin esprit... Souvenez-vous, prince, de la promesse que vous avez faite le jour de votre sacre, que vous avez signée de votre main et offerte ensuite sur l'autel en présence des évêques. Faites-vous la relire devant vos ministres. Rappelez-vous aussi ce que vous avez écrit dans une lettre que j'ai fait lire dans le concile : « *Unissons-nous*, me disiez-vous, *et agissons de concert, moi roi et vous pontife du Seigneur, afin que nous puissions dignement remplir notre ministère dans les choses divines et dans les choses humaines.* » Faites voir par votre piété et vos actions que Jésus-Christ en qui tout épiscopat légitime a pris commencement préside à votre gouvernement. »

Hincmar ajoute dans la même lettre : « Quant à ce que vous dites que les suffrages de tous les membres de l'Église de Beauvais s'accordent en faveur d'Odoacre, il n'est pas fort étonnant que des hommes insensés et pervers agissent de la sorte. La honte de voir casser l'élection qu'ils avaient faite autrefois de Fromold, ne les a pas changés. Aujourd'hui Rodulfe, qu'ils avaient élu, ayant été rejeté, et Honorat qu'ils ont nommé ensuite n'ayant pas été jugé digne, ils ont perdu le droit de faire une nouvelle élection, comme on le leur a prouvé dans le concile; et selon les canons, c'est aux évêques qu'il appartient de la faire. Ils ont cependant prétendu qu'ils n'avaient pas perdu leur droit et, contre toutes les règles, ils ont osé faire une nouvelle élection, sans qu'un évêque visiteur y ait assisté (1). »

C'est dans cette dernière élection qu'Odoacre avait été choisi à la recommandation du roi. Les habitants de Beauvais s'étaient persuadés que le prince ne manquerait pas de soutenir une élection qu'ils n'avaient faite que pour lui plaire : ils ne furent point trompés.

Le jeune roi se fit un point d'honneur de soutenir Odoacre. Il commença par le mettre en possession des biens de l'évêché de Beauvais, et pour engager l'archevêque de Reims à l'ordonner, il écrivit à ce prélat plusieurs lettres, où tantôt il lui faisait des promesses et tantôt des menaces; mais Hincmar n'était pas homme à se laisser intimider. Il répondit au roi, avec une grande liberté, qu'il était fatigué des messages et des lettres qu'il lui envoyait sur cette affaire. Il dit, entre autres choses, à ce prince que sa dernière lettre renferme des propositions si contradictoires qu'on peut lui appliquer ce vers :

Prima leo, postrema Draco, media ipse chimæra.

Le roi dans cette lettre menaçait Hincmar d'écrire

(1) *Ep*. Hincm. ad Lud. III; t. II, *Oper*. Hincm. p. 188.

à son frère Carloman et aux rois ses cousins, pour faire assembler un concile sur cette affaire, afin de n'en pas avoir le démenti.

« Nous ne craignons pas répond le prélat de rendre compte de ce que nous avons fait en présence des archevêques et des évêques, parce que nous n'avons pas d'autre évangile ni d'autres canons que l'évangile et les canons qu'ils suivent. Vous ajoutez que vous ne ferez jamais en ces sortes d'affaires autre chose que ce que vous avez fait. Si vous agissez ainsi, le Seigneur fera ce qu'il lui plaira. L'empereur Louis-le-Débonnaire n'a pas vécu aussi longtemps que son père Charlemagne. Votre aïeul Charles-le-Chauve n'a pas vécu autant que son père, ni votre père autant que le sien.

« Vous êtes maintenant à Compiègne dans la même place où votre père et votre aïeul ont été : songez à ce qu'ils sont devenus, voyez où est enterré votre père, demandez où est mort votre aïeul et où il a été inhumé, et que votre cœur ne s'énorgueillisse pas en présence de Dieu, qui est mort pour vous et pour nous tous, et qui est ressucité pour ne plus mourir. Vous mourrez certainement, mais vous n'en connaissez pas le moment. Ce qu'il y a de certain, c'est que vous serez enlevé de ce monde, tandis que l'Église de Dieu, gouvernée par ses évêques sous l'autorité de Jésus-Christ, subsistera toujours, selon la promesse de ce divin Sauveur.....

« Si cependant vous avez un si grand désir qu'Odoacre soit ordonné, marquez-moi votre temps où les évêques de la province de Reims et ceux que le con-

cile de Fismes vous a députés puissent s'assembler, je
me ferai porter à ce concile. Que votre Odoacre y vienne
avec ceux qui l'ont élu, soit du palais, soit de l'église
de Beauvais. Venez-y vous-même... et voyez si le por-
tier lui ouvrira la porte de sa bergerie. Au reste sachez, et qu'il sache lui-même que s'il ne vient pas nous
trouver et s'il persiste dans son usurpation, en quelque
lieu qu'il soit dans l'étendue de la province de Reims,
nous irons le chercher armé du glaive de la parole de
Dieu, pour exécuter à son égard les canons contre les
usurpateurs. Soyez persuadé que ni les menaces, ni
les caresses de qui que ce soit ne nous ferons dévier
en rien des règles de l'Eglise. »

Quel évêque eut osé tenir un pareil langage à Charlemagne? et cependant Hincmar ne le rétracta pas. Il
y a plus, l'archevêque de Reims ému de la persistance du
roi tint parole. De concert avec ses suffragants il excommunia Odoacre et le dénonça excommunié par une
lettre adressée à tous les évêques. Il savait à quoi cette
démarche l'exposait; mais l'amour du devoir l'emporta
dans son cœur sur la crainte d'une disgràce qui paraissait certaine. Il eut à peine le temps de la redouter;
car le pressentiment qu'il avait eu de la mort pro-
chaine du jeune roi, comme nous venons de voir qu'il
l'en avait menacé, ne se vérifia que trop. Louis, étant
tombé malade à Tours d'une nouvelle expédition contre
les Normands, se fit porter en litière au monastère de
Saint-Denys et y mourut à l'âge d'environ 20 ans, le
4 août 882.

On pourrait multiplier les citations. Les écrits d'Hincmar, comme toute sa vie, prouvent à chaque pas que, sans les pousser jusqu'à la révolte et à l'envahissement du gouvernement civil, il professait sur les rapports des deux pouvoirs toutes les maximes qui depuis la mort de Charlemagne s'étaient développées dans l'église gallo-franque, et qu'il savait au besoin s'en prévaloir pour résister.

DEUXIÈME SECTION.

HINCMAR ET LES PONTIFES ROMAINS.

Nous abordons maintenant l'un des points les plus difficiles à apprécier de la vie d'Hincmar, ses rapports avec les papes. Tantôt leur adversaire ardent et passionné, tantôt leur brebis parfaitement soumise, il combattit ou exalta leur pouvoir selon les circonstances et le besoin du moment. De sorte que si on n'envisageait ses écrits et ses actes souvent contradictoires que d'une manière superficielle, il ne serait pas aisé de savoir au juste ce qu'il a pensé des droits de la papauté. Mais en lisant attentivement ses lettres aux pontifes romains et en étudiant avec soin sa conduite envers eux, on reconnait à n'en pas douter qu'il fut le premer auteur de cette trop célèbre doctrine appelée gallicanisme et qui se résume dans cette question : quelle doit être l'action des pontifes romains 1° sur l'autorité royale et 2° sur le clergé national.

CHAPITRE I.

CONDUITE D'HINCMAR DANS LES DÉMÊLÉS DES PAPES AVEC LES ROIS.

§ I.

Rapports qui avaient existé jusque-là entre les papes et les princes français.

Il n'est pas sans intérêt pour l'intelligence des affaires qui divisèrent à cette époque les deux pouvoirs et de la part qu'y prit l'archevêque de Reims, de rechercher brièvement quels avaient été jusque-là les rapports des papes avec les princes français. On sait qu'en 741 Grégoire III pressé par les Lombards avait demandé à Charles, père de Pépin, le secours de ses armes et lui avait offert en même temps le consulat romain. La mort du pape et de Charles lui-même empêcha ce dernier de recevoir cet honneur. Mais Zacharie favorisa l'avènement au trône de son fils Pépin et abrogea par son autorité *le vain nom d'hérédité* que conservait encore la maison de Mérovée. Il ne faisait en cela qu'accéder aux vœux des grands réunis en assemblée et des évêques qui le sacrèrent roi.

Tel fut l'éclat qui en rejaillit sur la nouvelle dynastie que Charlemagne voulut aussi recevoir avec ses fils du vicaire des apôtres les insignes royaux avec la bénédiction sacrée. Il vint donc à Rome en 780 et en 800.

On n'a pas conservé le souvenir de ce qui se passa
entre ce prince et le souverain pontife ; nous savons
seulement que celui-ci promit à Charles, à cause de tout
ce qu'il avait fait pour l'Eglise romaine que dans la
suite aucun pape ne *serait élu sans le consentement* du
roi de France et il *accorda aussi à l'empereur le droit
de choisir et d'instituer les évêques dans son royaume.*
Ce double droit changeait complètement la nature du
pouvoir royal, car le roi pouvait s'immiscer ainsi dans
les affaires et les délibérations de l'Eglise pour les diriger. De là de violentes querelles.

A peine Charlemagne était-il mort que les évêques
de Rome ne se sentant plus suffisamment protégés par
ses débiles successeurs furent obligés de pourvoir eux-
mêmes à leur défense personnelle. En 815, Léon III,
à l'insu de l'empereur, condamna à la peine capitale
quelques grands de Rome qui avaient conspiré contre sa
vie. Il est vrai qu'il envoya ensuite des députés à Louis-
le-Débonnaire pour expliquer sa conduite. En 817 , à
la mort d'Etienne qui avait succédé à Léon, la cour
romaine alla plus loin, Pascal fut élu et sacré avant
d'avoir obtenu l'assentiment de Louis auquel il envoya
des présents avec une lettre pour avoir son approbation
et le priant de renouveler et de confirmer l'alliance faite
avec les premiers rois de sa race (1) En 822, dans le
palais même du pontife romain et non par son ordre,
comme l'ont écrit quelques auteurs, on égorgea plusieurs
de ceux qui avaient embrassé le parti de Lothaire, et
lorsque Louis transporté de fureur envoya des députés

(1) Egin. ad, ann. 817.

à Rome, pour demander satisfaction, le Souverain Pontife en fut quitte pour se laver par serment de ce crime.

Telle était déjà l'autorité et la puissance des évêques de Rome lorsque Nicolas I fut élevé au pontificat. Cet homme vigilant, d'une persévérance rare dans ses projets et très-hardi dans ses entreprises, ayant obtenu la papauté autant par la faveur et l'autorité de Louis que par le consentement des clercs, n'en fut pas moins indépendant des rois quand il fallut les rappeler à leur devoir. Pour avoir une idée juste de ce grand caractère, il n'est pas sans intérêt de se rappeler le portrait que nous trace de ce pape un ancien auteur : « Nicolas, ce saint et bienheureux pontife, après de nombreux travaux pour la gloire de Jésus-Christ, de longues luttes pour la défense de l'Eglise, partit pour le royaume céleste pour recevoir du très-généreux maître une immarcessible couronne de gloire. Enfin depuis le bienheureux Grégoire jusqu'à maintenant, aucun prélat dans la ville romaine ne peut lui être comparé ; il commanda aux rois et aux tyrans, et il leur imposa son autorité comme s'il eut été le Seigneur de l'univers entier ; il fut humble, doux, pieux, plein de mansuétude envers les évêques qui observaient les préceptes du Seigneur, terrible et d'une extrême rigueur pour les impies et pour quiconque déviait du droit chemin, tellement qu'on eût pu le prendre pour un autre Elie ressuscité à la voix de Dieu, sinon en corps, du moins en esprit et en vertu. » Il ne fallait rien moins qu'un tel pape pour mettre fin au scandale qui à cette époque vint troubler le royaume et donner à l'Eglise l'affligeant spectacle des honteuses

faiblesses de plusieurs de ses membres les plus élevés
en dignité.

§ II.

*Affaire de Teutberge. — Indignation du pape contre
Lothaire. — Attitude d'Hincmar. — Son traité sur
le divorce de Lothaire. — Ses réponses à sept autres
questions sur le même sujet.*

Lothaire II de Lorraine, voulant épouser Valdrade,
sœur de Gonthier, archevêque de Cologne et nièce de
Teutgaud, archevêque de Trèves, accusa d'inceste Teutberge sa femme. Celle-ci se justifia par l'épreuve de l'eau
bouillante; mais Lothaire prétendit que l'on avait usé
de fraude, et contraignit l'infortunée, par ses menaces,
à se confesser coupable. Renfermée dans un cloître,
elle trouva moyen de s'enfuir, et, réfugiée près de Charles-
le-Chauve, elle rétracta sa confession. Le pays tout entier
soutenait son innocence et se récriait contre Lothaire;
mais les évêques abusés ou séduits par les deux ambitieux prélats parents de celle que le roi aimait, condam-
nèrent Teutberge dans deux conciles et autorisèrent
Lothaire à épouser Valdrade. La princesse répudiée en
appela au pape, comme défenseur de l'innocence et juge
suprême dans les causes matrimoniales. Mais un nouveau
concile tenu à Metz par les légats pontificaux, décida
comme les deux précédents. Enfin, Nicolas, ayant reconnu les machinations des deux archevêques, les dé-

posa et menaça d'un châtiment pareil tout évêque qui refuserait de se soumettre à sa décision. S'élevant même au dessus du pouvoir temporel, fort qu'il se sentait du témoignage de sa conscience et de la faveur populaire, il écrivit à l'évêque de Metz : *Examinez bien si ces rois et ces princes, auxquels vous vous dites soumis, sont véritablement des rois et des princes. Examinez s'ils gouvernent bien, eux-mêmes d'abord, ensuite leur peuple, car celui qui ne vaut rien pour lui-même, comment serait-il bon pour les autres? Examinez s'ils règnent selon le droit, car sans cela il faut les regarder comme des tyrans plutôt que comme des rois; et nous devons leur résister, nous élever contre eux, au lieu de nous soumettre. Si nous leur restions soumis, nous arriverions bientôt à favoriser leurs vices.*

Les archevêques de Trèves et de Cologne se plaignirent vivement de ce que, étant des égaux en dignité, le pontife eût agi avec eux comme s'ils eussent appartenu à son diocèse, et, s'étant enfuis près de Louis II, frère de Lothaire, qui faisait alors la guerre contre Bénévent, ils le poussèrent à assaillir Rome. Louis y arriva au moment où le pape faisait une procession pour implorer de Dieu qu'il inspirât de meilleures pensées à l'empereur; ses soldats n'en tombèrent pas moins sur les Romains, les frappant, brisant les croix et déchirant les bannières. Mais Nicolas se renferma dans la cité Léonine, n'employant d'autres armes que des supplications propres à émouvoir le peuple et les ennemis. Louis finit par être touché, et, abandonnant les deux archevêques, il s'éloigna de Rome.

La chrétienté, persuadée que le jugement du pape était à l'abri de toute erreur, se déclara hautement contre Lothaire, qui céda à la fin et envoya promettre au pape de se soumettre à son jugement. Mais, s'il espérait par là amener Nicolas à se départir de sa juste rigueur, il s'abusait. En effet, le pontife lui enjoignit de faire rentrer Teutberge dans la couche royale, et d'envoyer en Italie, Valdrade, cette pierre de scandale. Mais celle-ci s'enfuit, et le roi amena Teutberge à demander que son mariage fut dissous, ce qui n'empêcha pas le pape de déclarer que, le premier mariage fut-il prouvé, il ne consentirait pas à l'union de Lothaire avec sa maitresse. Le différend se prolongea et durait encore lorsque mourut Nicolas, et Adrien II, son successeur, bien qu'il fût redevable à Lothaire d'avoir délivré Rome des Sarrasins, se refusa à dissoudre son mariage. Enfin, Lothaire s'étant présenté à la communion, le pape lui dit en lui présentant le pain consacré: *Si tu as renoncé à l'adultère, si tu as rompu toutes relations avec Valdrade, que ce sacrement t'apporte le salut! Mais il se changera en punition si ton cœur est toujours pervers.* Peu de jours après, Lothaire cessait de vivre... Sa mort parut l'effet du jugement de Dieu.

Quelle fut dans cette affaire l'attitude d'Hincmar? Les amis de Lothaire n'omirent rien pour le gagner à leur parti. Il avait été invité au prétendu concile d'Aix-la-Chapelle où fut condamnée la reine par Adventitius de Metz qui était venu à Reims pour l'y entraîner. Mais l'archevêque n'approuvant pas ce qu'on voulait faire s'excusa sur ses infirmités. Il refusa même d'envoyer à sa place un évêque de sa province, sous prétexte qu'il n'avait pas assez de temps pour assembler son concile provincial, comme il l'aurait fallu pour constituer une députation canonique. Cependant comme on avait intérêt à multiplier les suffrages, on ne laissa pas de publier qu'Hincmar approuvait la décision du concile d'Aix-la-Chapelle et qu'il avait envoyé son consentement par Vénilon de Rouen et Hildegaire de Meaux, qui se trouvèrent à cette assemblée, mais il ne tarda pas à démentir ces bruits (1).

Quelques personnes distinguées par leur rang et leur mérite dans le clergé et parmi la noblesse voulurent s'assurer des sentiments d'un si savant prélat sur le divorce de Lothaire, et lui envoyèrent un écrit contenant vingt-trois questions auxquelles on le priait instamment de répondre. Hincmar le fit par un grand ouvrage dans lequel il prend hautement la défense de la reine, et condamne avec liberté ce qui s'est fait contre elle. Il rend compte dans la préface des raisons pour lesquelles il s'adresse à tous les fidèles, et dès le commencement il établit l'autorité du saint-Siège, pour faire voir qu'on aurait dû en attendre la décision dans une affaire aussi importante que celle dont il s'agit. Dans tous les doutes, dit-il, et dans toutes les questions qui appartiennent à la foi, il faut consulter l'Eglise romaine la mère et la maîtresse de toutes les autres Eglises et suivre ses avis salutaires. C'est à quoi surtout sont obligés les hommes qui habitent les contrées, où la grâce divine par la prédication de cette Eglise, a engendré dans la foi et nourri

(1) Hincm., *de Divortio Lothar.*

de son lait ceux qu'elle a prédestinés à la vie éternelle. C'est pourquoi puisqu'il est manifeste ainsi que Saint-Innocent l'écrit à Décentius, évêque d'Eugobio, qu'aucune Eglise n'a été fondée dans l'Italie, dans la Gaule, dans l'Espagne, dans l'Afrique, dans la Sicile et les îles adjacentes, si ce n'est par ceux qui avaient reçu leur mission de St-Pierre ou de ses successeurs, il faut que ces peuples suivent les observances de l'Eglise romaine, dont ils ont reçu la foi (1).

Ailleurs il s'exprime avec plus d'énergie encore : « Dans tout ce que nous préchons et décernons, nous évêques catholiques, selon les sacrés canons et les décrets des pontifes romains, simples exécuteurs d'une juste sentence, nous obéissons au Saint-Esprit, qui a parlé pour eux et nous nous tenons dans la dépendance du siège apostolique, d'où la religion a découlé, ainsi que la discipline et les règles canoniques (2).

Il serait difficile dit à ce sujet Thomassin de se former une idée plus magnifique de la majesté et de la grandeur du siège apostolique, qu'en concevant avec ce savant prélat l'origine d'où la religion s'est répandue dans les royaumes divers de l'Occident, d'où les évêques ont été envoyés dans les Eglises pour les gouverner; d'où enfin tant de lois du gouvernement et des jugements sont écoulés : En sorte que dans tous ces ruisseaux divers on reconnaisse la pureté, la fécondité et la majesté de la divine source d'où ils sont émanés et d'où ils émanent continuellement (3).

(1) Hinc. *oper.*, T. i page 161.
(2) *Ibid.*, T. ii page 462.
(3) Thomass. *discipl.*, part. I; lib. i c. iv p. 12.

Dans le corps de l'ouvrage, Hincmar énonce d'abord la question qui lui a été proposée et la fait suivre de la réponse qu'il y fait. Il désapprouve qu'après l'épreuve de l'eau chaude on ait eu recours à un nouveau jugement. Sur les questions quinzième, seizième, dix-septième, il dit des choses assez singulières sur les pactes avec le démon pour se faire aimer de certaines personnes et sur le pouvoir qu'on attribue à quelques femmes sorcières d'empêcher par leurs sortilèges qu'un mari puisse consommer le mariage.

Six mois après avoir reçu la réponse de l'archevêque, les mêmes personnes lui proposèrent sept autres questions sur le même sujet mais en forme d'objections. Voici d'abord le résumé des trois premières :

1° Le roi Lothaire ayant fait juger l'affaire de son divorce par les seigneurs et les évêques de son royaume, il n'appartenait pas aux évêques d'un autre royaume d'en connaître.

2° Cette cause ayant été une fois jugée par les évêques, c'était anéantir leur autorité de la juger une seconde fois.

3° Les archevêques à l'exception du pape, n'étant point d'une plus grande autorité que ceux qui l'avaient jugée, si le jugement de ceux-ci était cassé il fallait déposer les évêques qui y ont eu part.

Hincmar répond : l'Église est une dans tous les royaumes et la question dont il s'agit appartient généralement à tous ceux qui portent le nom de chrétiens, tous peuvent en connaître suivant les dispositions des saints canons, les archevêques et les métropolitains

peuvent dans le cas d'appel prendre connaissance des
jugements rendus par les évêques de leur ressort pour
le confirmer s'il est équitable, ou pour le réformer s'il
est contre les règles; on peut appeler d'un concile
provincial à un général, et de celui-ci au Pape (1)
qui, suivant les épîtres décrétales et les canons de
Sardiques, à droit de recevoir les jugements des conciles provinciaux et généraux, de les confirmer ou de
les réformer. Il paraît que sous le nom de conciles
généraux Hincmar entend les synodes nationaux.

N'est-il pas à craindre, ajoutait-il dans la quatrième
question, qu'en obligeant Lothaire à reprendre Teutberge, il ne trouve quelqu'expédient pour s'en délivrer,
surtout si on lui défend encore de retenir la concubine
qu'il a auprès de lui? Ce prince, est-il dit dans la sixième question, n'est soumis qu'au jugement de Dieu seul;
il ne peut être excommunié ni par les évêques de son
royaume ni par d'autres. La septième question était de
savoir si on pouvait communiquer avec Lothaire dont
l'adultère était connu. Un concile d'Afrique en parlant
de deux personnes mariées qui avaient fait divorce,
ordonne qu'elles se réconcilieront ou qu'elles demeureront sans pouvoir se marier à d'autres. Conformément à cette décision, Hincmar répond : On ne con-
traindra point Lothaire à reprendre Teutberge parce
que la réconciliation entre mari et femme doit être
volontaire et non pas forcée, au reste les rois sont

(1) Apostolica sedes et comprovincialium et generalium syno-
dorum, retractet, refricet, vel confirmet judicia, sicut epistola
Leonis atque Gelasii, cæterorrumque romanorum pontificum et
sardicensis synodus evidenter ostendunt (Hincm. *Oper.* t. 1 p. 616.

soumis comme les autres aux lois de l'Église ; Saint
Ambroise excommunia l'empereur Théodose, et ne lui
rendit la communion qu'après sa pénitence ; Louis-le-
Débonnaire avait été privé de son royaume et soumis
à la pénitence. Les évêques ne l'avaient rétabli dans
ses états et dans la communion de l'Église, de l'avis
des gens sages et du consentement du peuple, qu'après
une satisfaction de sa part. Avec Saint Augustin l'archevêque de Reims dit que la communion avec les
méchants ne nous souille point, si nous ne consentons
point au mal qu'ils font, et si nous les reprenons en
gardant les règles de la charité ; que les princes doivent d'autant plus s'éloigner du péché que leurs mauvais exemples sont plus capables d'y entraîner les autres,
et qu'ils sont par le scandale qu'ils leur donnent res-
ponsables de leurs fautes au Seigneur. Il semble dire
qu'un roi n'est roi qu'autant qu'il fait son devoir. Mais
il faut remarquer qu'il prend le terme de roi dans sa
signification littérale : *Rex a regendo dicitur* avait-il
dit auparavant. La cinquième question regardait En-
geltrude, femme de Boson, fugitive depuis quelques
années et à qui Lothaire avait donné un asile dans
son palais au lieu de la renvoyer à son mari. Hincmar
n'approuve pas cette conduite.

Tels furent dans cette circonstance mémorable la con-
duite d'Hincmar et le langage qu'il tint sur la papauté.
Mais on ne peut en déduire exactement ce qu'il a pensé
du droit et de la puissance du pontife romain, car à peine
Nicolas I fut-il mort, qu'une grande lutte éclata entre
Adrien II, son successeur, et l'archevêque de Reims.

§ III.

*Hincmar embrasse le parti de Charles-le-Chauve dans
sa lutte contre Adrien II. Il échange avec ce Pape
des lettres assez vives.*

Lothaire venait de mourir et l'empereur Louis son
frère était son héritier légitime. Mais ce prince occupé
à combattre les Sarrazins, en Italie, ne pouvait songer
à recueillir sa succession. Le pape pour lui venir en
aide écrivit aux seigneurs du royaume de Lothaire de
demeurer fidèles à l'empereur et les menaça d'excommunication s'ils reconnaissaient un autre souverain.

Il écrivit dans le même sens aux évêques et aux
seigneurs du royaume de Neustrie, pour les engager
à détourner Charles d'envahir les États de son neveu.
Ce fut le sujet d'une lettre particulière qu'il écrivit
à Hincmar comme au prélat le plus accrédité du
royaume de Neustrie. Il lui ordonnait de notifier aux
évêques et aux seigneurs laïques ses intentions concernant la succession légitime du royaume de Lothaire,
et spécialement de déclarer aux évêques que s'ils ne
s'opposaient pas à l'usurpation des Etats de ce prince,
le Saint-Siège ne les regarderait plus comme des pasteurs mais comme des mercenaires (1). Ces lettres
sont datées du 5 septembre, indiction III, c'est-à-dire
l'an 869. Elles arrivèrent trop tard.

(1) Labb. t. VIII, p. 624.

Charles-le-Chauve n'avait pas perdu de temps à délibérer. Dès qu'il avait appris la mort de son neveu, il s'était rendu à Attigny et de là à Verdun, où Hatton, évêque de cette ville et Arnoul évêque de Toul, lui firent hommage. Il passa de là à Metz où Adventitius, évêque de Metz, et François évêque de Tongres, avec plusieurs autres le reconnurent pour leur roi. Il y arriva le 5 septembre et le 9 du même mois il fut couronné dans l'Église de Saint Etienne roi de Lorraine « car c'est ainsi qu'on continua d'appeler le royaume de Lothaire. » Avant la cérémonie Adventitius de Metz parlant au nom des autres évêques, dit qu'après avoir prié le Seigneur de lui donner un bon roi, qui les gouvernât selon la justice, ils avaient reconnu que le roi Charles était l'héritier légitime et celui que Dieu avait choisi. Toute l'assemblée des seigneurs et du peuple applaudit à ce discours. (1)

Alors le roi Charles prenant la parole dit : « Puisque ces vénérables évêques ont montré par votre unanimité et vos acclamations que Dieu m'a choisi pour vous gouverner et vous protéger, sachez qu'avec l'aide du ciel, je conserverai le culte de Dieu et des Eglises, que j'honorerai et défendrai chacun de vous selon mon pouvoir, et que je rendrai la justice selon les lois ecclésiastiques et civiles, afin que de votre part vous rendiez l'honneur, l'obéissance que vos prédécesseurs ont rendu aux miens. »

Après ce discours du roi, Hincmar qui était présent avec ses suffragants, se leva à la prière des évêques

____

(1) *Ann. Bertin.*

de la province de Trèves, et dit qu'il n'agissait pas contre les canons en célébrant la cérémonie de ce sacre dans une autre province, parce que les églises de Reims et de Trèves étaient sœurs, que, selon une ancienne coutume, dans les conciles célébrés par les archevêques des deux sièges, le plus ancien des deux métropolitains avait le premier rang, et que d'ailleurs les évêques de la province de Trèves, n'ayant pas alors d'archevêque, l'avaient prié de s'unir à eux dans cette occasion. Hincmar, dans son discours, appuya le droit du roi Charles à la succession de Lothaire, en disant qu'outre les témoignages de la volonté de Dieu, ce prince descendait par Saint Arnoul de la race de Clovis baptisé et sacré *d'une huile envoyée* du ciel que nous avons encore (1). Ce sont ses paroles et c'est la première fois qu'il est parlé de cette huile miraculeuse. Il ajouta qu'il était convenable que ce prince en prenant possession d'un autre royaume reçut une nouvelle onction.

On trouve dans le tome IX des *Conciles* des détails sur ce sacre qu'il n'est pas sans intérêt de rapporter au moins en partie.

Les évêques Adventitius de Metz, Hatton de Verdun, Arnoul de Toul, François de Tongres, Hincmar de Laon et Odon de Beauvais, prononcèrent chacun une oraison sur le roi. Ensuite Hincmar de Reims récita plusieurs prières en forme de bénédictions. A ces mots : *coronet te dominus corona gloriæ*, il fit l'onction du chrème à l'oreille droite, au front et à la tête jusqu'à

(1) *Concil.* t. IX p. 1535.

l'oreille gauche, et, après quelques autres prières, les évêques lui mirent la couronne sur la tête et lui donnèrent la palme et le sceptre. Il parait par la formule des prières que ce qu'on nomme ici *palma* n'est pas, comme quelques critiques l'ont cru, la main de justice qu'on donnait à nos rois, maisune branche de palmier, symbole de la victoire.

Après la cérémonie on célébra la messe avec des collectes propres. On y voit après l'oraison de Saint Grégoire, dont on célébrait la fête ce jour-là, celle que nous disons encore aujourd'hui pour le souverain : *Quæsumus, omnipotens Deus, ut famulus tuus, qui tua intercessione suscepit regni gubernacula,* etc., ce qui montre l'antiquité de cette prière.

Pendant ce temps arrivèrent à la cour de Charles les deux légats : Paul et Léon, que le pape envoyait pour faire conserver à l'empereur Louis le royaume de Lothaire ; ils remirent à Hincmar la lettre fort pressante dont ils étaient porteurs. Ce prélat qui avait sacré Charles roi de Lorraine, se trouva fort embarrassé de cette commission. Il dit aux légats qu'il exécuterait autant qu'il serait en lui, les ordres du pape. Mais il ne répondit pas à Adrien qui dans une nouvelle lettre lui fit de vifs reproches et le chargea d'aller de sa part faire des représentations au roi Charles et de se séparer de sa communion si, après les avis qu'il lui aurait donnés, il persistait dans son usurpation. Hincmar fit à cette lettre une réponse en apparence respectueuse mais en réalité pleine d'arrogance : « Vous me reprochez de ne pas vous avoir ré-

pondu par mépris, mais vous ne m'avez pas écrit pour
que je vous répondisse, cependant je vous ai fait savoir que j'exécuterai vos ordres selon mes forces (1). »

Après ce préambule Hincmar marque d'abord au
pape que pour exécuter ses ordres, il a fait lire aux
rois, aux évêques, aux seigneurs laïques une cédule
dont nous donnons ici la substance (2) : « Le pape
Adrien m'a ordonné de faire connaître aux rois, aux
prélats et aux seigneurs que si quelqu'un prend le
royaume de Lothaire, qui appartient par droit de succession à l'empereur Louis, l'usurpateur sera excommunié, et les prélats qui y auront consenti seront
déposés.... cependant j'entends dire que nos rois Charles
de Neustrie et Louis de Bavière ont déjà partagé ce
royaume par un traité qu'ils ont juré de garder et que
ce traité ne peut être rompu sans occasionner des
guerres civiles telles qu'on en a vues après la mort de
Louis-le-Débonnaire. C'est pourquoi, voyant du danger
à ne pas exécuter les ordres du pape et à rompre un
traité confirmé par des serments, je n'ose décider sans
l'unanimité des évêques que les prélats et les seigneurs
laïques attaqués par les païens n'ont pas le droit de
s'élire un roi qui défende la Sainte-Eglise, et je laisse
au pape la décision de cette grande affaire. »

Après avoir donné cette preuve de son obéissance
Hincmar ajoute : « Quant à ce passage de votre lettre
où vous me dites : Vous savez parfaitement que les fils
de l'empereur Louis se partagèrent le royaume et se

<hr>

(1) Hincm., *oper.* tom. II, p. 683.
(2) *Ibid.*, t. II.

promirent par serment qu'aucun d'eux n'usurperait le
royaume de son frère, et cependant le roi Charles,
méprisant les serments, a envahi ce royaume qui
après le roi Lothaire est dû à son frère Louis et
a violé la foi jurée, je répondrai à votre révérence,
avec le respect qui lui est dû, que, s'il en était ainsi
que vous l'écrivez, je le saurai ; que bien au contraire
le roi Charles lui-même avoue qu'il n'en n'est rien et
qu'il peut prouver par le témoignage de beaucoup que
cette partie du royaume lui a été donnée par son père
Louis, auguste empereur, tant du consentement des évèques que des autres grands de l'empire et que cette
donation a été confirmée publiquement par son frère
Lothaire (1). »

Cette défense n'est ni sincère, ni honnête, car il y
avait eu d'autres traités par lesquels Charles avait cédé
cette province. Sans doute Hincmar eut mieux fait d'in-
sister sur ce fait que le royaume de Lorraine avait été
offert à Charles par les évêques et par les seigneurs laïques menacés par les Normands.

Il s'excuse de ne pas avoir encore fulminé l'excommunication comme il en avait eu l'ordre. « Quant à nous,
nous ne pensons pouvoir priver personne de la communion quoique cette privation soit purement médicinale,
si ce n'est un criminel qui avoue ou un accusé convaincu par quelque jugement séculier ou ecclésiastique,
car qui oserait assumer les deux rôles ou par qui le
même personnage serait-il accepté comme accusateur
et comme juge ? C'est pour ce motif que priver quel-

(1) Hinc. *op.* t. ii p. 691.

qu'un de la communion est chose si grave qu'il faut en exclure les méchants, non témérairement, mais par jugement. » Ceci est un trait à l'adresse du pontife romain qu'il atteint indirectement comme ayant trop abusé de l'excommunication. Cependant Hincmar est malvenu à proclamer cette loi, qu'il ne doit pas garder lui-même. Puis il rapporte, comme malgré lui et brisé de douleur, mais au fond avec quelque plaisir, les réponses des évêques et des grands, qui étaient naguère les ministres de Lothaire, au seigneur pape (1). N'osant parler en son nom en cette circonstance il met dans la bouche des autres ce qui aurait pu choquer Adrien, mais il a soin de ne rien cacher au pontife romain de ce qui se dit contre lui, et il ne lui atténue même pas les choses les plus dures : « Plusieurs personnes ecclésiastiques et laïques m'ont assuré que jamais aucun de vos prédécesseurs sur le saint-siège n'avait donné de tels ordres, quoiqu'il y ait eu bien des guerres entre les frères et même entre le père et les fils. J'attribue à mes péchés cette fâcheuse préférence qui vous a porté à vous adresser particulièrement à moi pour m'en charger, tandis que vous vous êtes contenté d'avertir et de réprimander les autres évêques, et même ceux du royaume de Lothaire, qui ont invité, comme on le dit, notre roi à s'en saisir. Votre prédécesseur n'a pas même envoyé de pareils ordres à aucun évêque dans l'affaire de Lothaire à cause d'adultère. »

Donc soit les grands de Lorraine, soit les évêques persévéraient dans la même opposition qu'on faisait au

(1) *Ibid.*

pape lorsqu'il s'agissait du divorce de Lothaire, mais Hincmar s'inquiète peu d'être conséquent avec lui-même pourvu qu'il se mette à la traverse de l'autorité pontificale en lutte avec celle des rois : car plus le pape grandirait, plus lui et les évêques seraient amoindris. C'est pourquoi le même prélat, qui dans l'affaire du divorce de Lothaire élevait si haut la puissance des pontifes, continue ainsi : « Et lorsque nous voulons leur représenter que le pouvoir de lier et de délier a été donné à Saint-Pierre et à ses successeurs, aux prêtres et aux évêques, ils nous répondent : Défendez-donc le royaume contre les Normands par vos seules prières et ne nous demandez pas de vous défendre. Que si vous voulez que nous prenions votre défense comme nous souhaitons d'avoir le secours de vos prières, ne cherchez point votre perte, et dites au pape que, puisqu'il ne peut être évêque et roi, et que ses prédécesseurs se sont mêlés du gouvernement de l'Eglise et non de celui de l'Etat, qui appartient aux princes, il ne nous ordonne pas de reconnaître pour roi celui qui, étant éloigné de nous, ne peut nous défendre contre les païens, et qu'il ne prétende pas nous assujettir, nous autres qui sommes Francs, parce que vos prédécesseurs n'ont point imposé ce joug à nos ancêtres : nous ne pouvons pas le porter. »

Hincmar ayant ainsi fait dire aux autres ce qu'il craignait de dire lui-même, appuie ces discours avec une certaine réserve mais avec ténacité. Il ne promet pas non plus de se séparer du roi ainsi que l'avait ordonné le pontife romain, il s'efforce d'éluder cette pres-

cription, et ensuite, en citant quelques textes de Saint-
Augustin, il établit que les hommes vivant dans le monde ne peuvent vivre qu'avec des hommes et qu'on ne
peut les gagner à Jésus-Christ , si on évite leur conversation et leur société (1). Cependant il ajoute maligne-
ment : « Tout ce que j'ai dit plus haut et ce que j'a-
joute plus bas, je ne le dis pas plus pour accuser que
pour excuser ledit roi (2), car il a l'âge de parler pour
se défendre, ni pour braver votre autorité, ni pour aller
contre vos prescriptions, mais pour savoir comment nous
évêques et moi en particulier, contre qui vous avez pro-
féré une si grande menace , nous devons nous conduire
envers notre roi. » Enfin voilant les menaces et les reproches des évêques et des grands, il descend aux prières; lorsqu'il a montré qu'il peut résister, alors il prie,
il supplie. La rédaction de cette lettre est habile. C'est
ce qui fait que souvent il est difficile à un observateur
superficiel d'apprécier avec exactitude ce qu'Hincmar
a pensé du droit des pontifes romains. Son langage
nous frappe à plus d'un titre, et surtout nous y voyons
poindre dans l'invocation de cette grande raison de
la défense nationale et de l'élection d'un roi qui pro-
tège à la fois les personnes et les biens de la sainte Eglise
contre les païens, c'est-à-dire contre les Normands, l'explication de l'avènement futur de la branche capetienne;
il nous donne, aussi, une idée du caractère et de l'influence de notre prélat.

(1) Hinc. *op.*, t. II p. 690.

(2) *Ibid.*, p. 693.

§ IV.

Hincmar excommunie Carloman malgré la défense du pape.

Hincmar apporta plus de modération dans la nouvelle lutte que provoqua entre le pape et le roi la révolte
de Carloman, mais il n'en embrassa pas moins cette fois
encore le parti de l'empereur contre le souverain pontife. Carloman était fils puîné de Charles qui pour des
motifs politiques lui avait fait donner, dès sa première
enfance, la tonsure cléricale. Plus tard ce jeune prince
qui n'avait nullement la vocation ecclésiastique fut engagé
de force dans les ordres sacrés : il reçut le diaconat des
mains d'Hildegaire, évêque de Meaux, en présence de
Charles-le-Chauve lui-même qui d'ailleurs pourvut le
diacre forcé des abbayes de Saint-Riquier, de Lobbes,
de Saint-Amand et de Récomaüs. Cette compensation
n'était qu'un sacrilège ajouté au premier. Carloman en
appela au pape de la violence dont il était victime, il
quitta le plus tôt qu'il pût l'habit ecclésiastique, réunit
autour de lui des hommes d'armes qui embrassèrent sa
cause, et entreprit contre son père une lutte à main
armée. Dans cette guerre d'un fils poussé à bout par les
abus de pouvoir de l'autorité paternelle, de nombreux
excès furent commis de part et d'autre : dévastations de
territoires, pillages d'églises, meurtres et rapines. Enfin Carloman fut vaincu, fait prisonnier et remis entre

les mains de son père qui ne tarda point à devenir son
bourreau. Un concile de trente évêques présidé par Hincmar de Reims se réunit, au mois de mai 870, à Attigny. Là, sans tenir compte ni de la contrainte subie
par Carloman dans son ordination forcée ni de son appel
interjeté au pape, on crut pouvoir procéder canoniquement contre le jeune prince, comme s'il eut été dans
les conditions ordinaires des autres membres du clergé,
et son ordination régulière et libre. L'archevêque de
Reims ne vit là aucune difficulté. Carloman fut jugé et
condamné comme un clerc rebelle, et Charles-le-Chauve
le fit incarcérer incontinent dans la prison de Senlis.
Un seul des pères du concile, Hincmar de Laon, neveu
de l'archevêque de Reims, n'approuvait pas cette conduite, il eut même le courage de s'opposer à la pu-
blication dans son diocèse de la sentence d'excommunication prononcée par son oncle contre Carloman et
ses complices. Nous verrons plus loin comment cette
résistance lui valut à la fois la colère de l'archevêque
et la vengeance du roi.

Le pape Adrien II au contraire trouva la conduite
d'Hincmar de Laon parfaitement légitime. A la date du
13 juillet 871, il adressait à l'épiscopat des Gaules une
encyclique par laquelle il évoquait la cause de Carloman
au tribunal du Saint-Siège et faisait défenses expresses
à tous les évêques de prononcer, en attendant, aucune
excommunication contre le jeune prince. Dans une lettre
particulière adressée à Charles-le-Chauve, le pape s'ex-
primait avec une noble et généreuse indignation. « Non
content de spolier le bien d'autrui, dit Adrien II, vous

poussez aux dernières limites la cruauté contre votre sang, contre Carloman, votre fils. C'est le cas de rappeler le mot de Job au sujet de l'autruche qui abandonne sa couvée dans les sables du désert. Votre cœur s'est endurci au point de renier le fils de vos entrailles, comme s'il vous était étranger. Après l'avoir banni de votre présence, dépouillé de toutes ses ressources, vous prétendez, ce qui est une impiété pire encore, faire décréter contre lui une sentence d'excommunication. Carloman a envoyé au Saint-Siège des délégués porteurs de lettres par lesquelles il fait appel à notre tribunal. En conséquence, au nom de notre autorité apostolique, nous vous défendons expressément de le faire excommunier sans notre intervention. Pour le reste, nous ne pouvons que vous exhorter dans votre propre intérêt à suivre le conseil de Saint-Paul, c'est-à-dire à ne point pousser ce jeune prince au désespoir par une rigueur excessive. Rendez-lui vos bonnes grâces, traitez-le avec l'affection qu'un père doit avoir pour ses enfants; rétablissez-le dans ses honneurs et ses biens, en attendant que nos légats chargés par nous d'examiner l'affaire puissent arriver en France et juger le fond de la question. » (1)

Ces lettres pontificales justifiaient la conduite d'Hincmar de Laon; mais elles ne pouvaient, on le conçoit, être agréables ni à Hincmar de Reims, ni à Charles-le-Chauve. Cependant la crainte de se mettre en révolte contre l'Eglise romaine détermina Charles à se réconcilier, du moins en apparence, avec son fils et Hincmar

(1) Adrian II *Epis* XXIX, Labb.. *Concil.* tom. VIII, col. 329.

à différer l'excommunication. Carloman fut tiré de sa prison et reprit son rang à la cour; il alla même demander sa bénédiction à Hincmar. Ce n'était là, dit un vieil auteur, qu'un replâtrage. L'animosité subsistait plus vive que jamais. Charles fit bientôt excommunier son fils par les évêques de la province de Meaux et l'envoya prisonnier pour la seconde fois à Senlis où se réunirent, en 873, les évêques des provinces de Reims et de Sens. Le roi renouvela contre son fils sa plainte adressée à Hildegaire de Meaux et à Anségise de Sens, et le malheureux prince fut déposé du diaconat par la sentence des Pères au milieu desquels siégeait Hincmar qui le condamna aussi malgré la défense du pape.

Une telle iniquité ne fit que rattacher d'avantage à Carloman le cœur de ses partisans, et, après sa disposition des ordres sacrés, ils firent quelques tentatives pour l'enlever de sa prison. Le roi ne se possédant plus de fureur résolut de faire disparaître sa victime et pour cela il fit instruire rapidement son procès. Une condamnation à mort fut prononcée, mais afin de donner à l'infortuné prince le temps de faire pénitence *on se contenta*, disent naïvement les auteurs de l'*Histoire de l'Eglise gallicane*, de lui crever les yeux.

CHAPITRE II.

DIVERS PROCÈS DE DROIT ECCLÉSIASTIQUE, ET AUTRES CIR-
CONSTANCES, DANS LESQUELS HINCMAR CONTESTE AUX
PAPES, UNE PARTIE DE LEUR POUVOIR SUR LES
ÉGLISES PARTICULIÈRES.

§ 1.

*L'élection d'Hincmar est attaquée à la prière d'Ebbon
son prédécesseur et confirmée par le concile de Paris.
—Les clercs, ordonnés par Ebbon durant sa passagère
réintégration, sont interdits par le concile de Soissons
en 853.*

M. l'abbé Darras, dans son *Histoire générale de
l'Eglise*, attribue avec raison l'attitude d'Hincmar dans
les querelles des princes avec les papes à son dévouement exagéré pour le pouvoir royal. Mais il nous paraît
moins exact, lorsqu'il dit que son système d'absolutisme
métropolitain fut inventé pour les besoins de cette
cause. De l'exposé qui va suivre il serait plus vrai de
conclure que l'archevêque de Reims était tout aussi
jaloux de son autorité que de celle des rois.

Il y avait un an qu'Hincmar était monté sur le siège
épiscopal de Reims lorsque la légitimité de son élection fut attaquée à la prière d'Ebbon. Ce prélat qui
avait, comme Hilduin, pris part au soulèvement des

fils de Louis-le-Débonnaire contre leur père, avait été déposé pour ce motif au concile de Diedenhofen, en 835, et enfermé dans le couvent de Fulde. Après la mort de Louis, 840, l'empereur Lothaire I le rétablit dans sa charge par un décret que signèrent vingt évêques. Ebbon, ayant repris possession de son siège, chercha à faire approuver son rétablissement par le pape, et on a publié à ce sujet une lettre de Grégoire IV qui le réintègre dans tous ses droits, mais cette lettre est supposée comme le prouve la conduite du pape Sergius qui n'accorda à Ebbon que la communion laïque. Cependant au bout de quelques mois, Ebbon qui avait pendant ce temps ordonné divers ecclésiastiques, fut de nouveau chassé, en mai 841, par Charles-le-Chauve, roi de France, qui s'était emparé de Reims. Il se réfugia auprès de Lothaire I qui lui donna deux abbayes. Au mois de mai 845, le synode de Beauvais, de la province ecclésiastique de Reims, déclara que l'archevêché de Reims, vacant depuis si longtemps, pouvait et devait être occupé; et les mêmes évêques, qui avaient signé le décret de restitution de Lothaire en faveur d'Ebbon, mirent en doute la légitimité de sa réintégration.

Alors, comme nous l'avons vu, à la prière du clergé, du peuple et des suffragants de Reims, et avec l'assentiment de ses supérieurs, de l'abbé Hilduin et de Charles-le-Chauve, roi de France, Hincmar avait accepté dans ce même concile de Beauvais, le siège archiépiscopal et primatial de Reims. Cependant le pape Sergius à qui l'empereur Lothaire fit entendre qu'il y avait de la division dans l'Eglise de Reims au sujet de l'ordination d'Hincmar ordonna une nouvelle enquête sur la déposition d'Ebbon.

Ainsi, un an après l'ordination d'Hincmar, c'est-à-dire en 846, le pape manda au roi Charles d'envoyer à Trèves, Gontbaud archevêque de Rouen avec les évêques de son royaume que ce prélat voudrait choisir pour terminer cette affaire de concert avec les légats qu'il enverrait. Il écrivit en même temps à Gontbaud de se rendre après Pâques au lieu marqué, et à Hincmar de se trouver à ce concile pour plaider sa cause. (1)

Gontbaud et Hincmar attendirent les légats du pape jusqu'au temps marqué, mais ils ne parurent pas. Les évêques du royaume de Charles ne furent pas fâchés d'avoir cette occasion de ne pas tenir le concile convoqué dans un autre royaume. Aussi Gontbaud, sans perdre de temps, en vertu de la commission qu'il avait reçue du pape pour terminer l'affaire, indiqua un autre concile à Paris avec la permission du roi Charles et le consentement des archevêques et évêques du royaume. Il écrivit en même temps à Ebbon pour le sommer de s'y rendre et chargea Erpuin de Senlis de lui faire parvenir sa lettre. Mais Ebbon n'eut garde d'y comparaître. (2) Gontbaud procéda néanmoins à la conclusion de cette affaire avec les archevêques Vénilon de Sens, Lantram de Tours, Hincmar de Reims accompagnés de leurs suffragants. La déposition d'Ebbon fut confirmée, et les prélats lui défendirent de se porter pour archevêque de Reims jusqu'à ce qu'il se fut présenté devant eux,

(1) Hincm. Ep. xxii, ad Nicol. pap., t, ii, p. 304.
(2) *Ibid*. et apud Frod., L. iii, c. ii.

selon l'ordre du pape pour être jugé. Lorsque les actes du concile parvinrent à Rome, Sergius était mort et Léon IV avait été élu à sa place. Léon envoya le pallium à Hincmar, et ses successeurs se prononcèrent également en faveur de l'archevêque.

La vie d'Hincmar n'en continua pas moins à être féconde en luttes de tous genres. Pour se prémunir désormais contre les intrigues de quelques prêtres, qui avaient été ordonnés par Ebbon durant sa passagère réintégration et qui n'étaient pas restés étrangers aux difficultés qu'on venait de lui susciter, ce prélat leur interdit tout exercice de leurs fonctions ecclésiastiques. Naturellement irrités de cette interdiction, ces prêtres, un nommé Wulfade à leur tête, cherchèrent dans un mémoire rédigé vers 853, à établir la légitimité de leur ordination ainsi que celle de la réintégration d'Ebbon, et s'appuyèrent, pour cela, sur la proposition du faux Isidore : «Un évêque ne peut être destitué par un synode. » Hincmar voulut alors faire décider cette affaire par un concile qu'il convoqua à Soissons pour le 22 Avril de l'an 853. Le roi Charles y assista avec trois métropolitains, vingt-trois évêques et six abbés. Les trois métropolitains étaient : Hincmar de Reims, Vénilon de Sens et Amaury de Tours. (1) La première session se tînt le 26 Avril dans l'église du monastère de St-Médard que l'on avait choisi pour le lieu des séances. Sigloard, qui faisait les fonctions d'archidiacre de Reims, annonça que des clercs de l'Eglise de Reims étaient à la porte et demandaient à entrer. Hincmar dit : Nommez-les afin que le

(1) Conc. Gall. t. iii, p. 80. — Labb. *concil.*, t. viii, p. 79.

roi et le concile les connaissent. » Sigloard nomma
Rodolphe, Gisalde, Wulfade et Frédibert, chanoines
de Reims, un religieux de St-Thierry et huit moines de
St-Rémy. Quand ils furent entrés, l'archevêque Hincmar
leur dit : « Mes frères, que demandez-vous ? » Nous
demandons, répondirent-ils, miséricorde à votre paternité au sujet des fonctions des ordres que nous avons
reçu du seigneur Ebbon, et dont vous nous avez sus-
pendus. » Hincmar leur demanda : « Avez-vous le libelle de votre requête? » ils dirent que non. Hincmar
reprit qu'il fallait suivant les canons rédiger leurs demandes par écrit. Les clercs le firent et présentèrent
leur requête à Hincmar, qui présidait le concile avec
Vénilon.

Hincmar choisit alors pour juges de cette affaire Vénilon de Sens, Amaury de Tours et Pardule de Laon,
et quittant aussitôt sa place de président, il y fit asseoir
Pardule. On permit aux demandants de choisir aussi
des juges, ils choisirent les mêmes prélats, auxquels
ils joignirent Prudence de Troyes, qu'ils savaient n'être
pas favorable à Hincmar. Ainsi finit la première session.

Dans la seconde les juges nommés déclarèrent qu'il
était manifeste que si la déposition d'Ebbon était irré-
gulière, les clercs qu'il avait ordonnés ne devaient pas
être interdits de leurs fonctions; qu'au contraire si elle
était juste et canonique, ils ne devaient pas servir à
l'autel. Thierry de Cambrai se leva alors et dit : « Ce
que j'ai vu et entendu concernant la déposition de l'é-
vêque Ebbon, j'en rends témoignage et je le donne par
écrit. » Loup de Ferrières lut dans le concile, en pré-

sence du roi , cet écrit qui contenait une relation de la
déposition d'Ebbon et de son rétablissement, si contraire aux règles canoniques, disait l'évêque de Cambrai,
que le pape Sergius n'y avait eu égard et n'avait accordé à Ebbon que la communion laïque. Nous avons
vu cependant qu'Ebbon, dans son apologie , s'autorisait
du consentement de l'évêque de Cambrai à son rétablissement et en rapportait l'acte.

Dans la troisième session, l'ordination d'Hincmar fut
examinée et vérifiée. On présenta au concile la requête
du clergé et du peuple de Reims qui demandaient
Hincmar pour archevêque, son décret d'élection et son
ordination faite en présence et du consentement de tous
les évêques de la province. Tout fut trouvé régulier.
« Hincmar se leva et mit sous les yeux du roi et du
concile les lettres que les saints canons enjoignent aux
ordonnés de recevoir de ceux qui les ordonnent avec la
date du jour et du consul en exercice. Il produisit aussi
une lettre souscrite par tous les évêques des Gaules et
adressés par eux au Saint-Siège pour lui demander
la confirmation de l'archevêque de Reims. Et ainsi il fut
prouvé, dans la quatrième session, par des documents
très-évidents et reconnus, par le jugement du concile que
l'archevêque Hincmar avait été canoniquement élu, canoniquement ordonné, et qu'ayant reçu la perfection par
l'approbation canonique que le Saint-Siège avait donnée
à son ordination et par le don qu'il lui avait fait du pallium, son titre de primat, son autorité de métropolitain
et enfin tous ses pouvoirs avaient été confirmés. (1)

(1). Labb. *Concil.*, t. VIII, p. 87.

On examina dans la même session, et on déclara dans la cinquième quel devait-être le sort des clercs ordonnés par Ebbon depuis son rétablissement. Tous ceux qui avaient été ordonnés par cet archevêque après sa déposition furent interdits de leurs fonctions. Néanmoins Hincmar trouva bon de prier le pape Léon IV de confirmer ce grand concile qui comprenait cinq provinces ecclésiastiques, reconnaissant ainsi par le fait une autre proposition capitale du faux Isidore. Mais Léon n'accéda point à sa demande parce que les prêtres dépossédés avaient eu également recours à Rome. Benoit III, en revanche, confirma en 855 le synode de Soissons, mais conditionnellement, c'est-à-dire en supposant que tout était conforme à ce qu'on lui écrivait.

§ II.

Affaire de Rothade : Hincmar conteste au pape le droit de juger en premier ressort les évêques qui en ont appelé à son tribunal. — Fermeté de Nicolas I. — Il relève Rothade de l'interdit prononcé par Hincmar. — Concile de Soissons. — Rétablissement des clercs ordonnés par Ebbon et déposés par l'influence d'Hincmar.

Hincmar soupçonnait Rothade, évêque de Soissons, d'avoir favorisé secrètement les clercs ordonnés par Ebbon, et pour ce motif il cherchait depuis longtemps à susciter des embarras à cet évêque, lorsque s'offrit l'occasion suivante. Un prêtre de Soissons, homme perdu de mœurs, ayant été pris en flagrant délit, avait été honteusement maltraité par ceux qui le surprirent (1). Rothade déposa, avec l'approbation de trente-trois évêques, un ministre des autels si scandaleux, et ordonna un autre prêtre à sa place, mais sans avoir demandé le consentement de son métropolitain. Hincmar irrité reçut la plainte du prêtre déposé, et le rétablit dans un concile tenu à Soissons l'an 861; mais comme le prêtre ordonné à la place du coupable refusait de quitter son église qu'il occupait depuis trois ans, car l'affaire avait traîné en longueur pendant tout ce temps, Hincmar l'excommunia, puis le fit enlever et jeter en prison. Rothade ayant refusé d'acquiescer à ce jugement, le métropolitain n'hésita pas à lui faire son procès à lui-même; et dans un concile de sa province, qu'il assembla dans l'église dédiée aux Saints Crépin et Crépinien, près de Soissons, il priva l'évêque de la communion épiscopale jusqu'à ce qu'il eut obéi. (2)

L'année suivante, 862, le roi Charles tint une assemblée de seigneurs et un concile de quatre provinces à Pitres-sur-Seine, un peu au-dessus de Pont-de-l'Arche. Rothade s'y rendit pour faire juger sa cause. Mais s'étant aperçu que par le crédit d'Hincmar qui présidait, il ne pouvait manquer d'être condamné, il en appela au Saint-Siège. Le concile, n'osant passer outre, lui marqua un terme dans lequel il devait partir pour aller poursuivre son appel. (3)

(1) Nous apprenons ces détails par un sermon du pape Nicolas.
(2) *Libellum proclamat.*, *Rothadi*, apud. Labb., t. viii, p. 785.
(3) Inter Carol. Calvi *capit.*

Mais bientot Hincmar voulut conclure d'une lettre particulière de Rothade à l'un de ses amis, que celui-ci avait renoncé à son appel, et, à sa demande, Charles-le-Chauve empêcha l'évêque de Soissons de partir. Appelé à comparaître devant un concile de Soissons, en 863, et refusant de s'y rendre, il fut dépossédé, excommunié, enfermé dans un couvent et son diocèse transféré à un autre.

Cette affaire fit bientôt un grand bruit dans toute la Gaule. Les évêques du royaume de Lothaire saisirent avec joie cette occasion de se venger d'Hincmar qu'ils n'avaient pu attirer à leur avis touchant le divorce de leur roi. Les archevêques Teutgaud de Trèves et Gonthaire de Cologne, qui n'étaient pas encore déposés alors, Arduic de Besançon et Tadon de Milan, avec les évêques de leurs provinces, écrivirent aux évêques du royaume de Louis une lettre en faveur de Rothade. Après avoir exposé le sujet de la division survenue entre Hincmar et Rothade, et ce qui en était résulté, ils invitent les prélats, à qui ils écrivent, à s'assembler avec eux en concile pour juger de quel côté est le tort.

L'état de la cause est présenté sous les questions suivantes, envoyées par Rothade, et sur lesquelles ces évêques croient qu'on doit décider son affaire, savoir : si un prêtre ou un diacre justement condamné par son évêque peut être rétabli par le métropolitain sans le consentement de l'évêque ; s'il peut être rétabli après quatre ans de déposition, lorsque d'après le concile d'Afrique, il n'a qu'un an pour se purger devant le métropolitain ; si un prêtre ou un diacre condamné pour crime peut être absous après quatre ans ; si un évêque peut retenir ou emprisonner le clerc d'un autre ; si un évêque peut solliciter le clergé d'un autre et soumettre son peuple à sa propre autorité ; si un évêque peut être interdit ou condamné par moins de douze juges, si on doit condamner celui qui persiste dans son appel au Saint-Siège, et mettre un autre évêque à sa place avant le jugement du pape ; si on doit recommencer un jugement suspect et peu certain, ou si un métropolitain suspect doit assembler les juges voisins de sa province ; si on doit condamner un innocent ou un homme qui n'a pas été interdit ; si on doit condamner celui qui, étant malade, n'a pu venir au concile, en attribuant son refus au mépris ; si on doit le condamner parce que, tenant pour suspect le métropolitain et toute l'assemblée, il diffère d'y comparaître ; si l'accusateur doit être témoin et juge, et s'il convient qu'un évêque fasse ces deux fonctions. (1) On indiqua en même temps, en ces questions, l'autorité des conciles et des décrétales pour servir à la décision. Il ne paraît pas cependant que cette lettre ait porté les évêques de Germanie à se déclarer contre Hincmar, du moins nous ne connaissons pas le résultat de cette sorte de consultation.

Dès que le pape Nicolas eut appris par plusieurs lettres et par la relation du concile de Soissons ce qui s'était passé à l'égard de Rothade, il écrivit à Hincmar pour lui ordonner sous peine de censure encourue par le seul fait, de rétablir cet évêque dans le terme de trente

(1) Labb., *Conc.*, t. VIII, p, 763.

jours après sa lettre reçue. Sont soumis à la même peine tous les évêques qui ont consenti à la déposition de Rothade, et Hincmar est chargé de le leur notifier. Quant à ce dernier, s'il croit avoir eu raison de déposer l'évêque de Soissons il faut qu'il l'envoie à Rome et qu'il y vienne lui-même, ou y envoie quelqu'un de sa part .pour suivre cette cause (1). Nicolas écrivit dans le même sens au roi Charles pour le prier de faire rétablir Rothade, et ensuite de lui permettre de venir le trouver. Enfin par une lettre adressée aux Pères du concile dans lequel Rothade avait été déposé, il casse la procédure qu'ils avaient faite contre cet évêque, et ordonne qu'on l'envoie à Rome avec des députés.

« J'aurais pu dit le pape ajouter foi à ce que vous dites dans votre relation que l'évêque Odon nous a apportée, si je n'avais reçu la défense de Rothade qui prouve son innocence et votre culpabilité. Nous avons demandé à notre frère Odon s'il voulait proposer publiquement quelque accusation contre lui; mais il n'a rien voulu lui reprocher (2). Le souverain pontife fait sentir aux évêques tout l'odieux de leur conduite et ne peut retenir son indignation à la vue de cet évêque si légèrement déposé, privé de sa liberté et remplacé immédiatement sans qu'on eût attendu le jugement définitif du Saint-Siège, il appelle cela un acte *exécrable*. Pour répondre à l'allégation des évêques qui prétendaient que Rothade avait renoncé à son appel et demandé un concile, le pape déclara que quand cela serait, ils au-

(1) *Conc.*, t. III, p. 2003. — Labb., t. VIII, p. 408.
(2) Hincm., p. 412.

raient dû honorer le Saint-Siège et s'en rapporter à son jugement, que pour lui il défendra jusqu'à la mort les privilèges de son église, « parce que, dit-il, les privilèges du Saint-Siège sont l'abri ou plutôt le rempart de l'Eglise catholique contre toutes les attaques des méchants. Car ce qui est arrivé aujourd'hui à Rothade, ne peut-il pas arriver demain à chacun de vous, et dans ce cas à qui aurez-vous recours? (1)

C'était là une idée grande, magnifique et vraie; on sait ce que sont devenus les évêques qui ont cessé de s'abriter derrière ce rempart. Mais Hincmar qui avait connu à l'avance le contenu de cette lettre ne voulut pas la lire. Nicolas en fut informé, et en écrivit une autre dont il chargea Odon de Beauvais, pour lui réitérer les mêmes instructions. Hincmar reçut cette seconde lettre, le 23 juin 864, et la tint cachée pendant quatre mois sans la montrer à personne (2). Un tel procédé ne prévient pas en faveur de sa cause. Avant d'avoir reçu ces ordres, il avait envoyé demander au pape la confirmation des privilèges de son église. Le pontife, en lui faisant espérer cette faveur s'il le trouve soumis, adoucit par les louanges qu'il lui donne l'amertume des réprimandes qu'il lui fait.

« La confiance, lui dit-il, que les souverains pontifes ont paru depuis longtemps avoir en vous, ne nous permettait pas de croire qu'on pût en votre présence faire quelqu'outrage à celui qui aurait formé un appel au Saint-Siège. Ce qui nous confirmait dans cette pensée,

(1) *Conc.*, t. III p. 419.
(2) *Epist. Nic. ad Hinc.* t. III *conc.* Gall. p. 253.

c'est ce que nous n'ignorons pas que vous êtes un personnage d'une admirable sagesse et d'un si grand crédit auprès de notre très-cher fils le roi Charles, que nous songions à nous adresser à vous pour corriger par vos soins les abus qui règnent dans vos provinces. Vous me priez de confirmer les privilèges de votre Eglise, et en même temps vous faites tous vos efforts pour affaiblir les nôtres! Vous nommez l'Eglise romaine un port de salut et vous retenez et arrêtez autant que vous pouvez ceux qui veulent se sauver dans ce port! Comment vos privilèges peuvent-ils subsister si on annule ceux sur lesquels les vôtres sont fondés? Et si l'on compte pour rien les nôtres, quel cas fera-t-on des vôtres? » En finissant le pape dit à Hincmar que c'est pour la troisième fois qu'il lui écrit au sujet de Rothade, et qu'il désire n'être pas obligé de porter contre lui une sentence définitive (1).

Pour paraître obéir, on prit enfin le parti de faire sortir Rothade de sa prison, comme pour l'envoyer à Rome, mais on ne lui laissa pas encore une entière liberté. Cependant Hincmar, qui cherchait à gagner du temps, envoya le diacre Lendon à Rome pour donner avis au pape que Rothade était élargi et pour le détourner de voir cette cause. Lendon rapporta des lettres de la ville éternelle encore plus pressantes que les précédentes. Le roi ne put alors différer d'avantage d'y envoyer Rothade, et le fit accompagner des députés, des évêques qui l'avaient déposés, et des lettres de sa part pour le pape, dont Robert, évêque du Mans, était porteur.

(1) Labb. *Concil.*, t. viii, p. 406.

Ce fut par la même voie qu'Hincmar, pour se justifier, écrivit au pape une longue lettre qui est rapportée
par Flodoard : « Souffrez donc, très-saint Père et
seigneur, lui dit-il, que je vous parle encore de la cause
de Rothade.... Nous vous envoyons avec lui nos députés, non en qualité d'accusateurs pour plaider, mais
comme accusés nous-mêmes par Rothade et par nos
voisins les évêques de la Lorraine, qui ignorent l'état
de la cause, pour nous justifier en faisant connaître à
Votre Sainteté de toutes les disputes qui naissent dans
le premier et dans le second ordre, et que les canons
de Nicée et des autres conciles, les décrets d'Innocent
et des autres papes décident devoir être terminés par
les métropolitains, dans les conciles provinciaux. Mais
s'il a trouvé quelque cause touchant les évêques pour
la décision de laquelle nous n'ayions pas de règles certaines dans les canons, et qui par conséquent ne peut
être terminée dans un concile de la province, ou de
plusieurs provinces, il faut alors que nous ayons recours
à l'oracle divin, c'est-à-dire au Saint-Siège.

« De même dans les causes majeures si un évêque
de la province n'a pas demandé d'être jugé par des juges
élus, et si, ayant été déposé dans le concile de sa province, il croit sa cause bonne et appelle au Saint-Siége,
ceux qui ont examiné l'affaire doivent, après le jugement épiscopal, en écrire au pape et, selon ce qu'il
ordonne, ou lui renvoyer l'affaire, ou examiner de nouveau cette cause, suivant le septième canon de Sardiques.
Car pour les métropolitains qui, selon l'ancienne coutume, reçoivent le pallium du Saint-Siège, il faut comme

l'enseigne le concile de Nicée, comme Saint Léon l'écrit à Anastase et comme l'ont marqué les autres papes dans leurs décrets, il faut, dis-je, attendre la sentence du pape avant de les juger. Nous autres métropolitains, nous jugeons dans les conciles provinciaux les causes des hommes charnels, et quant aux causes majeures après les avoir jugées nous les référons au Saint-Siège. Celui qui sait qu'il a des inférieurs, ne doit pas être fâché d'avoir lui-même un supérieur, et il doit lui rendre l'obéissance qu'il exige des autres. »

Hincmar, après avoir ainsi exposé la manière de juger les évêques selon les canons, explique les sujets de mécontentement qu'il avait eus de la conduite de Rothade et les fautes pour lesquelles il avait été déposé. Il ne craint pas de l'accuser d'avoir vendu les vases sacrés de son église, et dit qu'il y avait plus de cinq cents témoins, lorsque le roi envoya retirer des mains d'un cabaretier et fit porter au concile un calice d'or orné de pierreries que Rothade avait donné en gage ; qu'on a aussi retiré des mains d'un juif des couronnes et des lampes d'argent (1) que cet évêque lui avait vendus ; et qu'il avait disposé de plusieurs autres biens et ornements de son église sans le consentement de son mé-

(1) On nommait alors couronnes des lampes qui pendaient de la voûte, en forme de couronne, et qui avaient plusieurs cercles soutenant des vases de verre plus petits les uns que les autres et dans chacun desquels était une lumière. St-Paulin a fait une ingénieuse description d'une lampe d'église dans un de ses poêmes en l'honneur de St-Félix de Nole. (Nat. vii). On a conservé et retrouvé plusieurs de ces *couronnes ardentes*, et celle que l'on voit dans le trésor d'Aix-la-Chapelle a été reproduite plusieurs fois, notamment par M. Lassus à l'occasion des solennités qui eurent lieu en 1849 dans la Sainte Chapelle à Paris.

tropolitain, des évêques de la province, de l'économe, des prêtres et des diacres de son clergé ; qu'on avait souffert sa conduite avec trop de patience, mais qu'il avait toujours été rebelle à tous les avertissements, et plus insensible qu'un rocher aux prières que lui avaient faites ses confrères ; qu'au reste, si Sa Sainteté par compassion jugeait à propos de le rétablir, les évêques qui l'avaient déposé ne regarderaient pas ce rétablissement comme un outrage qui leur serait fait, parce qu'ils savent tous que leurs églises sont soumises à l'église de Rome, et que les évêques le sont au pontife romain, à cause de la primauté de Saint Pierre.

Hincmar ajoute que, quand un évêque déposé en appelle au pape selon les canons de Sardique, le pape ne le rétablit pas d'abord en vertu de son privilège, mais qu'il le renvoie dans sa province où l'affaire s'est passée, et où, selon les canons de Carthage et les lois romaines, il est plus aisé d'instruire le procès, et qu'alors le pape écrit aux évêques voisins ou envoie des légats qui, revêtus de son autorité, jugent l'affaire sur les lieux. Enfin Hincmar se plaint de ce que le pape Nicolas le menaçait si souvent dans ses lettres de l'excommunication, ajoutant à ce sujet que les papes doivent rarement faire de pareilles menaces, et jamais sans une grande nécessité.

Rothade et les députés qui l'accompagnaient furent arrêtés à l'entrée de l'Italie, parce que le roi Louis leur refusa le passage sur ses terres. Après avoir attendu quelque temps, les envoyés du roi et des évêques prirent le parti de s'en retourner. Rothade feignit une maladie et s'arrêta à Besançon d'où, par la protection de Lothaire et de Louis roi de Germanie, il trouva le moyen de se rendre à Rome sans les députés qui l'avaient accompagné et qui étaient chargés de justifier le procédé des prélats qui l'avaient déposé. Il y présenta au pape une requête dans laquelle il exposa d'une manière fort touchante la suite de son affaire et les mauvais traitements qu'il avait essuyés (1).

Le pape attendit neuf mois qu'il vînt des députés de la part des évêques qui avaient déposé Rothade; mais voyant que personne ne paraissait, il résolut de terminer cette affaire. Dans cette intention, comme il célébrait à Sainte-Marie-Majeure, la veille de Noël de l'an 864, il proclama du haut de la chaire que Rothade avait été injustement persécuté; qu'en vertu d'une proposition du faux Isidore aucun synode ne pouvait être tenu sans le consentement du pape, et que par conséquent les décisions de Soissons contre Rothade étaient entièrement invalidées. Il ajoutait : Quand Rothade n'en aurait point appelé, il n'aurait pu être destitué, *contra tot et tanta decretalia*, à l'insu du pape parce que le jugement d'un évêque est une cause réservée au pape. Ayant pris ensuite l'avis des évêques et des autres personnes du clergé qui étaient présentes, il jugea qu'on devait le revêtir des habits épiscopaux, puisque, l'ayant fait appeler au Saint-Siège, personne ne se présentait pour l'accuser. On lui fit seulement promettre qu'il se tiendrait toujours prêt à répondre à ses adversaires, quand il en serait requis (2).

(1) *Ann. Bertin.*
(2) Anast. *Vita Nicol.*, apud Labb., t viii, p. 263.

Le pape attendit jusqu'au 21 janvier, fête de Sainte-Agnès. Nicolas s'étant rendu le jour de cette fête dans l'Eglise de la Sainte hors de la ville, Rothade lui donna par écrit la promesse qu'il réitérait de répondre à ses accusateurs quand ils se présenteraient. On lut ensuite l'acte de son rétablissement; après quoi cet évêque alla célébrer la messe dans l'Eglise de Sainte-Constance, près de celle de Sainte-Agnès où le pape officiait. Le lendemain Nicolas tînt un concile dans lequel après avoir admis la justification de Rothade et confirmé son rétablissement, on ordonna que si dans la suite il était obligé de répondre à ses accusateurs, il le ferait en habits épiscopaux. — Enfin pour achever cette affaire qui depuis trois ans scandalisait l'Eglise, le pape fit partir Rothade avec l'apocrisiaire Arsène, évêque d'Orta, qu'il envoyait légat en France, et il chargea ce légat de le présenter au roi de sa part et de le faire rétablir. Il écrivit en même temps au roi, à Hincmar, aux évêques de France, au clergé et au peuple de Soissons (1).

Après avoir fait les reproches les plus vifs à Hincmar, après lui avoir fait voir son peu de franchise et de sincérité dans toute cette affaire, il le menace de l'excommunier et de le déposer lui-même s'il s'oppose au rétablissement de Rothade, sauf à lui de poursuivre l'accusation à Rome, s'il le juge à propos. Ainsi se termina le différend.

Cela se passait en 865. Rothade assista l'année suivante au concile qui se tînt le 18 août à Soissons,

(1) Labb., t. viii, p. 791, 795.

où était son siège épiscopal. On traita dans ce concile du rétablissement de Wulfade déposé en 853 avec les clercs ordonnés par Ebbon. Le roi Charles qui avait pressé la tenue de cette assemblée dans la vue de faire élire Wulfade archevêque de Bourges, du consentement des évêques de la province, essaya d'engager Hincmar à rétablir tous ces clercs. L'archevêque renvoya la chose au jugement du concile, mais en même temps il présenta quatre mémoires qui tendaient à empêcher leur rétablissement. Il disait dans le premier qu'ils avaient été déposés par un concile composé des évêques de cinq provinces, auxquels ils avaient eux-mêmes appelé; que leur déposition avait été confirmée par deux papes, Benoît et Nicolas; que si ce dernier ordonnait la révision du procès, il consentait pour le bien de l'unité à tout ce que les évêques du concile ordonneraient; que pour lui, il ne pouvait casser seul le jugement de celui de Soissons en 853, d'autant qu'il ne voyait pas que ce jugement fut contraire aux canons ni comment on pouvait déroger aux lettres des papes qui l'avaient ratifié. Il montrait dans le second, par les lettres des mêmes papes et le libelle d'Ebbon, qu'il avait été déposé sur sa propre confession, par quarante-trois évêques; qu'il avait repris ses fonctions épiscopales sans avoir été rétabli canoniquement, que, s'étant pourvu à Rome, le pape Sergius lui avait ordonné de se contenter de la communion laïque; qu'ayant été déposé par les évêques il n'avait pu être rétabli par la puissance séculière; qu'il n'était plus temps de remettre en question son rétablissement parce que le jugement rendu contre lui, dès

l'an 835, formait une prescription de plus de trente ans;
ce qui, suivant les lois civiles approuvées de l'Eglise,
suffirait pour exclure toute poursuite. Si Ebbon avait
continué ses fonctions épiscopales depuis sa déposition,
c'était, de sa part, une entreprise téméraire qui ne pouvait rendre sa cause meilleure. Hincmar employa le reste
de ce mémoire à montrer la régularité de son ordination
au concile de Beauvais, en 845, Foulques à qui il avait
succédé ayant gouverné l'Eglise de Reims, pendant
9 ans, sans qu'Ebbon ait réclamé ni qu'il s'y soit opposé.
Dans le troisième, après avoir rapporté les canons et
les décrétales où l'on voyait que l'on avait quelquefois
usé d'indulgence envers ceux dont les ordinations
étaient d'outremer, Hincmar consentait, pour le bien de
la paix et pour donner satisfaction au pape, à ce
que l'on cherchât quelque tempérament pour recevoir
et même promouvoir à des ordres supérieurs les clercs
ordonnés par Ebbon, sans préjudice pour les règles de
l'Eglise, ni pour les jugements rendus contre eux.
Les trois mémoires furent lus dans le concile, mais à
peine eut-on commencé à lire le quatrième qu'il s'éleva
un grand murmure qui empêcha de continuer la lecture. Il était contre Wulfade en particulier et portait
qu'après avoir été déposé il avait travaillé à se faire
choisir évêque de Langres dont le siège était vacant,
sans avoir l'agrément du métropolitain; s'en étant ap-
proprié les revenus, il méritait par cela seul, d'être
exclu de toute espérance de restitution; rappelé par
l'ordre d'un concile, il avait fait serment de ne plus
aspirer à aucune fonction ecclésiastique, et il avait

donné cette déclaration par écrit en présence du roi et de plusieurs évêques. Hincmar protestait qu'il n'avançait point ces faits pour nuire à Wulfade, mais uniquement pour informer l'assemblée de tout ce qui s'était passé dans cette affaire.

Les évêques, qui avaient Wulfade en grande estime et qui recommençaient surtout en sa faveur le jugement de cette affaire, prirent le parti proposé dans le troisième mémoire, et, laissant la sentence en entier, ils usèrent d'indulgence envers les clercs ordonnés par Ebbon,

La lettre synodale du concile fut portée à Rome par Egilon, archevêque de Sens, à qui Hincmar en donna une de sa part pour le pape Nicolas, contenant les raisons qu'il avait eues de ne pas rétablir Wulfade de son autorité particulière. Il donna encore à Egilon un mémoire pour lui servir d'instruction dans les conférences qu'il devait avoir à Rome au sujet du rétablissement de cet ecclésiastique et des autres clercs déposés avec lui. Il prie le député du concile de se souvenir surtout qu'Ebbon avait été régulièrement dépossédé de son siège et rétabli contre les règles; que les clercs qu'il avait ordonnés avaient été déposés, non par l'archevêque de Reims, mais par un concile de cinq provinces et que si celui de Soissons les a réintégrés, c'est en considération de la bonne volonté du pape pour eux. Sur la fin de cette instruction, Hincmar priait Egilon de lui rapporter les *Gestes des Papes* depuis le pontificat de Sergius jusqu'en 866. On croit que ces gestes étaient des journaux ou des annales (1) de ce qui s'était passé de considérable sous chaque pontificat.

(1) Fleury liv. L. *Hist. Eccles.* p. 127, t. XI.

Quand le pape Nicolas eut reçu les actes dont Egilon était porteur, il écrivit aux évêques du concile de Soissons une lettre fort étendue, dans laquelle il accuse Hincmar de n'avoir point agi dans cette affaire avec assez de droiture et d'avoir même falsifié les lettres du pape Benoît. Il parut également mécontent de n'avoir pas reçu une collection de tous les actes faits dans cette cause et particulièrement au sujet de la déposition et du rétablissement d'Ebbon. C'est pourquoi il ordonna aux évêques de s'assembler une seconde fois pour convenir ensemble d'une relation exacte de toute l'affaire prouvée par les actes (1).

Il écrivit une lettre particulière à Hincmar dans laquelle il lui faisait une vive réprimande sur sa conduite, qu'il traitait d'artificieuse. Il relevait en détail plusieurs falsifications faites aux lettres apostoliques, et il le blâmait de ce qu'il portait trop souvent le *Pallium* (2). Hincmar répondit avec une humilité, une soumission propre à désarmer la colère du pape (3). Néanmoins dans cette réponse il s'efforce de se justifier sur tous les articles et particulièrement sur la falsification des lettres du pape Benoît III. « Le concile, dit-il, a vu en présence du roi, l'original dont le sceau est entier et l'écriture sans ratures. Il n'en a envoyé qu'une copie à Rome, parce que pour sa défense il n'a pas cru devoir se dessaisir de l'original. Au reste, il est si faux qu'il ait effacé de ces lettres ces paroles : *si cela est vrai*, qu'on

(1) *Epert.* Vic. ad episc. Conc. Siecst., t. III. Conc. p. 309.
(2) Labb. *ibid.*, p. 851.
(3) Hincm., *op.* t. II.

lui reproche surtout d'avoir retranchées, qu'au contraire,
il a lui-même écrit qu'on avait mis quelques termes
qui marquaient du doute. » Mais sa soumission fut
complète.

En conséquence des ordres donnés par le pape, il se
tint à Troyes, le 24 octobre (1) de l'an 867, un autre
concile, auquel se trouvèrent vingt évêques, dont six
étaient métropolitains. Ils composèrent de concert et
envoyèrent au pape une relation historique et fort dé-
taillée de ce qui s'était passé au sujet de la déposition
d'Ebbon et de la promotion d'Hincmar.

Les évêques terminent la lettre synodique en priant
le pape d'approuver l'ordination de Wulfade pour le
siège de Bourges et de lui envoyer le *Pallium.* Ce qu'il y
a de plus remarquable, c'est qu'ils supplient le souverain
pontife de faire en sorte qu'on ne puisse plus déposer
un évêque sans l'avis du saint Siège. Il paraîtrait,
d'après cette demande, que les évêques avaient mieux
étudié la matière, ou qu'ils avaient senti la nécessité
de la règle que le pape Nicolas I avait défendue avec
tant d'énergie. Voici comment ils s'expriment dans leur
lettre au pape : « Nous vous supplions avec une humble soumission, après avoir examiné attentivement les
raisons de chaque partie, selon la coutume de vos
prédécesseurs, d'ordonner que ce qu'ils ont statué
avec une autorité imprescriptible demeure inébranlable,
et, en réprimant avec le glaive apostolique *la témérité
de quelques métropolitains, aussi bien que l'audace de
quelques autres évêques qui les favorisent,* d'enjoindre

(1) Ann. Bertin.

en renouvelant la constitution, qu'on s'en tienne aux décrets et aux privilèges anciens, en sorte que, ni aujourd'hui, ni à l'avenir, on ne puisse déposer aucun évêque sans avoir pris l'avis du Pontife romain (1).

On serait étonné, si on ne connaissait maintenant le caractère d'Hincmar, de le voir à la tête des évêques qui signent cette requête.

§ III.

Affaire d'Hincmar de Laon. — Ouvrage volumineux composé à ce sujet par Hincmar de Reims. — Adrien II prend la défense d'Hincmar de Laon contre l'archevêque de Reims et le roi Charles. — Irritation des deux partis. — Hincmar de Laon est déposé par le pape et aveuglé par les ordres du roi.

Malgré tous les embarras que suscitèrent à Hincmar ces diverses affaires, il avait un tel goût pour les questions de droit canon qu'il ne craignit pas de se lancer dans un autre grand procès contre son propre neveu.

Il l'avait élevé avec soin, placé sur le siège de Laon et sacré de ses propres mains. Malgré de tels antécédents le jeune évêque qui portait le même nom que son oncle n'eut pas de plus mortel ennemi que lui. Les auteurs de l'*Histoire de l'Eglise gallicane* uniquement préoccupés de justifier sur ce point la mémoire de l'archevêque de Reims, qu'ils considèrent avec raison comme un des ornements de l'église de France, ont

(1) Labb. *Concil.*, t. viii, p. 875.

dit de l'évêque de Laon « qu'il était d'une nature vive, turbulente, impatiente du frein. Une humeur inconstante et une fierté bizarre furent la règle de sa conduite et devinrent la source de ses malheurs. » On pourrait jusqu'à un certain point admettre ce jugement si Hincmar de Laon se fut attiré la disgrâce de son oncle par une révolte coupable. Mais la politique d'abord et les prétentions du métropolitain surtout étaient bien plus en jeu dans cette grande controverse que le caractère de l'infortuné prélat.

C'était l'époque où Charles-le-Chauve commençait à distribuer des fiefs héréditaires, dans l'espoir de rattacher les grands vassaux à la monarchie par les liens de la reconnaissance. Les domaines royaux ne suffisaient pas à la convoitise des solliciteurs, il fallut recourir aux biens ecclésiastiques. Un comte du nom de Luido et un autre appelé Normannus furent ainsi, dès la première année de l'épiscopat d'Hincmar de Laon, pourvus de fiefs enlevés au domaine de cette église. Il paraît que l'évêque prêta d'abord les mains à cet arrangement, il reçut même de Charles-le-Chauve une charge au palais et une riche abbaye en bénéfice. Mais, peu après, il revint sur son premier acquiescement, renonça aux bienfaits de la cour et revendiqua énergiment les biens de son Eglise.

A cause du refus qu'on fit de les lui rendre, l'évêque en porta ses plaintes au pape qui écrivit à Hincmar de Reims d'excommunier le comte Normann. L'archevêque qui avait au début de la querelle pris la défense de son neveu fut profondément irrité de son recours à Rome.

Et comme il négligeait d'obtempérer aux ordres du pape, Hincmar de Laon fit attaquer et piller la maison du comte qui était absent ; on lui reprocha même d'avoir jeté dehors impitoyablement la comtesse qui n'était pas encore relevée de ses couches.

Le procédé était un peu vif. Hincmar de Reims en profita pour faire éclater toute son indignation. Sans aucun égard pour la parenté, il se déclara contre son neveu et fit convoquer un concile à Verberie pour le 24 avril 860. On somma le jeune évêque de s'y rendre. Hincmar qui avait des raisons de craindre qu'on ne le retînt prisonnier ne se présenta qu'après avoir déclaré que, si cette prévision se réalisait, il interdirait généralement tous les prêtres de son diocèse des fonctions de leur ministère jusqu'à ce qu'il levât lui-même l'interdit de vive voix, ou qu'ils reçussent là-dessus des lettres du pape. Il se trouva au concile huit métropolitains et vingt-et-un évêques. Le détail des accusations qui furent intentées contre Hincmar et des défenses qu'il y opposa est resté inconnu ; nous savons seulement que voyant les dispositions de ses juges il en appela au pape (1). Mais il ne put obtenir du roi, ni des évêques la permission d'aller à Rome avant d'avoir été jugé sur les lieux : ce qu'on différait de faire parce qu'il refusait de répondre. On ne lui fit alors aucune violence, mais peu de jours après la tenue du concile, c'est-à-dire le 23 mai suivant, comme on craignait qu'il ne portât l'affaire à Rome, il reçut l'ordre du roi de se

____

(1) *Ep*. Hincm. Rem. ad clerum Laud., apud Labb., t. viii, *Conc.*, p. 1789.

rendre à Sylvat, qu'on croit être Servay, alors maison
royale sur le territoire de Laon. Hincmar pressentit
qu'on voulait l'y arrêter, et il envoya sur-le-champ par
un prêtre et un diacre qui l'accompagnaient, des ordres
précis à son clergé d'observer l'interdit qu'il avait jeté
dans le cas où on s'emparerait de sa personne. C'est
en effet ce qui arriva : on le retint prisonnier et les
prêtres de la ville gardèrent une si admirable fidélité
à l'évêque proscrit que le lendemain, qui était un dimanche, il n'y eut pas de messe à Laon ni dans les
autres églises du diocèse où l'ordre avait pu être no-
tifié. Mais l'interdit ne fut observé que cinq jours, c'est-
à-dire pendant le temps nécessaire pour prévenir
Hincmar de Reims qui accourut aussitôt, leva au nom
de son autorité métropolitaine la censure lancée par
l'évêque son suffragant, et promulgua la peine de
l'excommunication contre quiconque respecterait les
censures portéee par son neveu. Cet acharnement était
déplorable ; Hincmar de Reims se laissait ici emporter
au-delà de toutes les bornes par le culte idéal qu'il avait
voué au principe de l'autorité monarchique.

Le roi le comprit. Comme cette décision avait fait
naître quelques troubles dans les consciences, il jugea
à propos d'élargir l'évêque de Laon peu de temps après.
Car il paraît que ce prélat avait recouvré la liberté
quand il assista au mois de septembre de la même année au sacre de Charles pour le royaume de Lorraine.
Mais comme Hincmar refusa sur l'ordre du pape d'excommunier son fils Carloman soulevé contre la tyrannie
paternelle qui l'avait contraint à entrer dans les ordres,

le roi se mit à le persécuter de nouveau ; ce fut en partie pour ce sujet qu'il fit assembler l'année suivante un concile de dix provinces à Attigny, ancien palais royal sur la rivière d'Aisne, dans lequel s'étaient déjà tenues tant d'assemblées ecclésiastiques.

En attendant la réunion du concile, Hincmar de Laon publia quelques mémoires, où il entreprit de démontrer qu'il n'avait pas tort dans les différents personnels qu'il avait avec son archevêque. Il y joignit un long recueil d'autorités, la plupart tirées des fausses décrétales, et le fit remettre par Vénilon, archevêque de Rouen, à son oncle qui était alors à Gondreville.

Hincmar de Reims y répliqua par un ouvrage volumineux divisé en cinquante-cinq chapitres. Après avoir rapporté dans un grand détail toutes les violences d'Hincmar de Laon, il répond avec la même diffusion aux autorités que celui-ci avait alléguées en sa faveur, et montre que l'Eglise change quelquefois ses lois (1).

Dans les six premiers chapitres il relève l'autorité des métropolitains à l'occasion d'une menace échappée à l'évêque de Laon qui avait dit qu'il le ferait déposer et l'empêcherait même de chanter la messe (2).

Ch. I. II, III, IV, V, VI.   « Vous avez, lui dit-il, plus d'arrogance que de pouvoir : vous n'êtes pas mon supérieur et je suis le vôtre... C'est à moi de vous convoquer pour les conciles et de vous juger si vous ne vous y rendez pas. Si quelqu'un vous accuse, ce doit-être à mon tribunal. Ce n'est pas à vous à me juger ou à me donner des juges ; j'ai

(1) *Oper.* Hincm., t. II, p. 355.
(2) *Oper* Hincm., t. II, p. 407. C. VI.

droit moi, de vous en donner et d'approuver ceux que vous aurez choisis. C'est à moi à marquer le lieu du concile ou de l'ordination d'un évêque. On ne peut dans l'étendue de la province de Reims ordonner un évêque sans mon consentement. C'est à moi de nommer un visiteur à l'église qui est sans pasteur, de faire faire l'élection, et quand les suffrages ne s'accordent point, de décider. C'est à moi d'examiner celui qui a été élu. Il vous appartient seulement d'ordonner l'évêque avec moi et de souscrire aux lettres qu'on lui donne de son ordination.... On peut appeler à moi avant ou après votre jugement; vous êtes obligé de me consulter quand il s'agit de vendre ou d'échanger les biens de votre église. Si vous excommuniez quelqu'un, je puis, malgré vous, avec l'avis des évêques de la province, lever l'excommunication. S'il naît une cause dans ma province, elle doit-être terminée dans mon concile provincial ou par les juges que je nommerai ou que j'approuverai... Je puis dans une affaire douteuse mander des juges d'une autre province. Mais vous, si vous avez quelques doutes vous devez me consulter, et si je ne puis les résoudre j'en dois consulter d'autres et même le Saint-Siège s'il en est besoin. Vous, au contraire, vous ne pouvez sans m'avoir consulté auparavant vous adresser au Saint-Siège ni sortir de la province sans mes lettres. Vous ne pouvez pas même aller ou envoyer à la Cour sans ma permission, à moins que vous n'ayez quelque affaire contre moi. » Hincmar de Reims en faisant dans cet écrit le dénombrement des conciles généraux, n'en compte que six et parle encore plus désavantageusement du septième, qu'il ne paraît connaître que par les livres carolins : particularité surprenante de la part d'un prélat de ce mérite, et près d'un siècle après la célébration du second concile de Nicée.

Ch. VII, VIII, IX.
Hincmar de Laon avait souvent péché contre ces règles. Son oncle lui en fait des reproches. D'après lui, ces paroles de Saint-Léon, citées par son neveu : « Nous vous ordonnons d'observer tous les décrets, tant du pape Innocent que de nos autres prédécesseurs touchant les ordres ecclésiastiques et la discipline cano-

X.
nique, » doivent s'entendre des décrets que les papes avaient tirés des canons, et non des décrets particuliers qu'ils avaient faits, et qui ne seraient pas conformes aux canons. Il consacre plusieurs chapitres à montrer comment les évêques doivent observer entre eux la su-

XI.
bordination suivant les degrés d'honneur et de pouvoir établis dans la hiérarchie ecclésiastique. C'était pour en

XII, XIII, XIV, XV.
venir ensuite à la subordination de l'Eglise de Laon à celle de Reims ; métropole ancienne elle avait sous elle onze églises avant que Saint-Rémy eut érigé en

XVI.
évêché le château de cette ville. Depuis lors, l'église de Laon a toujours été soumise à celle de Reims et à ses archevêques en qui réside l'autorité de Saint-Rémy, comme ils en occupent le Siège. Il rapporte sur cela la lettre que le pape Hormisdas écrivit à Saint-Rémy et les privilèges que d'autres papes ont accordés à l'Eglise de Reims. Il cite un grand nombre de passages des lettres des papes contre ceux qui manquent de subordination envers leurs supérieurs, en particulier

XVVII.
contre les évêques de Constantinople, qui se donnaient

Ch.XVIII et XIX. le titre d'évêque universel. Il fait voir que la plupart de ceux qui se sont perdus ne doivent leur perte qu'à leur orgueil, ou se sont égarés pour avoir ignoré le vrai sens des Ecritures, ou pour s'être gouvernés à leur mode, sans vouloir s'astreindre aux traditions de l'Eglise. Il convient que la discipline ecclésiastique est sujette au changement et qu'à cet égard les décrets mêmes des papes

XX. ont varié suivant les temps et l'exigence des circonstances. En faisant le dénombrement des conciles généraux, il n'en compte que six et dit de celui de Nicée au sujet des Images qu'il n'était point reçu en France; que dans un concile tenu sous Charlemagne on en réfuta la doctrine dans un gros volume, qu'il dit avoir lu étant jeune. C'étaient les *Livres Carolins*

XXI. Hincmar soutient que le concile de Nicée n'a fait que vingt canons et que si quelques anciens en comptaient

XXII. vingt-deux c'est qu'ils en divisent quelques-uns en deux ou qu'ils y mettent le décret touchant la Pâque. Il reproche à son neveu d'avoir mal à propos tiré avantage de la lettre de Saint-Grégoire à Théocteste où il est dit qu'il ne doit pas délier ceux qui ont été liés par l'Eglise, et montre que ces paroles ne doivent s'entendre que des excommunications portées pour de justes raisons, parce qu'on ne doit pas croire que l'Eglise en

XXIII. porte d'injustes. Hincmar de Laon s'était aussi autorisé du neuvième canon de Chalcédoine en ce qui regarde la permission accordée à un clerc de s'adresser à l'évêque de Constantinople lorsque ce clerc avait un démêlé

XXIV. avec son métropolitain. L'archevêque de Reims dit que l'Eglise romaine ne recevait pas l'autorité de ce canon à cet égard, qu'elle ne recevait que ce que ce concile avait décidé sur la foi, conformément aux saintes Ecritures et à la tradition des Pères, et non ce qu'on y avait fait en faveur du siège patriarcal de Constantinople, au préjudice des privilèges de l'Eglise universelle. Il rejette la collection que l'on disait avoir été faite par le pape Adrien et envoyée à Angelrame évêque de Metz, comme une compilation informe des canons des conciles et des décrets des pontifes romains qui non-seulement se contredisaient, mais qui étaient encore contraires aux saints canons. Hincmar de Laon les avait déjà cités dans ses mémoires. Il s'y appuyait aussi des épitres décrétales vraies ou fausses. Son oncle ne lui fit là-dessus aucun reproche parce qu'il ne savait pas lui-même distinguer les vraies d'avec les fausses, et qu'il les citait indistinctement. Mais il fait voir à son neveu la différence que l'on doit mettre entre les décisions des conciles généraux et les lettres des saints Pères et des papes. Il rapporte sur cela ce qu'on lit dans le décret de Gélase, touchant les livres reçus dans l'église catholique, et où ce pape met premièrement les saintes Ecritures, puis les canons généraux, ensuite les écrits des saints Pères unis de communion avec l'Eglise romaine et les épîtres décrétales que les papes ont écrites pour la consolation et l'instruction de ceux à qui elles sont adressées. « Recevez donc, lui dit-il, et lisez pour votre instruction ces lettres, mais attachez-vous inviolablement aux décrets des conciles qui sont reçus par le siège apostolique et par toute l'Eglise. » Il allègue encore les témoignages de

Saint-Augustin et de Saint-Hilaire sur la grande autorité que les conciles généraux ont dans l'Eglise.

ChXXVII   Ensuite il répond aux raisons données par Hincmar
XXVIII. de Laon pour montrer que, quoique archevêque de
Reims , il n'avait pas été en droit de rien ordonner
dans le diocèse de Laon, et établit que toutes ces
preuves n'avaient aucune force; qu'il n'entendait pas
XXIX les canons qu'il citait en sa faveur; qu'il avait agi
XXX contre les règles en excommuniant ses prêtres et ses
XXXI clercs, sans les avoir auparavant convaincus de crimes,
XXXII ou par témoins ou par leur propre confession; qu'ayant
mal procédé dans ses censures, ses supéreurs étaient
en droit de les annuler; qu'en défendant de donner le
baptême aux enfants même en danger de mort et le
viatique aux moribonds, il avait d'un côté donné dans
l'erreur de Pélage, et de l'autre contrevenu aux lois
de l'église qui défendent de refuser les sacrements à
personne dans le cas de nécessité; qu'il n'y avait pas
XXXIII moins d'inhumanité de sa part d'avoir refusé la sépulture
aux morts. Il prouve que ses droits de métropolitain
étant clairs et décidés, il était inutile d'assembler sur
XXXIV cela un concile ou de s'adresser au saint Siège ; qu'il
ne s'agissait que d'exécuter ce qui était ordonné ; que
les métropolitains ont le pouvoir de juger des affaires
de leur province, et de faire observer les décrets des
XXXV conciles sans qu'il soit besoin de consulter , ni d'assembler les évêques de la province.

XXXVI Hincmar de Laon avait souscrit au recueil qu'il avait
fait des décrets des papes et excommunié dans sa souscription ceux qui refusaient d'obéir à ces décrets. L'ar-

chevèque trouve des défauts dans cette souscription qui rendent nulle l'excommunication qui y est portée, en particulier parce qu'elle est sans date de consul. Il ajoute que s'il a prétendu que sa collection contenait quelque chose de contraire au concile de Nicée et aux autres conciles reçus dans l'Eglise, il est lui-même tombé dans l'excommunication et s'est conséquemment

C. XXXVII séparé de l'unité de l'Eglise avec ceux qui ont souscrit à cette collection. Il lui conseille d'agir à l'avenir avec plus de prudence, de ne pas s'en rapporter toujours à ses propres lumières, de s'appliquer à l'intelligence des

XXXVIII saintes Ecritures et des canons, de s'étudier à lui don-
XXXIX ner plus de contentement, à vivre avec lui de façon
XLII qu'ils n'aient plus tous les deux à essuyer des reproches,
XL comme ils en avaient déjà essuyés. Il l'assure qu'il
XLI n'avait point contribué à le rendre odieux au roi, que, s'il voulait se corriger, il était prêt à se réconcilier avec lui et à se joindre à lui pour demander à Dieu

XLIII pardon des péchés qu'ils avaient commis l'un et l'autre. Il justifie la conduite qu'il avait tenue envers Nivin, disant qu'il ne l'avait excommunié et chassé de son diocèse qu'à raison de son incorrigibilité ; qu'il avait

XLIV fait aussi son possible pour faire rentrer Bertin en lui-même. Il rappelle à son neveu les bontés qu'il a

XLV eues pour lui, l'union dans laquelle ils avaient vêcu ensemble au commencement de son épiscopat, et le prie de se défaire de toute animosité et de toute présomption. Hincmar parlait ainsi à son neveu parce qu'il se vantait à ce qu'on disait d'être toujours sorti victorieux de toutes les affaires qu'il avait entreprises

Ch XLVIII contre qui que ce fût, même contre son oncle. Il lui fait voir à quel danger s'exposent ceux qui, trop attachés à leurs propres sentiments, poussent leur entêtement jusqu'à faire un schisme ou à soutenir l'erreur ; qu'il est temps de revenir à lui-même et de faire valoir les talents d'intelligence que Dieu lui a donnés ;

XLIX qu'il y avait de l'indécence à se vanter comme il faisait que personne ne lui avait fait du bien qu'il ne l'eût mérité.

L On disait encore qu'Hincmar de Laon recevait des présents de la part des clercs et des laïques de son

LI diocèse. L'archevêque dit que cela est défendu par les canons, qu'il était beaucoup plus coupable de ne vou-

LII loir obliger que ceux dont il recevait quelque chose. Il lui fait une seconde fois des reproches sur la vanité,

LIII sur l'indécence de ses gestes et des autres mouvements de son corps ; et, comme il était encore dans la fleur de son âge, il l'exhorte à fuir les plaisirs du siècle, à

LV s'appliquer aux exercices de piété, à la continence, aux veilles, à la lecture, à la prière, à l'aumône, à l'oblation du Saint-Sacrifice. Il finit ce long ouvrage en demandant à Dieu de connaître ses volontés et de les accomplir, et la même grâce pour son neveu.

L'archevêque donna ce mémoire à son neveu au concile d'Attigny. Celui-ci ne manqua pas d'y répondre par un autre écrit qui, au dire de son adversaire, était également contre la raison et l'autorité. Mais ces combats épistolaires n'avançaient nullement la réconciliation. Le bon esprit de l'évêque de Laon le fit céder enfin aux remontrances de ses amis. Charles l'accusait de rébellion, l'archevêque de contumace, et le comte Normann de violence; il se détermina à faire une soumission au roi et au métropolitain.

Après la séance du concile, comme Hincmar de Reims s'entretenait avec Odon de Beauvais dans une embrasure de fenêtre, Frothaire de Bordeaux et Enée de Paris vinrent l'aborder et lui dire qu'Hincmar de Laon était déterminé à signer un écrit pour promettre obéissance au roi et à son métropolitain ; qu'ils le priaient de le traiter comme un père doit traiter son fils. Hincmar de Reims ayant témoigné que cette nouvelle lui faisait plaisir, on lui amena Hincmar de Laon qui, le tirant à part, lui exprima la crainte que son successeur sur le siège de Reims n'abusât de la promesse qu'il voulait faire. L'archevêque lui dit qu'il pouvait dicter cet écrit comme il l'entendrait. Mais l'évêque de Laon le pria de le lui dicter lui-même (1). Et, quand l'oncle et le neveu se furent entendus sur la rédaction de la promesse qu'il devait souscrire, Odon de Beauvais fit la transcription sous leur dictée, et il fut convenu à la persuasion d'Enée qu'on attendrait au lendemain pour donner plus de solennité à la signature de cet engagement.

Hincmar de Laon vint donc au concile le lendemain 17 juin, et, Odon de Beauvais lui ayant présenté la plume, il signa la promesse dont on était convenu et la remit ensuite au roi et à l'archevêque. Elle était conçue en ces termes : « Moi Hincmar, évêque de Laon, serai désormais fidèle et obéissant à mon seigneur le roi

(1) Labb., t. viii, p, 1608.

Charles, ainsi qu'un vassal doit l'être à son seigneur et un évêque à son roi. Je rendrai pareillement, autant que je le le pourrai, selon les canons et les décrets du Saint-Siège, l'obéissance qui est due au privilège d'Hincmar métropolitain de Reims. » Le roi et l'archevêque de Reims parurent satisfaits, mais aucune satisfaction n'avait encore était faite au comte Normann et aux autres qu'il avait justement dépouillés des fiefs de son Eglise, il demanda trois juges pour terminer ce différend. L'archevêque les lui accorda, c'étaient Actard de Nantes, Reinelme de Noyon et Jean de Cambrai. Mais entrevoyant que ces arbitres influencés par le roi étaient défavorables aux intérêts de son église, il chercha à décliner leur jugement et s'enfuit d'Attigny pendant la nuit, avant que l'affaire eût été terminée. Pour justifier sa fuite, il envoya, le 2 juillet, le billet suivant à Hincmar de Reims par le diacre Ermenol :

« Vous savez que j'ai été déjà deux fois appelé à Rome pour être jugé par le pape Adrien, et vous m'avez fait des reproches à Attigny sur ce que je refusais d'y aller... C'est pourquoi je vous conjure, pour l'amour de Dieu tout-puissant et par le respect que vous devez à Saint-Pierre, de m'obtenir du roi ce que j'ai demandé depuis un an avec tant d'instances, tant au concile d'Attigny qu'à celui de Verberie. Je ne demande après tout que la permission d'obéir aux canons et aux ordres du pape comme à celui qui a le droit de juger de toutes les causes qui s'élèvent dans l'Eglise. Je désire acquitter le vœu que j'ai fait de visiter les tombeaux des saints Apôtres. Si on me refuse la permission que je demande, sachez que je ne pourrai vous rendre l'obéissance que je vous dois en qualité de mon métropolitain.

Mais le roi, qui, débordé comme il l'était déjà par la féodalité, voulait terminer cette affaire contrairement aux intentions présumées du souverain pontife, envoya à Hincmar de Laon l'ordre de revenir au concile. Comme cet évêque s'y refusa, Hincmar de Reims, qui ne voulait plus s'attirer les reproches du Saint-Siège, ni laisser de prétexte à son neveu pour décliner le jugement des évêques de France, écrivit au pape Adrien. Il lui fit entendre que le voyage de Rome, si ardemment désiré par Hincmar de Laon, n'était qu'un vain subterfuge dont il se servait pour se dispenser de rendre à son métropolitain l'obéissance canonique. Il obtint d'Adrien une lettre adressée à Hincmar de Laon (1) dans laquelle le pape lui marquait qu'il devait se soumettre selon les canons à son métropolitain et lui rendre l'obéissance que lui évêque exigeait dans son diocèse, sauf le jugement du Saint-Siège. L'archevêque garda cette lettre jusqu'au concile qui se tint à Douzy (2), le 5 août de l'an 871, et que Sponde dans son abrégé des Annales de Baronius flétrit du nom de « brigandage » *latrocinium Duziacense*.

Charles-le-Chauve lut en personne un acte d'accusation dans lequel, après avoir rappelé l'épisode des deux fiefs retirés aux titulaires qui en avaient reçu l'investiture royale, il reprochait à l'évêque de s'être clandestinement adressé au siège apostolique et d'avoir ca-

(1) *Ep.* Adrian., *ad Hincm. Laud.*, ap. Labb., t. VIII, p. 1634.
(2) Labb. *Concil.*, t. VIII, p. 1634.

lomnieusement représenté son souverain comme un spoliateur des biens ecclésiastiques. « Non, disait puérilement Charles-le-Chauve, je ne suis point un spoliateur, puisqu'au lieu de garder pour moi ces deux domaines, j'en ai investi Luido et Normannus. » Il formula contre l'évêque les deux griefs de désobéissance à la personne royale et de résistance à son autorité. Ceci faisait allusion au refus de promulguer dans le diocèse de Laon la sentence d'excommunication prononcée contre Carloman. En concluant, Charles-le-Chauve demandait qu'on jugeât entre lui et un évêque rebelle. L'accusé s'était prudemment abstenu de venir au synode. On dût entamer une négociation très-longue pour le déterminer à se rendre dans une assemblée où tout était conjuré pour sa perte. Dans l'intervalle, le président du concile, Hincmar de Reims, présenta aux Pères un compendieux et violent mémoire en trente-cinq chapitres où il exposait tous ses griefs contre son propre neveu ; il l'accusait : 1º d'avoir accepté une charge dans le palais et une abbaye dans une autre province sans le consentement et même malgré la défense de son métropolitain ; 2º d'être allé quand il l'avait voulu à cette abbaye sans l'agrément de son métropolitain ; 3º de ce qu'étant appelé à l'ordination de Jean de Cambrai, il ne s'y était pas rendu et n'avait pas envoyé de député ; 4º de ce qu'ayant été cité par le roi pour répondre sur des biens pécuniaires, il avait refusé de comparaître, de nommer un avocat et de s'en rapporter au jugement des juges élus ; 5º de ce qu'il avait lancé des excommunications, sans faire les avertissements canoniques et sans consulter son métropolitain, et excommunié des personnes qui n'étaient pas de son diocèse; 6° de ce qu'il avait excommunié tous les clercs de son diocèse et leur avait défendu de baptiser les enfants, de donner la pénitence et le Viatique aux mourants et la sépulture aux morts; 7° de ce qu'averti de ces excès par son métropolitain, il avait refusé de lui obéir; 8° d'avoir fait par le conseil de Vénilon de Rouen et d'Enée de Paris, une déclaration par écrit qu'il serait dans la suite fidèle au roi, sans avoir consulté son métropolitain; 9° d'avoir fait une impertinente collection de canons, pleine de contradictions et de falsifications du texte, de l'avoir souscrite et fait souscrire à son clergé sans avoir consulté son métropolitain; 10° de s'être enfui nuitamment du concile d'Attigny, sans attendre la décision des juges qui avaient été nommés; 11° d'avoir disposé des biens de l'église de Laon et de les avoir cédés au roi pour en revêtir le comte Normann, sans prendre l'avis de son métropolitain et de ses comprovinciaux, et sans le consentement de son clergé; 12° d'avoir, par son appel illusoire au Pape, décliné le jugement de son métropolitain et des évêques de sa province; 13° d'avoir envoyé à son métropolitain un écrit qu'il a supposé être du concile de Douzy (c'étaient les canons dont nous avons parlé et qui sont encore attribués communément à ce concile); 14° d'avoir, après la fuite d'Attigny, demandé au roi des juges laïques; 15° d'avoir, après quatre avertissements, refusé de souscrire à l'excommunication portée contre les complices du prince Car-

loman, rebelle au roi son père; 16º d'avoir calomnié
son métropolitain, de l'avoir fait arrêter prisonnier à
Servay; 17º de n'avoir pas encore comparu quoiqu'ayant déjà été appelé trois fois au concile; 18º d'a-
voir abusé de la religion pour se rendre recommandable
lui et les choses saintes, et il ajoute que l'amour
de la vérité aurait dû l'emporter dans son cœur sur le
goût de la puissance.

Toute cette accumulation de griefs ne forme en résumé qu'un tissu frêle et misérable. Les prétentions
métropolitaines de l'archevêque de Reims sont ridicules
à force d'être exagérées. Un évêque suffragant devien-
drait vis-à-vis de son métropolitain un véritable esclave
s'il fallait accepter cette théorie inadmissible.

Hincmar terminait son mémoire en requérant contre
son neveu l'application rigoureuse des lois canoniques
décernées contre les évêques délinquants et contumaces.
Les Pères de Douzy répondirent à ce réquisitoire et à
l'acte d'accusation précédemment lu et déposé par
Charles-le-Chauve dans un écrit discuté et adopté con-
ciliairement, article par article. La conclusion, acca-
blante pour l'évêque de Laon, faisait pressentir un ver-
dict de déposition. Mais, jusque-là, tout s'était passé en
l'absence du prévenu qui se tenait prudemment à l'é-
cart, se contentant à chaque sommation nouvelle de
présenter aux députés du synode la lettre par laquelle
il déférait sa cause au tribunal du Siège apostolique. Il
se départit malheureusement de cette sage résolution
et finit par comparaître devant l'assemblée où son oncle
occupait le siège de la présidence et où Charles-le-

Chauve avait lui-même pris place sur un trône. « Frère Hincmar, lui dit l'archevêque, vous connaissez tous et chacun des chefs d'accusation articulés contre vous par le seigneur roi. Vous avez entre les mains un exemplaire du mémoire royal, répondez-y article par article. — On m'a dépouillé de tout ce que je possédais, je ne répondrai rien dans ce synode, dit le malheureux évêque. — Et, en parlant ainsi, il tira de son sein un parchemin sur lequel était écrit son acte d'appel à Rome. Il voulait en donner lecture, mais il fut interrompu par les Pères. « Commencez, lui dirent-ils par répondre aux accusations dont vous êtes l'objet ; vous ferez ensuite, si vous le jugez à propos, votre appel au Siège apostolique, et, dans le cas où vous prendriez le parti de vous rendre à Rome, il vous sera loisible, avec la permission du seigneur roi et la nôtre, de faire ce voyage. » Hincmar répéta sa première réponse : On m'a dépouillé de tout ; je ne répondrai point aux griefs articulés contre moi. — Qui vous a dépouillé ? dirent les Pères ; nommez vos spoliateurs. — Si vous voulez les connaître, adressez-vous aux clercs qui m'accompagnent, dit Hincmar. — Parlez vous-même, reprirent les Pères, vous avez l'âge. — Je n'en ferai rien. Interrogez mes clercs. On s'adressa donc à l'un d'eux, le prêtre Fagénulf, du diocèse de Laon, et, après l'avoir exhorté à ne point déshonorer son caractère sacerdotal par un mensonge, on lui demanda s'il était vrai que son évêque eût été spolié. « Oui, répondit courageusement Fagénulf. Il a été absolument dépouillé de tout ce qu'il possédait ; on ne lui a laissé la libre disposition de rien, pas même celle de sa propre personne. — Charles-le-Chauve intervint alors, et s'adressant au prêtre : Nommez-moi, lui dit-il, ceux qui ont commis une telle violence et une telle spoliation ; je promets d'en faire justice selon les rigueurs de la loi. — C'est vous même, prince, répondit Fagénulf. — A ces mots, le roi se leva de son trône et dit aux évêques : ce frère en a menti. Après un tel éclat, le reste de la séance ne fut plus, de la part des évêques français, qu'une reproduction des plus odieuses scènes dont le servilisme des synodes bysantins offre seul des exemples. Seul au milieu de prélats courtisans, un simple prêtre avait osé répéter à Charles-le-Chauve le fameux : *Tu es ille vir* de Nathan à David ; Fagénulf n'était dès lors qu'un conspirateur et un traitre, *conjuratus Fagenulfus*. On prouva que le malheureux évêque de Laon, banni de son diocèse et dépouillé de tout était lui-même le spoliateur de l'Eglise : « Il avait, disait-on, pillé le trésor de son église ; il en avait mis les titres et les chartes dans ses coffres avec un calice et une patène d'onyx, pour les emporter. » Pour établir un fait si étrange, il ne fallut pas une bien longue enquête. L'accusé portait sur sa poitrine une croix d'or renfermant des reliques du bois sacré de la passion. Ce bijou avait été légué à la cathédrale de Sainte-Marie de Laon par son prédécesseur Pardule. On vit dans un fait si simple un vol sacrilège ; ce fut, nous sommes obligés de le dire, Hincmar de Reims qui tira cette conclusion odieuse, et, dans la circonstance, vraiment barbare. Charles-le-Chauve renchérit sur la sévérité de l'archevêque. Il ne rougit pas de prendre la parole pour faire observer qu'avant sa promotion à l'épiscopat, Hincmar de Laon n'avait pas un denier. Ce fut son oncle, ajouta-t-il, qui le nourrit et l'entretint sur les revenus de l'Eglise de Reims; il lui donna la tonsure et successivement le fit passer par tous les degrés de la hiérarchie ecclésiastique. L'accusé crut devoir répondre à cette ignoble insinuation ; il dit au roi : J'avais des biens et des domaines patrimoniaux. — « C'est un mensonge risposta Charles-le-Chauve à qui les démentis étaient familiers. Vous n'aviez pas une raie de terre, *nec unam rigam de terra*, pas un seul bien propre, puisque vos parents avaient tout laissé à votre oncle l'archevêque, sa vie durant. » Quel ton pour un concile! Quel langage dans la bouche du roi de France, au sein d'une assemblée synodale! L'évêque infortuné devait boire le calice jusqu'à la lie. Son oncle le somma trois fois de répondre aux divers chefs d'accusation. « Je ne répondrai point, dit le malheureux. je ne reconnais pas votre jugement ; je vous récuse et j'en appelle au siège apostolique. » Il n'en fut pas moins déclaré coupable et convaincu de révolte contre le roi, d'usurpation des domaines royaux, de spoliation de biens ecclésiastiques, de calomnie contre la personne du souverain, de sacrilège, de désobéissance à l'autorité royale, d'infidélité à ses devoirs de sujet, de rébellion, de calomnie aggravée de contumace vis-à-vis de la juridiction métropolitaine. A tous ces titres divers, chacun des pères du concile, par un vote motivé, le condamna à être dégradé de la dignité épiscopale, avec cette réserve : *Salvo per omnia apostolicæ sedis judicio.* Comme président, Hincmar avait recueilli les suffrages. Il parla le dernier en ces termes : « j'aurais voulu n'avoir jamais à le juger. Et plût à Dieu que je ne lui eusse conféré ni l'ordination ni le sacre! Du reste j'ai toujours eu le triste pressentiment de ce qui arrive en ce jour. Que de fois ne lui ai-je pas prédit son sort et répété la parole de l'Ecriture : *Qui mentis est duræ, corruit in malum* (1). Mais il a tant fait qu'un jugement est devenu nécessaire. Je vous demande à tous si vous êtes disposés unanimement à sanctionner la sentence judiciaire que je vais prononcer. » Il posa cette question à chacun des évêques individuellement.. Leur réponse fut la même : « Nous jugerons comme vous jugerez. » Non content de cette déclaration pourtant si explicite, Hincmar de Reims poussa plus loin sa précaution. « Lorsque j'aurai souscrit, selon la formule usitée, la sentence qui va être rendue, demanda-t-il aux Pères, êtes-vous déterminés à joindre votre signature à la mienne? » — La réponse fut encore affirmative, et l'archevêque lut alors un texte préparé d'avance et rédigé avec une solennité affectée, qui condamnait Hincmar de Laon « à être dégradé de tout honneur et dignité épiscopale et dépouillé même de tous les droits du sacerdoce. » — Ainsi je juge, ainsi je décrète, ajouta l'archevêque président, sauf en tout le privilège appartenant de droit à notre père et seigneur Adrien, pape du premier et apostolique siège, réserve déclarée obligatoire par les saints canons du concile de Sardique, et par les décrets conformes des

____

(1) Proverb. xxviii, 14.

souverains pontifes Innocent, Boniface et Léon (1).

Cette sentence fut souscrite par huit archevêques qui sont : Hincmar de Reims, Arduic de Besançon, Rémy de Lyon, dont cependant on ne voit pas l'avis dans les actes; Frothaire de Bordeaux, Wulfade de Bourges, Bertulfe de Trèves, successeur de Teutgaud; Adalard de Rouen et Anségise de Sens; et par treize évêques : Actard de Nantes, François de Tongres, Hildegaire de Meaux, Adventitius de Metz, Gislebert de Chartres, Odon de Beauvais, Reinelme de Tournay et de Noyon, Jean de Cambrai, Vaultier d'Orléans, Wildebert de Châlons-sur-Marne, Hildebode de Soissons, Bérard de Verdun et Ingelwin de Paris, successeur d'Enée. Le nom d'Engenolde de Poitiers, qui avait opiné a été probablement oublié dans les souscriptions. On voit aussi les souscriptions des députés de huit évêques absents, d'un archevêque et de quelques autres personnes du clergé. Il est à remarquer que tous les évêques souscrivent en ces termes : « J'ai jugé et souscrit : *Judicans subscripsi*, » excepté Remi de Lyon, qui met seulement : *J'ai relu, j'ai consenti et souscrit*. Ce qui peut faire croire qu'il n'était pas au concile quand la sentence fut portée, d'autant plus qu'on n'y voit pas son avis. Les autres qui ne sont pas évêques, mettent seulement : *j'ai souscrit*, parce qu'en effet ils n'étaient pas juges.

Les évêques du concile de Douzy mandèrent au pape Adrien la déposition d'Hincmar de Laon, et ce qui les avait obligés à le condamner. Dans l'exposé de ces crimes, outre ceux dont on a parlé, ils marquent qu'il

(1) Labbe., tome VIII, col. 1652.

avait enlevé les ornements les plus précieux de son église, enrichis d'or et de pierreries, pour les faire servir à orner des épées, des baudriers et d'autres choses profanes. Ils prient le pape de confirmer leur sentence, et, dans la crainte qu'il ne juge pas à propos de le faire, ils prennent des précautions pour qu'il ne décide rien de contraire aux usages de l'Eglise des Gaules.

« Si par hasard, ce que nous ne croyons pas, disent-ils au pape, il vous paraît nécessaire de faire recommencer le jugement selon les canons de Sardique, nous ne nous opposons pas à ce que vous nommiez des juges et que vous donniez commission aux évêques voisins d'informer de la vérité et de juger suivant ce qu'ils auront connu; ou, si vous l'aimez mieux, envoyez des légats *a latere* qui jugent la cause avec les évêques, sans qu'Hincmar ait été auparavant rétabli. Au reste, si, contre notre attente, vous refusez de confirmer notre jugement, nous demandons du moins que cet évêque ne soit pas rétabli avant que la cause ait été de nouveau examinée dans la province, parce que jusqu'à notre temps on n'a jamais dérogé à cet usage dans les causes des évêques de la Gaule et de la Belgique. » Ayant cité plusieurs autorités à l'appui, ils continuaient ainsi :

« Comme nous voulons donc, autant qu'il est en nous conserver les privilèges du premier siège.... que votre paternité conserve aussi nos privilèges, à nous qui sommes ses enfants et des évêques soumis à sa sainteté; qu'elle nous les conserve ces privilèges comme ses prédécesseurs les ont conservés à nos prédécesseurs. » Ils protestent avec liberté que s'il rétablit Hincmar, ils ne se mettront plus en peine de s'opposer à ses violences, parce qu'ils ne sont pas en état d'envoyer ainsi des députés à Rome pour toutes les affaires qui se présenteront.

En terminant, ils prient le pape de transférer à l'archevêché de Tours l'évêque Actard, porteur de la lettre, qui avait été élu par le clergé et le peuple de cette Eglise, dans laquelle il avait été élevé. La lettre est datée du 6 septembre 871.

Adrien dans sa réponse accueillit la demande qui lui avait été faite pour Actard du siège de Tours, mais en réservant à ce prélat sa juridiction sur ce qui lui était resté du diocèse de Nantes. Il désapprouva fort qu'on eût porté la sentence de déposition contre Hincmar, nonobstant son appel au St-Siège, et il ordonna qu'on envoyât cet évêque à Rome avec des accusateurs qu'il ne pût récuser (1). La lettre est datée du 26 décembre indiction v, c'est-à-dire de l'an 871.

Les évêques du concile de Douzy se rassemblèrent au même lieu pour concerter la réponse qu'ils avaient à faire à la lettre du pape, dont ils étaient naturellement peu satisfaits. Leur réponse fut celle des gens de cour, qui, assurés de la protection du roi, ne ménageaient pas l'impertinence. Ils mandèrent à Adrien qu'ils étaient étrangement surpris de sa lettre; qu'il paraissait bien que ses grandes occupations l'avaient empêché de lire les actes de leur concile; que celui même qu'il avait chargé de leur faire réponse ne les avait pas lus, puisqu'il trouvait mauvais qu'ils eussent jugé la cause d'Hinc-

(1) Adriani *Ep.* xxxii, t. viii, *Conc.*, p. 932.

mar nonobstant son appel, quoiqu'ils eussent rapporté plusieurs canons qui les autorisaient à en user de la sorte.

Le roi Charles-le-Chauve avait aussi écrit par l'évêque Actard à Adrien pour se plaindre des termes durs dont ce pape s'était servi dans les lettres qu'il lui avait écrites précédemment au sujet d'Hincmar de Laon. Le pape, dans sa réponse, donne d'abord de grandes louanges à la sagesse de ce prince. Mais c'est pour le préparer aux réprimandes qu'il lui fait ensuite sur ce qu'il murmure contre le Saint-Siège et ne reçoit pas avec assez d'humilité et de charité les avis qu'il lui donne au sujet d'Hincmar. Il dit sur l'affaire de cet évêque : « Tant que nous vivrons, nous ne consentirons pas à sa déposition, à moins qu'il ne vienne à Rome et que sa cause ne soit examinée en notre présence (1). »

Cette lettre, au lieu d'apaiser le roi, acheva de l'aigrir. Il en écrivit au pape une seconde, aussi longue que vive, pour se plaindre des deux dernières qu'il avait reçues de Rome. Comme ce fut Hincmar qui la composa, il n'est pas sans intérêt d'en citer les principaux passages pour connaître au juste sa manière de penser sur les privilèges du pape. « Nous avons cru, dit-il, que la première lettre n'était pas de vous; mais la seconde nous démontre le contraire. Dans la première vous nous traitez de parjure, de tyran, d'usurpateur des biens ecclésiastiques, sans nous avoir convaincu de ces crimes; et dans la seconde vous nous

(1) Adriani Ep. xxxii, t. viii, *Concil.* Labb., p. 934.

accusez de murmure et de faire des plaintes amères et injurieuses. Après de pareils compliments, vous nous conseillez de recevoir avec joie et soumission tout ce qui nous est écrit de la part du Saint-Siège. Or, on nous a écrit en votre nom que nous étions parjure, tyran et dissipateur des biens de l'Eglise. Voulez-vous que je reçoive avec joie et avec reconnaissance de pareils éloges? Garder le silence sur de semblables accusations, ce serait en reconnaître la vérité.... Ecrivez-nous d'un style qui convienne à votre ministère et à notre dignité, comme vos prédécesseurs ont écrit aux rois nos prédécesseurs et à nous-même, et nous recevrons alors ce que vous écrirez avec soumission et reconnaissance. »

Le roi, parlant ensuite de l'ordre que le pape lui avait donné d'envoyer Hincmar à Rome, dit : Où celui qui a dicté la lettre qu'Actard m'a apportée de votre part, a-t-il trouvé qu'un roi doit corriger et punir les coupables selon les lois ecclésiastiques et civiles, et qu'il soit obligé de faire conduire à Rome un homme condamné pour ses crimes selon toutes les lois, et qui avant sa déposition a été convaincu dans trois conciles d'être le perturbateur du repos public?... Vous ajoutiez que vous remettiez à notre garde tous les biens de l'Eglise de Laon, jusqu'à ce qu'Hincmar fut de retour chez lui. Sur quoi nous sommes obligé de vous dire ce que nous vous avons déjà mandé : les rois francs ne sont pas les lieutenants des évêques, mais les maîtres de l'Etat ainsi qu'on nous a regardés jusqu'ici....

« Ne permettez pas qu'on nous envoie désormais de

votre part des ordres et des menaces d'excommunication contraires à l'Ecriture, à la tradition et aux canons. Car vous savez, et nous savons que tout ce qui
est opposé à ces règles est sans force... Saint-Léon dit :
*Le privilège de Pierre subsiste quand on porte un ju-
gement selon son équité.* Il s'ensuit donc que le privilège de Pierre ne subsiste point quand on ne juge pas
selon la justice. » Au reste, le roi assure que si Dieu
lui donne la paix avec les Normands, et si le pape peut
lui obtenir un passage libre de l'empereur Louis, il
ira lui-même à Rome accuser Hincmar, et mènera
avec lui tant de témoins qu'il justifiera pleinement le
jugement du concile, Le roi répète au pape en finissant
ce qu'il avait déjà dit : « Nous vous prions, au nom
de Dieu et des saints apôtres, de ne plus nous envoyer,
ni à nous ni à nos évêques, des lettres du style de celles
que vous nous avez écrites jusqu'à présent, de peur
que vous ne nous forciez de ne recevoir qu'avec mépris
et vos lettres et vos envoyés. »

Cette lettre n'eût pas l'effet que ce prince et l'archevêque s'en étaient promis. Le pape, qui voulait changer les dispositions du roi, renouvelle il est vrai ses
louanges et s'efforce même d'effacer par la douceur de
sa réponse l'impression des lettres précédentes, mais il
maintient avec fermeté sa décision sur l'affaire d'Hincmar. Plusieurs gens de bien, dit-il au roi, et surtout
notre frère Actard, à présent archevêque de Tours,
rendent témoignage à l'ardeur du zèle que vous avez,
plus que tous les princes du monde, pour la gloire et
l'exaltation des Eglises de Dieu. Vous portez si loin ce

zèle, qu'il n'y a aucun évêché ni aucun monastère dans notre royaume dont vous n'ayez augmenté les richesses par vos libéralités, ou même que vous n'ayez entièrement rétabli. Vous désirez surtout d'exalter le siège de Saint-Pierre, combler de présents son vicaire et son clergé et les protéger dans le besoin contre tous leurs ennemis... C'est pourquoi, qui n'aimerait pas un roi si distingué pour la sagesse dont il est doué et qu'il sait allier avec la crainte du Seigneur; un roi si renommé pour son amour de la justice et pour son zèle à procurer la gloire de Dieu? Qui ne souhaiterait d'être gouverné par un tel prince?

« Croyez-moi, je le dis avec vérité, j'aime en vous ces vertus, comme j'aime ma propre âme. Si on vous a porté de notre part des lettres qui paraissent contraires à ces sentiments et pleines de termes trop durs et trop blessants, elles nous ont été extorquées pendant que nous étions malades, ou elles ont été supposées par quelqu'un. »

Le pape parle ensuite de l'affaire d'Hincmar de Laon en termes fort catégoriques. Il dit qu'on doit le laisser venir à Rome, mais qu'après l'avoir ouï il le renverra dans sa province sans le rétablir, afin que la cause soit terminée sur les lieux par des juges choisis et par des légats qu'il y enverra. Par où l'on voit qu'il est loin d'accorder ce que demandaient les évêques de France. La cause d'Hincmar de Laon demeura ainsi sans solution sous le Pontificat d'Adrien II qui mourut peu de temps après. Mais sa déposition fut confirmée par Jean VIII, son successeur, à la prière du roi Charles pendant que ce prince se trouvait à Rome où il était allé se faire couronner empereur. Le pape écrivit à Hincmar de Reims de faire élire incessamment un évêque de Laon, ce qu'on n'avait pas osé faire jusqu'alors. Il ajoute que pour prévenir les troubles, il souhaite qu'un envoyé de l'empereur assiste à l'élection. La lettre est datée du 5 janvier, indiction IX, et elle fut rendue à Hincmar de Reims le 11 mars suivant. Hédenulphe fut élu évêque de Laon, le 28 du même mois, ainsi que porte le décret de son élection.

Pour l'infortuné Hincmar de Laon, il avait passé deux années en exil et en partie dans les fers. Charles après son retour d'Italie lui fit crever les yeux. On croit que ce fut sous prétexte qu'il avait eu part au soulèvement que Louis roi de Germanie chercha alors à exciter dans le royaume de Neustrie. Les évêques étaient si intimidés par le pouvoir politique que cette cruauté ne souleva aucune réclamation de leur part, ce qui prouve combien les papes avaient raison de se rendre difficiles sur la déposition des évêques. En 878 cependant, après la mort de Charles, Hincmar obtint de sortir de sa prison. Il se fit conduire au concile de Troyes où se trouvait le pape Jean VIII et lui présenta la requête suivante : « Seigneur, père des pères, recteur des pontifes, Jean de nom et de mérite, daignez écouter les demandes que j'ose faire, et, par compassion pour mes malheurs, exaucez ma prière. Je fus appelé par l'archevêque de Reims au concile de Douzy pour la première semaine d'Août et averti de me tenir prêt à répondre sur certains articles. Comme je me hâtais de

m'y rendre, mes ennemis me séparèrent en chemin de
mes ouailles, me dépouillèrent de mes biens et me conduisirent au concile.

« J'y trouvai le roi Charles qui tenait en main un
écrit par lequel il m'accusait de parjure, parce que
j'avais envoyé à Rome sans sa permission et me reprochait de l'avoir accusé au tribunal du Saint-Siège. Mon
archevêque m'ordonna de répondre sur ces accusations.
Je dis que j'étais prêt à le faire par écrit sur les chefs
sur lesquels il m'avait averti de me justifier. Je tenais
en main la réponse; mais il s'opposa à ce que le
concile la reçut, et il m'ordonna de la lui donner à
lui-même. Je ne jugeai pas à propos de la lui remettre.... Il me pressa de répondre aux accusations du
roi; je me récriai que les canons n'obligeaient pas à
répondre un homme dépouillé de ses biens et détenu
prisonnier par ses ennemis.

« J'ajoutai que non-seulement mon archevêque m'était
suspect, mais qu'il était mon ennemi déclaré. Ainsi
j'en appelai au Saint-Siège selon les canons.... et je me
prosternai à terre pour demander qu'on les observât
à mon égard.... Je ne pus rien obtenir, et mon archevêque prononça contre moi la sentence de déposition.
Les autres prélats dont aucun n'était mon ennemi,
pleuraient et gémissaient. Ils tenaient en main l'écrit
que leur avait donné ledit archevêque, mais ils ne pouvaient se résoudre à le lire. Ils en balbutiaient seulement quelques mots entrecoupés de sanglots, espérant
toujours qu'on m'accorderait enfin la faculté de recourir au Saint-Siège. C'est dans cette vue qu'ils ter-

minèrent cette lecture par cette clause : *Sauf en tout le jugement du Saint-Siège.*

« Après ma déposition, je fus envoyé en exil où je fus deux ans sain et sauf, quoique chargé de chaînes pendant quelque temps. Après deux ans on me creva les yeux et on m'a retenu prisonnier jusqu'à présent.

« Le premier usage que j'ai fait de ma liberté a été de me présenter devant Votre Sainteté. Je la conjure de me faire juger selon la justice, moi qui ai dû, selon les canons, être renvoyé à votre tribunal. Je demande cette grâce pour l'amour de Dieu et par le respect qui est dû à Saint Pierre. L'excès de mes misères et la grandeur de votre clémence me font espérer de l'obtenir. » On donna du temps à Hincmar de Reims pour répondre, mais le 10 septembre cette affaire fut l'objet d'un nouvel examen. Le pape Jean ordonna à Hédenulfe du consentement du roi de garder le siège de Laon et d'y exercer toutes les fonctions épiscopales. Cependant, pour consoler Hincmar, il lui permit de dire la messe, tout aveugle qu'il était, et lui assigna une pension sur les biens de l'évêché. Hédenulfe fit quelques instances pour abdiquer l'épiscopat, alléguant pour raison qu'il était infirme et qu'il voulait entrer dans un monastère. Mais le pape et le roi lui ordonnèrent de garder son siège. Quelques évêques, amis d'Hincmar de Laon, apprenant que le pape lui permettait de dire la messe, et que le roi consentait qu'on lui fît une pension sur les biens de l'Église de Laon, le revêtirent d'eux-mêmes des habits pontificaux et le conduisirent en présence du pape. Après quoi ils

le menèrent à l'église en chantant et lui firent donner
la bénédiction au peuple. Ce qui a fait dire à quelques
auteurs qu'il avait été rétabli sur son siège. Baronius
est de ce sentiment que le P. Pagi a montré être er-
roné (1).

§ IV.

*Hincmar refuse de reconnaître la primatie d'Anségise
de Sens, nommé vicaire du Saint-Siège pour la Gaule
et l'Allemagne. — Il écrit à cette occasion son traité
sur les droits des métropolitains.*

Outre ces trois grands procès il se présenta encore
d'autres circonstances moins importantes, il est vrai,
mais dans lesquelles Hincmar montra une égale exa-
gération de ses droits de métropolitain. En 870 l'empereur Charles était à Rome, et ayant, comme nous
l'avons dit, conçu quelque doute sur la fidélité d'Hincmar, il pria le pape Jean VIII de nommer Anségise de
Sens vicaire du Saint-Siège pour la Gaule et l'Allemagne. Ce prélat était sans doute recommandable par ses
vertus, mais ce fut moins son mérite que le désir de
vexer Hincmar qui détermina cette démarche du prince.
Le pape satisfit son désir par une lettre adressée aux
évêques de ces provinces. « Nous faisons savoir à votre
sainteté, dit-il, que, pour nous décharger d'une partie
des soins que nous donnent les affaires ecclésiastiques de

(1) Pagi, ann., 878; n. 6. — Continuat. Chr. O. donis.

la Gaule et de la Germanie, nous avons établi pour notre vicaire Anségise, archevêque de Sens, avec pouvoir d'assembler des conciles quand le bien de l'Eglise le demandera, et de régler en notre nom les affaires occurrentes. » Le pape termine par un éloge de la piété et de la sagesse d'Anségise. La lettre est datée du 2 février, indiction ix, c'est-à-dire de l'an 876 ; mais dans la crainte des oppositions on la tint secrète jusqu'au concile de Pontion en Champagne (1).

La première session se tint le 21 de ce mois. Le lieu des séances était tendu de tapisseries et les sièges couverts de tapis. Au milieu, vis-à-vis le trône de l'empereur, on avait placé l'Evangile. Les évêques et les autres ecclésiastiques s'étant rendus au concile revêtus des habits sacerdotaux, l'empereur Charles y entra accompagné des légats du Saint-Siège. Il était vêtu à la mode franque et ses habits étaient tout brillants d'or. Aussitôt qu'il fut entré, les chantres entonnèrent l'antienne : *Exaudi nos, Domine,* et après qu'on eût chanté *Kyrie eleison,* Jean de Toscanella, légat du pape, dit l'oraison et l'empereur prit séance. On fit l'ouverture du concile par la lettre du pape qui concernait la primatie et le vicariat d'Anségise.

Les évêques demandèrent que puisque cette lettre leur était adressée, il leur fut permis de la lire eux-mêmes. L'empereur le refusa et se contenta de leur en dire le contenu en leur demandant ce qu'ils répondraient aux ordres du pape. Ils refusèrent de leur côté de répondre sur la suprématie d'Anségise, disant en

(1) Ep. Joan., t. iii, *Conc.* Gall., p. 422.

général qu'ils obéiraient aux ordres du pape, sauf le droit des métropolitains et suivant les canons. L'empereur et les légats les pressèrent vainement de dire d'une manière précise et absolue qu'ils obéiraient touchant la primatie d'Anségise, les évêques s'en tinrent à la première réponse. Il n'y eût que Frothaire de Bordeaux qui, espérant se faire transférer par la faveur de l'empereur à la métropole de Bourges, répondit de façon à se rendre agréable à ce prince ; tous les autres persévérèrent. Alors l'empereur ne pouvant dissimuler sa colère dit avec un peu d'émotion que le pape l'avait fait son vicaire dans ce concile, et qu'il saurait bien faire exécuter ses ordres. Il lut aussitôt la lettre en question et conjointement avec les légats il la donna à Anségise. On plaça ensuite par son ordre un siège pliant devant tous les évêques et on y fit asseoir cet archevêque auprès du légat Jean de Toscanella qui était à la droite de l'empereur. L'archevêque Hincmar se récria en disant que cela était contre les canons, mais l'empereur persista dans sa résolution. Les autres évêques demandèrent qu'on leur laissât au moins copie de la lettre du pape : ce qui leur fut encore refusé. Telle fut la première session. La 2ᵉ eut lieu le 14 juillet. Jean évêque de Toscanella lut une seconde fois, par ordre de l'empereur, la lettre du pape sur la primatie d'Anségise, et on demanda encore une fois aux évêques quelle était là-dessus leur dernière réponse. Les archevêques répondirent qu'ils étaient dans la disposition d'obéir aux décrets du pape suivant les règles, ainsi que leurs prédécesseurs avaient obéi aux

autres papes. Ils firent encore la même réponse dans
la dernière session.

A l'occasion de ces contestations, Hincmar de Reims
écrivit un traité adressé à tous les évêques sur les droits
des métropolitains, et qui avait pour but de justifier
le refus que les prélats avaient fait de reconnaître la
primauté d'Anségise (1). Il s'appuie premièrement sur
les canons de Nicée dont le quatrième porte que ce qui
se fait dans une province doit être autorisé par le métropolitain, et dont le sixième confirme les anciens privilèges de toutes les Eglises. Il convient que les papes
ont quelquefois établi des vicaires au-dessus des métropolitains, soit dans la Macédoine, soit même dans les
Gaules, mais il soutient que ce n'était que pour des
causes passagères. En second lieu, il allègue le privilège que le pape Benoît lui avait accordé, après la condamnation d'Ebbon, portant que tous ceux de la province de Reims seraient soumis au métropolitain sans
qu'aucun pût aller devant d'autres juges sauf les droits
du Saint-Siège. Il ne refuse pas toutefois de se trouver
aux conciles de plusieurs provinces, quand il y sera
appelé ou par le pape ou par l'empereur. Il remarque
que Saint Boniface de Mayence, établi par le pape son
vicaire en France et en Allemagne, n'entreprit rien de
semblable aux prétentions d'Anségise, et qu'aussitôt
sa commission finie les Eglises rentrèrent dans leur ancien droit; que le vicariat accordé à Drogon, évêque de
Metz, fut sans effet par l'opposition de ceux qui avaient
intérêt à ne pas le reconnaître.

(1) Hincm. *oper.*, t. II, p. 719.

CHAPITRE III.

CE QU'IL FAUT PENSER DE LA CONDUITE ET DES RAISONNE-
MENTS D'HINCMAR DANS SES LUTTES CONTRE LES
SOUVERAINS PONTIFES. IL EST MANIFESTEMENT
LE PÈRE DU GALLICANISME.

§ I.

*En agissant et en parlant de la sorte, Hincmar allait
contre un principe énoncé en 347 par le concile de
Sardique, et la coutume en vigueur dans l'Eglise.*

Quand on examine attentivement les pièces de ces
trois grands procès, on ne peut disconvenir qu'Hincmar
n'ait mérité les reproches du Souverain Pontife, surtout
dans l'affaire de Rothade : il avait, comme nous l'avons
vu, rétabli un prêtre scandaleux, contre les règles canoniques et l'assentiment de son évêque. Il avait attaqué
cet évêque lui-même et l'avait déposé par ressentiment
et malgré son appel au Saint-Siège ; il avait mis obstacle à la poursuite de son appel, et, ce qui est plus
grave, après l'avoir mis en prison, il lui avait donné
un successeur sans attendre, comme c'était de rigueur,
le jugement définitif du Saint-Siège. Le pape ne pouvait
ni ne devait tolérer ces procédés arbitraires.

Dans sa lettre aux évêques de Soissons, Nicolas 1er

se livre à une argumentation qui rend leurs torts manifestes. Il répond principalement aux raisons par lesquelles Hincmar avait cherché à se justifier. Nous avons vu ce prélat dire au pape que, quand un évêque déposé en appelle à Rome selon les canons de Sardique, le pape ne le rétablit pas d'abord en vertu de son privilège, mais qu'il le renvoie dans sa province où l'affaire s'est passée et où, selon les canons de Carthage et les lois romaines, il est plus aisé d'instruire le procès. Le pape aurait pu opposer d'abord une fin de non recevoir par la raison que les canons des Eglises africaines sur l'autorité des primats ne sont pas rigoureusement applicables aux Eglises des autres pays, à cause de la différence dans le gouvernement ecclésiastique. En effet dans les Eglises d'Afrique l'autorité de primat ou de métropolitain n'était pas comme ailleurs, invariablement attachée à un siège fixe; mais elle passait temporairement au plus ancien évêque de la province, ce qui la donnait plus d'une fois au moins capable. Dans cet état de choses, ce qu'il y avait le plus à craindre, ce n'était pas que l'autorité si aventureuse des primats fût trop forte, mais qu'elle ne le fût pas assez. De là tant de canons en Afrique pour la fortifier; mais ailleurs, où l'autorité métropolitaine était invariablement attachée au siège d'une ville considérable, à qui les papes et les rois avaient accordé de nombreux privilèges, où l'on nommait d'ordinaire un homme influent par sa naissance, ses talents ou sa vertu, ce qu'il y avait à craindre c'est que bien des fois l'autorité métropolitaine ne dégénérât en despotisme et en tyrannie. L'exemple d'Hincmar est une preuve non-seulement que cet abus était possible, mais qu'il se présentait réellement plus d'une fois et qu'alors les pauvres évêques n'avaient d'autre refuge que dans l'autorité souveraine des papes. Nicolas Ier était donc en droit de dire que les canonistes ne doivent pas appliquer sans discernement les règles gouvernementales des Eglises d'Afrique aux Eglises des autres pays, mais il aima mieux s'appuyer sur un principe juste, énoncé par le même concile en 347. Les évêques de Sardique reconnaissent dans leur lettre au pape Jules qu'il est très-convenable que le chef de l'Eglise soit informé de ce qui se passe dans les provinces (1).

Ceci est de rigueur quand il s'agit d'une affaire importante ; aussi a-t-on toujours vu dans l'Eglise que les causes majeures étaient réservées au Saint-Siège. Le pape montre aux évêques de Soissons qu'ils sont déjà coupables sur ce premier point. Ils ont jugé un évêque, cause majeure, sans en prévenir le chef de l'Eglise. Ils l'ont jugé, malgré son appel au Saint-Siège, droit qu'ils ne lui avaient point contesté, puisqu'ils ont fixé le terme dans lequel il devait poursuivre son appel.

Pour s'excuser, les évêques avaient prétendu que Rothade avait renoncé à son appel pour se choisir des juges et que le jugement d'un évêque n'entrait point dans la catégorie des causes majeures. La première raison, le pape la trouve sans valeur, puisque après avoir appelé au Saint-Siège, l'accusé ne pouvait plus se livrer à une autorité inférieure. Les évêques au lieu de le juger de-

(1) *Concil.* Labb., t. ii, p. 661.

vaient le redresser et lui apprendre qu'on n'appelle pas
d'un supérieur à un inférieur. Mais était-il vrai qu'il
eût renoncé à son appel? Le pontife n'a pu en avoir
aucune preuve certaine, et, en effet, ce point contesté
par Rothade et affirmé par Hincmar est resté dans le
doute. Mais quand même Rothade n'aurait point appelé ils ne devaient point le juger ni le déposer sans
l'avis du Saint-Siège. Aussi le pape leur reproche-t-il
avec raison d'avoir, par ce jugement, foulé au pieds les
décrétales consignées en grand nombre dans les lettres
des souverains pontifes, conservées dans les archives
de l'Eglise romaine, et pour lesquelles ils auraient dû
avoir le plus grand respect. Si c'est l'autorité des souverains pontifes, dit-il à cette occasion, qui approuve
ou réprouve les ouvrages des autres écrivains, en sorte
que ce que le Saint-Siège apostolique approuve est reçu,
ce qu'il réprouve est rejeté et demeure sans autorité,
à combien plus forte raison tous doivent-ils respecter les
écrits émanés de ce siège, pour extirper les erreurs et
maintenir la pureté de la foi et des mœurs?

On objectait que ces décrétales ne se trouvaient point
dans le code du droit canon. Ce n'est pas une raison,
répond le pape, pour les rejeter. Les règles de l'Eglise
ne sont pas toutes insérées dans le code des canons.
Les décrets de Saint-Grégoire et d'autres pontifes, ceux
d'Innocent concernant les livres sacrés ne s'y trouvent
pas : faut-il les rejeter pour cela? Non, continue le souverain pontife, il n'y a aucune différence entre les uns
et les autres; qu'ils soient renfermés dans le code des
canons ou dans les divers écrits émanés du St-Siège,

ils ont la même autorité. Le pape le prouve par les écrits de St-Léon et du pape Gélase. Il cite un exemple du premier qui est comme un trait foudroyant pour les évêques des Gaules. Anastase de Thessalonique, vicaire apostolique, avait molesté un évêque on ne sait pour quel motif; il paraît même qu'il l'avait déposé. St-Léon lui reprocha de n'avoir pas consulté dans une affaire aussi grave le siège apostolique. « Lors même que sa culpabilité n'offrirait aucun doute, il fallait, dit St-Léon, suspendre votre jugement et prendre l'avis du Saint-Siège (1). Le pape présente cet exemple aux évêques des Gaules et leur dit, comme St-Léon, qu'il ne fallait rien entreprendre dans l'affaire de Rothade sans l'avis du St-Siège, puisqu'il s'agissait d'une affaire importante, d'une cause majeure.

Quant à ce qui était le fond de la question, à savoir que le jugement des évêques, bien mieux que la déposition d'un évêque qui ne peut jamais se faire sans bruit et sans scandale, ne soit pas une cause majeure, le pape réfute cette prétention avec une grande vigueur : « Si le jugement des évêques, dit-il, n'est pas une cause majeure, à quelle cause donnerait-on ce nom? Comment donc! Les évêques tiennent le premier rang dans l'Eglise, ils président à la maison de Dieu, ils sont les sentinelles de la cité sainte, les chefs et les pasteurs du troupeau du Seigneur, les colonnes du palais du souverain Roi : et leur déposition ne serait pas une cause majeure? Selon le décret du pape Innocent, la cause des clercs inférieurs doit être déférée

(1) Labb., t. viii, p. 201.

en certains cas devant le Saint-Siège apostolique · ces sortes de causes peuvent-elles être plus importantes que celle des évêques? Le jugement des métropolitains est réservé au Saint-Siège : pourquoi celui des évêques ne le serait-il pas puisque, selon St-Léon, leur ordre est le même et que pour leur jugement il faut le même nombre, la même qualité de témoins ou de juges? Nous nous réservons donc, ajoute-t-il, la cause des uns et des autres, *nous le voulons, nous le décrétons* (1). » *Volumus et jure decrevimus.* Ainsi voici un décret qui met clairement le jugement des évêques au nombre des causes majeures. Et c'est sur les mêmes traditions que les prédécesseurs des évêques du concile de Soissons avaient, sous la haute influence de Charlemagne, établi les principes que défendait le pape Nicolas Ier. « Si un évêque étant accusé, disent les *capitulaires,* en appelle au souverain pontife, il faudra s'en tenir à ce que le pontife aura ordonné (2). » Et ailleurs : « Nul évêque de quelque crime qu'il soit accusé, ne sera entendu ou poursuivi, sinon dans un concile légitime convoqué par l'autorité apostolique, à laquelle il appartient de convoquer les conciles. Autrement tout ce qu'on fera sera regardé comme non avenu parce que c'est ce siège, qui, selon le témoignage de la vérité, a obtenu la primauté. Il ne serait pas le premier s'il en avait un autre au-dessus de lui. Il est le chef de toutes les Eglises, et toutes en ont tiré leur origine. Cette primauté, il l'a obtenue non par quel-

(1) Labb., t. viii, p. 204.
(2) Id statuendum quod ipse censuerit.

ques décrets synodaux ou par quelque institution humaine, mais par la largesse du Seigneur qui a dit : Tu es Pierre, etc. (1) »

Nicolas Ier n'a voulu ni plus ni moins. Si ces principes se trouvent dans les fausses décrétales ce n'est pas une preuve qu'ils ne se trouvent pas ailleurs. Cette décision du pape termina, comme nous l'avons vu, l'affaire de Rothade, mais n'empêcha pas Hincmar et les évêques de Douzy de s'appuyer encore sur le concile de Sardique pour déposer Hincmar de Laon. En agissant de la sorte, les évêques paraissent avoir oublié les lettres de Nicolas et les capitulaires de Charlemagne que Charles-le-Chauve avait pourtant confirmés, en 854, et qui permettaient l'appel en première instance; du moins ils n'en parlent pas dans leur réponse au pape. Cependant il y a de savants critiques, entr'autres Bini (2), qui justifient les évêques. Et en effet, disent-ils, la position d'Hincmar de Laon n'était pas la même que celle de Rothade. Il avait reçu de Rome où Hincmar de Reims avait fait connaitre sa conduite l'ordre de se soumettre à son métropolitain, et cette lettre, comme nous l'avons vu, avait été lue au concile de Douzy. De plus, son appel était illusoire. Il n'appelait à Rome que quand il devait être jugé et ne se mettait pas en peine de poursuivre son appel. Or, d'après la loi canonique, on ne doit pas recevoir l'appel de ceux qui, ne croyant pas leur cause bonne, cherchent à gagner du temps et à empêcher ainsi leur condamnation. Mais tel n'é-

(1) Balu. *Capit*. Addit. iv, c. xxiv.
(2) Labb. t. viii, p. 1544.

tait pas le cas d'Hincmar de Laon. Il persista toujours dans son appel à Rome; et quant à l'ordre qu'il avait reçu du pape de se soumettre à son métropolitain, il ne lui enlevait pas le droit reconnu par la jurisprudence canonique, de récuser pour juges ceux qui lui étaient suspects, ou qui s'étaient d'avance déclarés ses ennemis. D'après cette règle éminemment sage, l'évêque de Laon refusait pour juge son oncle l'archevêque de Reims, et certes il avait raison. Ni le président qui aurait dû, ne fut-ce que par un sentiment de dignité personnelle, s'effacer lui-même dans une telle cause, ni les pères de Douzy ne tinrent compte d'une réclamation si juste. Ils passèrent outre sans paraître se douter qu'une illégalité si flagrante entraînait de plein droit la nullité de tous leurs actes subséquents. Une autre prescription non moins formelle du droit canonique, passée comme la première dans nos codes modernes, exige que, jusqu'au jugement définitif, l'accusé ne puisse être dépouillé, soit de ses biens, soit de ses dignités; c'est la grande et juridique distinction entre le prévenu et le coupable légal. Et non-seulement on avait commencé par dépouiller le malheureux évêque de Laon de ses honneurs, de ses droits, de ses biens, longtemps avant tout jugement, mais encore Charles-le-Chauve, qui avait commis la spoliation, poursuivait en personne sa victime, trônait dans l'assemblée et pesait de tout son pouvoir sur le concile de Douzy. C'est donc vainement qu'on chercherait à justifier les actes de ce synode. Hincmar de Reims y prit une part à jamais regrettable; il laissa paraître des défauts que nous n'avons fait encore que soupçonner, un amour-propre qui ne souffrait pas la contradiction et une inflexible fermeté qui ressemblait à de la dureté. Son honneur y gagnerait si l'on pouvait retrancher cette page de sa vie.

§ II.

Cet appel à l'usage des canons si souvent formulé par Hincmar est devenu la source des libertés de l'Eglise gallicane. — Hincmar comparé à Bossuet.

Hincmar n'a écrit aucun livre sur les rapports des pontifes romains et des rois, des évêques et des papes, mais on peut voir d'après ce que nous venons de dire quel a été son sentiment sur cette matière. Il est manifestement le père de cette doctrine fameuse qui a soulevé tant de querelles, excité tant de passions et qu'on appelle vulgairement le Gallicanisme. Cet appel à l'usage des canons *usus canonum* et à l'observation de l'antique droit, *observantia juris antiqui*, ce maintien des droits que les évêques de France avaient exercés soit seuls, soit avec les conciles, d'après ce qu'ils disaient être la pratique des premiers siècles, devint la source d'où sortirent les libertés de l'Eglise gallicane, *Libertates Ecclesiæ Gallicanæ*.

Il est facile de s'en convaincre si on rapproche de la fameuse déclaration de 1682 la doctrine d'Hincmar sur les rapports des papes avec les rois et les évêques.

On trouvera, malgré les neuf siècles qui le séparent de Bossuet, que ce prélat a presque devancé dans les termes le célèbre défenseur des quatre articles (1). Hincmar et Bossuet proclament l'un et l'autre que les choses temporelles ne dépendent ni de l'autorité des pontifes romains, ni du clergé national ; les rois ne relèvent que de Dieu, et l'autorité royale est tout-à-fait indépendante de celle des clercs. Les deux évêques s'accordent si parfaitement sur ce point que Bossuet allègue l'autorité d'Hincmar et rapporte ce passage tiré d'une de ses lettres à Adrien II au sujet de l'excommunication de Charles-le-Chauve : « Il ne convient pas de dire à un évêque qu'il doit priver du nom chrétien et placer dans la société du démon un disciple du Christ qui n'est pas incorrigible, lorsque d'ailleurs ce n'est pas à cause de ses crimes mais pour lui enlever une couronne terrestre ou pour l'acquérir qu'on agit ainsi (2).

C'est surtout lorsqu'il est question de l'autorité des pontifes romains sur le clergé national que se manifeste l'accord le plus parfait entre les deux évêques. Sur ce point, aussi, Hincmar ne fait que précéder dans son langage l'évêque de Meaux ; et Bossuet, lui-même, pour donner plus de poids à son opinion, rappelle la formule employée par les évêques du IXe siècle : « en vertu de l'autorité que nous avons reçue dans la personne de Pierre, de Jésus-Christ, Notre Seigneur, souverain prêtre...» et il ajoute : « ces termes nous les voyons textuel-

(1) Bossuet, (Edition Lebel) t. XXXI, p. 28 et 385 ; Hincm., t. II, p. 706.

(2) Hinc., *Oper.*, t. II, p. 695 ; Bossuet, t. XXI, p. 497.

lement répétés, en 878, par Hincmar de Reims et les
autres évêques souscrivant pour la défense du même
privilège(1). Hincmar traça aussi, concernant les appels,
des règles que les évêques de France observèrent ensuite et par lesquelles ils prirent soin d'accroître l'autorité soit des conciles soit des synodes. On y trouve
déjà un germe de cette opinion qui, longtemps après, a
été mise en lumière par les évêques de France, et
formulée, en 1682 : la suprématie du concile sur le pape.

Il y a non-seulement dans les opinions mais dans
la conduite d'Hincmar soit envers le pouvoir civil, soit
envers la papauté, quelqu'analogie avec la situation et
la conduite de Bossuet dans des questions à peu près
semblables au xviie siècle. « Ce n'est pas que ces deux
grands évêques, dit M. Guizot (2), aient entre eux, comme
écrivains, la moindre ressemblance : le talent d'écrire,
le génie de l'expression, l'éclat de l'imagination et du
style manquent absolument à Hincmar, et, à ne considérer que ses ouvrages, l'idée ne viendrait pas de faire
entre Bossuet et lui aucun rapprochement, mais quand
on regarde au fond des choses, l'analogie devient réelle
et ces deux hommes s'appliquent, s'éclairent l'un par
l'autre. A travers toutes les incertitudes et toutes les
vicissitudes de son langage on reconnaît dans Hincmar
un esprit ferme, hardi, un logicien puissant qui, lorsqu'il a une fois connu un principe, un système, en
démêle très-bien les conséquences et dans la liberté de
sa pensée les suit sans hésiter jusqu'à leur terme. Mais

(1) Bossuet, t. xxxii, p. 609.
(2) Guizot, *Histoire de la civilisation* en France, t. ii. p. 351.

c'était en même temps un homme de beaucoup de sens, d'une grande intelligence pratique qui voyait les obstacles que les choses extérieures opposaient à ses idées, et qui ne se laissait point abuser par l'entraînement de la logique, sur la possibilité ou la convenance de leur application. Ecrivait-il? Il posait et déduisait les maximes générales sans hésitation avec cette hauteur de la pensée qui se complaît dans son fier et libre développement. Avait-il à agir? Aucun fait, aucun détail de la situation réelle ne lui échappait; il comprenait tout ce qui devait influer sur la conduite, tout ce qu'exigeait le succès; il mesurait sagement le possible, et ne tentait rien de plus. De là l'embarras qui paraît quelquefois dans ses idées et ses paroles : c'est tantôt le logicien, tantôt l'homme d'affaire qui domine; il flotte sans cesse, pour ainsi dire, entre la rigoureuse fermeté de sa pensée et l'impartialité pratique de sa raison.

Au milieu d'une société et de circonstances fort différentes, autant il en arrivait à Bossuet. Ce génie si haut, ce raisonneur simple et foudroyant, qui perçait d'un coup-d'œil jusqu'aux dernières conséquences d'un principe, et les saisissait comme une massue pour les faire tomber d'un seul coup sur la tête de ses adversaires, s'est montré plus d'une fois, dans la pratique, incertain, temporiseur, éloigné de toute rigueur rationnelle, enclin aux ménagements et aux moyens termes. Était-ce pure faiblesse d'âme, complaisance, laisseraller? quelquefois peut-être, mais à coup sûr pas toujours. Une autre cause amenait ce contraste. Quand l'esprit de Bossuet était libre et seul en présence de ses idées, quelque fût le système dont il s'occupait, qu'il s'agît du pouvoir pontifical ou d'une Eglise nationale, de l'autorité ou de l'examen, et qu'il voulût attaquer ou défendre, il s'embarquait hardiment, comme dit M. Turgot, sur la foi d'une idée, et voguait à pleines voiles aussi loin qu'elle le voulait conduire; mais lorsqu'il fallait agir, lorsqu'il était appelé à régler en fait les rapports des divers pouvoirs, des droits divers, alors les considérations, toutes les difficultés de fait se présentaient à lui ; il voyait ce que comportaient son temps, l'état de la société et des esprits; la clairvoyance et l'impartialité de son bon sens primaient la hardiesse de sa pensée; et une prudence, des ménagements qui ressemblaient à une complaisance servile prenaient la place de cette dialectique intraitable, de cette éloquence supérieure qui le caractérisaient naguère. C'est un difficile problème que d'allier la hauteur et la conséquence rationnelle du philosophe avec la flexibilité d'esprit et de bon sens du praticien. Hincmar et Bossuet ne l'ont point résolu; mais ils ont su se placer tour à tour dans les deux points de vue : ils se sont montrés capables, sinon de concilier, du moins de jouer les deux rôles, et c'est précisément leur supériorité qui fait ressortir ce qui leur manque. »

On nous pardonnera cette longue citation qui ressemble à une digression; mais pour bien comprendre les grands hommes il faut tourner longtemps autour d'eux, car ils ont bien des faces diverses à nous montrer.

§ III.

*Quoique le père du gallicanisme Hincmar n'eut jamais
l'idée d'une église française indépendante du St-Siège
ni de sympathie pour une église féodale.*

Quelle que fut parfois l'opposition d'Hincmar à la papauté, cet archevêque nous a exposé ses principes sur la primauté de St-Pierre en termes tellement explicites que, malgré les insinuations de M. Ampère et de M. Guizot, aucun doute ne saurait subsister à ce sujet. Dès le début de son œuvre capitale *sur la prédestination et le libre arbitre*, dont nous parlerons plus loin, il déclare que « la loi divine suivie par tous les princes chrétiens ordonne, quand une nouveauté surgit soit à propos de la foi catholique, soit à propos de la religion de Jésus-Christ, de la juger d'après l'autorité canonique et les décrets des pontifes romains (1). » Appliquant ce principe à la cause de Gottschalk, il ajoute : « Nous devons donc, avant tout, consulter la mère de toutes les Eglises, celle qui est la première du monde, la sainte catholique et apostolique Eglise romaine. Le privilège qu'à perdu Jérusalem par son déicide, Rome l'a obtenu par la glorieuse confession de l'apôtre Pierre qui disait au Sauveur : « vous êtes le Christ, fils du Dieu vivant (2) »

(1) Hincmar de *prædestination*. Epist. ad. Carol. Cal.; *patr. lat.*, tom. cxxvi, col. 65.

(2) Math. xvi 16.

et par celle du sublime Paul qui fait courber le genou
de toutes les puissances du ciel, sur la terre et dans
les enfers, devant la croix de Jésus-Christ (1). » Les
prophètes anciens disaient de Jérusalem : *Gloriosa dicta
sunt de te civitas Dei* (2). Leur parole s'applique à la
cité de Rome glorifiée par la présence du grand apôtre
Pierre, prince des apôtres, à qui il fut dit par Jésus-
Christ, fils de Dieu, Dieu lui-même par l'unité de son
essence avec le Père et lE'sprit-Saint : « Tu es Pierre
et sur cette pierre je bâtirai mon église (3). » L'antique
Jérusalem, cité du Saint, est demeurée sous la garde
des anges jusqu'au jour où, après le déicide, retentit
dans les profondeurs du temple cette voix céleste :
Sortons d'ici! » Mais Rome demeura à jamais illuminée
et protégée par la doctrine des deux princes des apôtres.
Ce n'est ni par l'homme, ni d'un homme qu'elle a obtenu sa primauté sur tous les sièges épiscopaux de
l'univers; elle la tient de Jésus-Christ lui-même en la
personne de Pierre et Paul spécialement appelés par le
sauveur au premier rang de l'apostolat. C'est la doctrine
de St-Anaclet troisième évêque de Rome et qui avait été
ordonné prêtre par le prince des apôtres lui-même.
Voici ses paroles : « Les cités, dont je vous ai transcrit
précédemment le nom, sont celles qui les premières ont
reçu les prédicateurs de la foi envoyés directement par
les saints apôtres, ou par le bienheureux Clément ou
par nous-même. Mais cette sainte et apostolique Eglise

(1) Philipp. 8.
(2) Psalm. LXXXVI, 3.
(3) Math. XVI, 3.

romaine tient sa primauté non pas des apôtres, mais de notre Dieu et Sauveur qui a dit au bienheureux Pierre : « Tu es Pierre et sur cette pierre je bâtirai mon Eglise, et les portes de l'enfer ne prévaudront point contre elle, je te donnerai les clefs du royaume des cieux, tout ce que tu lieras sur la terre sera lié au ciel, et tout ce que tu délieras sur la terre sera délié dans le ciel. » Dans cette même ville de Rome, à la présence de Pierre vint se joindre celle du très-bienheureux apôtre Paul, ce vase d'élection et tous deux, le même jour, la même année, furent couronnés de la palme du martyre sous l'empereur Néron. Ils consacrèrent ainsi l'Eglise romaine dans leur sang; par leur apostolat comme par leur triomphe ils la mirent au dessus de toutes les autres Eglises du monde entier (1). » Saint-Innocent I dans sa lettre à Decentius, évêque d'Eugubium (Gubbio), tient un langage analogue : « Qui ne sait, dit-il, et ne reconnaît que c'est un devoir pour tous d'observer la tradition confiée à l'Eglise romaine par le prince des apôtres Pierre, perpétuée fidèlement jusqu'à nous? Sans son autorité rien ne doit être modifié, ajouté ni admis. Il est notoire que dans toute l'Italie, les Gaules, l'Espagne, l'Afrique, la Sicile, aucune Eglise n'a été instituée par d'autres que par les envoyés du vénérable Pierre ou de ses successeurs. Qu'on cherche une seule province où il n'en ait été ainsi, on n'en trouvera point parce qu'il n'y en a pas. Dès lors toutes les chrétientés doivent se conformer à la doctrine de l'Eglise

(1) Isid. Mercat. Epist, III *Anaclet.*, Patr. Lab., tom. C. XXX, col. 77.

romaine à laquelle sans nulle contestation possible remonte leur origine ; autrement et en adoptant des doctrines étrangères, elles se détacheraient du chef même de leur institution (1) ». — « Donc conclut Hincmar pour tous les catholiques pieux et fidèles une seule chose peut et doit suffire, observez les enseignements de la sainte, catholique et apostolique Eglise romaine, mère de toutes les Eglises. Comme une mère elle nous a engendrés dans le Christ, nous a nourris dans la religion, nous a instruits dans la doctrine et nous a recueillis sur la pierre ferme de la vérité établie par Jésus-Christ lui-même en la personne du prince des apôtres (2.)

A ce témoignage dont les termes sont si catégoriques, nous pouvons joindre d'autres passages, en particulier la formule du serment prêté par Hincmar à l'époque de son sacre : « *Beato vero Petro et vicario ejus debitam subjectionem et obedientiam, suffraganeis vero nostris adjutorium me exhibiturum profiteor ; et huic professioni meæ coram Deo et angelis ejus, sub testimonio quoque præsentis Ecclesiæ subscribo* (3).

Nous avons déjà rapporté la magnifique déclaration que fit Hincmar dans l'affaire d'Hincmar de Laon. Il fut accusé par cet évêque d'avoir souvent répété qu'on ne doit nullement tenir compte de l'excommunication prononcée par le siège apostolique, parce que cette excommunication est absurde ; *quando apostolicæ sedi*

(1) Isid. tom. cit., col. 694.

(2) Hincmar. *De prædestinat.* Cap. xiv *Patr. Lat.*, tom. cxxv, Col. 212-214.

(3) Hincmar. *profess. fidei ad Pontif. Roman., missa. Patro. lat.*, tom. cit., col. 1260.

excommunicationem et pro nihilo ducendam, ut pote absurdam prædicatis. (Il s'agissait ici de l'excommunication dont Adrien II avait menacé Charles-le-Chauve qui venait de s'emparer du royaume de Lorraine au préjudice de l'empereur Louis II). Devant une telle imputation, dit l'archevêque de Reims, j'ai le droit d'en appeler légalement et régulièrement au conseil et à l'appui de l'assemblée synodale. Il m'importe que tous vous sachiez que l'évêque de Laon articule ici contre moi un mensonge et une calomnie. Je crois et je professe que la chaire apostolique est la mère et la maîtresse de toutes les églises constituées sur toute la surface du monde ; que le pontife romain est le patriarche des patriarches, le primat des primats de toutes les provinces par le pouvoir suprême de lier et de délier. Bien que ce pouvoir de lier et de délier ait été donné *justa modum* aux autres évêques dans la personne des apôtres, il est cependant certain que le bienheureux Pierre a mérité par sa foi et son amour la tradition spéciale que Jésus-Christ lui a faite des clefs du royaume des cieux ; qu'il a reçu la primauté de la puissance judiciaire, la charge de paître les brebis du bercail du Seigneur. Ses successeurs en montant sur son siège héritent de cette primauté, en sorte que tous les Chrétiens de l'univers doivent savoir et croire que quiconque se sépare, en quelque manière que ce soit, de la communion de foi et de la société du pontife romain ne saurait obtenir l'absolution de ses péchés ni l'entrée du royaume des cieux. Le privilège de Pierre subsiste donc, il doit être respecté partout où un jugement émané de son autorité équitable est promulgué. On ne saurait incriminer ni comme trop sévère ni comme trop indulgente une sentence portée par le bienheureux Pierre, puisque c'est à lui spécialement qu'ont été remises les clefs du royaume des cieux. Et par ces clefs, ainsi que l'expose Saint-Augustin et avec lui les autres docteurs, il faut entendre la science du discernement et la plénitude de la puissance judiciaire, avec lesquels il doit recevoir dans le royaume des cieux ceux qui sont dignes et en exclure les indignes. Sur le pouvoir de lier et de délier qui appartient à là sainte et catholique Eglise, au pontife du siège apostolique et aux évêques qui lui sont soumis, voilà ce que le siège apostolique lui-même m'a appris à croire, à professer et à suivre. Je le crois, je le professe, je l'observe. Quiconque a dit ou dira de moi le contraire ne fera que manifester sa malveillance sans réussir à prouver mon hétérodoxie, il se dévoilera comme un calomniateur, sans pouvoir atteindre mon innocence. En tout ce que j'ai à apprendre sur la doctrine catholique, je suis du fond du cœur et en toute obéissance prêt à l'apprendre du Saint-Siège. En vertu de la primauté du bienheureux Pierre, auquel le Seigneur a confié par une parole trois fois répétée la charge de faire paître ses brebis, et auquel il a ordonné de confirmer ses frères, le Saint-Siège a reçu le privilège de la primauté de toutes les Eglises dans tout l'univers (1).

Ces diverses professions de foi excluent absolument

(1) Hincmar. *Schedula sire Libellus,* cap. xxvi. Lab. *Concil.,* tom., viii, col. 1593 - 1595.

l'idée d'une Église nationale, indépendante du Saint-Siège, que nos modernes écrivains ont voulu lui attribuer. Jamais l'archevêque de Reims n'imagina un pareil schisme. M. Guizot suppose que les nombreux conciles auxquels Hincmar assista, durant un épiscopat de trente-sept ans, constituaient une tentative de fédération dirigée dans le but d'organiser une Église nationale. Or toutes les décisions de ces nombreux synodes, quand elles traitaient de matières contentieuses, sont souscrites soit par les divers autres évêques, soit par Hincmar lui-même avec cette réserve formelle : « Sauf en tout le jugement du juge apostolique » *salvo per omnia apostolicæ sedis judicio* (1).

Comment dans sa pensée Hincmar de Reims pouvait-il concilier de pareils principes avec un état permanent de lutte vis-à-vis de la papauté ? C'est là un de ces phénomènes de contradiction morale entre la théorie et la pratique dont nous devons donner l'explication.

§ III.

Ce qui a conduit Hincmar à contester les droits de la Papauté.

Hincmar avait-il une certaine idée d'une législation ancienne et générale de l'Église à laquelle les papes devaient être soumis comme les autres évêques ? Il

(1) Labb. *Conc.*, t. viii, col. 1647.

n'allégua jamais cependant aucun fait sérieux, aucun
principe incontestable sur lequel il put s'appuyer pour
prouver et surtout pour dire, comme il le fit si souvent,
qu'au-dessus des papes étaient les canons, la discipline,
la loi commune de l'Eglise et qu'ils n'avaient à eux
seuls nul droit de les changer. Il fait plus et ne craint
même pas de se contredire selon les besoins de la cause.
Par exemple, les décrétales des papes lui sont-elles favorables? il fait sonner bien haut leur autorité ; mais lui
sont-elles contraires? c'est tout différent. S'agit-il surtout de son autorité d'archevêque comme dans l'affaire
de son neveu? Aussitôt l'autorité si vénérable des
évêques lui parait nulle, l'autorité supérieure du pape
peu de chose. C'est le métropolitain qui est le maître,
le juge et le correcteur des évêques; c'est le métropolitain qui est l'interprète, l'exécuteur et le vengeur
des canons auxquels le pape doit être soumis comme
les autres. D'une nature fière et hautaine, Hincmar
variait ainsi de manière de voir parce qu'il ne tolérait
pas la contradiction. Il lui en coûtait de reconnaître
une autorité plus haute que la sienne et surtout de se
soumettre à ses décisions. Et quand il était contraint
de céder, il le faisait toujours à la façon du Parthe en
lançant dans sa fuite une dernière flèche. C'est donc
dans sa fierté d'humeur et non dans sa connaissance
des antiquités ecclésiastiques qu'il faut aller chercher
le motif de son opposition presque constante à la papauté.

On doit aussi, pour expliquer cette conduite, tenir
compte de la confusion qui régnait dans l'église gallo-

franque, depuis quatre-vingts ans. Beaucoup de laïques
ayant reçu ou envahi les évêchés, chacun s'était occupé
de ses intérêts temporels ou diocésains ; toute unité s'é-
tait évanouie dans le gouvernement du clergé séculier.
Aussi on y rencontre une multitude de faits contradictoires : les uns attestent une certaine indépendance de
l'Eglise gallo-franque, les autres montrent le pouvoir
papal au dessus des Eglises nationales. En 835, Grégoire IV tente de réconcilier Louis-le-Débonnaire avec
ses fils et reproche aux évêques leur conduite : ils protestent contre son intervention, lui contestent les droits
qu'il s'arroge et déclarent qu'ils ne veulent nullement
se soumettre à sa volonté, et que, s'il est venu pour excommunier, il s'en ira excommunié! car l'autorité des
anciens canons ne permet rien de tel. Mais lorsque,
dans sa réponse, Grégoire leur reproche de s'être alternativement servis, en lui écrivant, des titres de *frère*
et de *père* « tandis qu'il aurait été plus convenable
de ne lui témoigner qu'un respect filial, ils ne ré-
clament pas, il y a plus, le mot de frère disparaît à
peu près de leur langage. En 844, les évêques de la
Gaule franque refusent de reconnaître Drogon, archevêque de Metz, fils de Charlemagne, comme vicaire du
pape Serge II qui lui en avait donné le diplôme; et en
849, ils menacent d'excommunication Noménoé, roi de
Bretagne, parce qu'il a reçu avec dédain une lettre du
pape Léon IV, « à qui Dieu a donné la primatie du monde
entier. » Il est inutile de multiplier les exemples pour
montrer les évêques tour à tour arrogants ou humbles.
Ceux que nous venons de rapporter suffisent pour dé-

montrer que si la papauté règne dans les pensées des évêques comme des fidèles de ce temps, elle ne règne pas toujours dans les faits. Ils sont bien convaincus que le pape est l'interprète de la foi, le chef de l'Eglise universelle, qu'il est au-dessus des conciles nationaux, au-dessus des gouvernements temporels quant aux affaires de la religion, et même quant aux affaires temporelles, dès qu'elles ont quelque rapport avec les affaires de la religion, mais à la condition que cette conviction ne les empêchera pas d'agir à leur guise comme ils le faisaient depuis si longtemps. C'est ce qui explique comment Hincmar de Reims a tantôt exalté et tantôt rabaissé le pouvoir des pontifes romains selon les circonstances, et comment il a été amené pour autoriser sa conduite à ériger son opposition en système.

DEUXIÈME PARTIE.

HINCMAR CONSIDÉRÉ DANS SON ADMINISTRATION ECCLÉSIASTIQUE ET SON INFLUENCE ÉPISCOPALE.

Les nombreux travaux que ces discussions demandèrent à Hincmar, les difficultés qu'elles lui suscitèrent ne l'empêchèrent pas de donner au gouvernement particulier de son Eglise les soins les plus attentifs. Dans l'intérieur de son diocèse, dans l'administration ecclésiastique proprement dite, il n'avait point de tels obstacles à surmonter, il était seul et maître. Il pouvait, presque toujours du moins, régler les faits selon ses idées ; il gouvernait despotiquement, tyranniquement même quelquefois, mais le plus souvent avec sagesse, dans l'intérêt véritable des clercs et des fidèles qui avaient alors besoin d'un tel archevêque. Car, au temps où il fut élevé sur le siège de Reims, l'état de cette Eglise était loin d'être prospère. Le diocèse, qui, depuis dix ans, était privé d'évêques, n'avait pour administrateurs que des chorévêques, et ceux-ci, n'ayant aucun espoir d'arriver à l'épiscopat, apportaient une grande négligence à l'exercice de fonctions qu'ils ne remplissaient que provisoirement. Il en résulta que les biens de cette Eglise furent en partie dissipés, les pauvres abandonnés, et que l'esprit des clercs, affranchi de la crainte salutaire de l'autorité épiscopale, devint léger à ce point que les bonnes mœurs et la discipline, peu à peu altérés, finirent par disparaître complètement.

Par ses capitulaires Hincmar rétablit l'ordre dans les affaires de son Eglise et la conscience de ses administrés. Et telle était sa réputation de savoir, l'intégrité de ses mœurs, que son influence épiscopale s'étendit bien au-delà des limites de son diosèce, sur l'Eglise de France toute entière. Très au fait de la discipline, il la maintenait partout avec une fermeté qui ne savait fléchir devant aucune puissance de la terre. Il fut l'âme de presque tous les conciles où il assista, et il se passa peu d'affaires, soit dans l'Eglise, soit dans l'Etat, sur lesquelles on ne le consultât. Les évèques n'en connaissaient point de plus capable pour leur apprendre les devoirs de l'épiscopat. C'était toujours à lui que l'on recourait lorsqu'il fallait former un jeune prince pour le rendre digne du trône.

CHAPITRE I.

INDUSTRIE DE HINCMAR POUR ADMINISTRER LES BIENS TEM-
PORELS DE SON DIOCÈSE. — SA CHARITÉ POUR LES
PAUVRES ET SON ZÈLE POUR LA MAISON DE DIEU.

§ I.

*Il s'efforce de recouvrer les biens de son Église détenus
par les Grands. — Pour mieux y réussir, il raconte
au roi la vision de Saint Eucher et aux fidèles de son
diocèse la vision de Bernold. — Il n'est pas l'auteur
de la légende de la Sainte Ampoule. — Sa sollicitude pour les serfs de son diocèse.*

Les guerres et les invasions, si fréquentes au milieu
de ce siècle, avaient plongé dans la détresse non-seulement les Eglises de France, mais encore les abbayes,
ces nourricières ordinaires du pauvre. Les moines n'a-
vaient plus, à cause de la dévastation des provinces,
les ressources nécessaires pour exercer l'hospitalité, ni
même de quoi vivre pauvrement eux-mêmes. « Ils étaient
obligés la plupart du temps de se contenter de racines et
de légumes achetés. » La misère des simples particuliers
était plus grande encore. On trouve dans les annales
de Metz un trait horrible qui rappelle le crime épouvan-
table, commis durant un siège fameux, et nous donne
une idée des malheurs de ce temps. Un homme, chassé

de son pays par la famine, se retirait en Thuringe avec
sa femme et son fils encore jeune. En passant par une
forêt, il fut tellement pressé par la faim qu'il conçut
le dessein de se nourrir de la chair de son fils. « Ne
vaut-il pas mieux, dit-il à sa femme, que nous mangions
cet enfant que de nous laisser mourir tous trois? » La
femme eut beau se récrier à cette proposition barbare :
le père dénaturé lui arrache son fils des bras et s'en-
fonce dans la forêt pour épargner à la pauvre mère
la vue d'une action si atroce. Mais comme il se préparait à plonger le poignard dans le sein de l'enfant,
il vit deux loups qui mangeaient une biche. Il y courut,
et ayant fait lâcher prise à ces animaux, il revint
promptement vers sa femme avec ce qu'il put emporter
de la biche. La mère, voyant de loin cette chair en-
sanglantée, ne douta pas que ce ne fût celle de son
fils, et elle tomba évanouie ; mais il la consola bientôt
en lui montrant l'enfant plein de vie, et ils louèrent
le Seigneur de ce que sa providence les avait secourus
si à propos (1).

Le pays rémois était moins que d'autres exposé aux
dévastations de l'étranger ; en revanche, les seigneurs
y exerçaient les déprédations qui ruinaient les églises
et tarissaient la source des aumônes. Pour remédier
au mal, Hincmar s'efforça d'abord de recouvrer les biens
de Saint Remy. Nous avons déjà cité le texte d'un
édit que promulgua Charles-le-Chauve, la sixième année
de son règne : « Nous rendons intégralement tous les
biens dont nous avons joui, depuis notre avènement, par

(1) Ann. Meten, ad ann. 880.

nos fidèles. » Mais les grands ne s'inquiétèrent guère de cet ordre et ne payèrent pas même les dîmes à l'église de Reims. Que fit alors l'archevêque ? Afin de produire une impression plus profonde et par suite plus efficace sur l'esprit du roi Charles, il lui dit que Saint-Remy redemandait pour son église la maison de campagne qu'il avait donnée à Richuin. Par deux fois déjà, l'épouse de Richuin avait vu Remy en songe et avait reçu de lui l'ordre de s'éloigner de la villa Luliac. Mais elle avait négligé ses avertissements. La troisième fois Remy la frappa de la verge qu'il tenait à la main. Tout son corps s'étant gonflé, elle fit part de sa vision à Richuin et à d'autres personnes, et, après avoir été encore très-durement traitée, elle mourut au bout de quelques jours (2).

Hincmar en agit de même envers Louis de Bavière pour le détourner de sa première invasion et préserver son diocèse du pillage. Il raconte au roi la vision de Saint-Eucher, évêque d'Orléans, que l'on croit avoir été composée par lui-même. Il lui dit qu'Eucher avait vu, en esprit, Charles, père de Pépin, brûlé au fond de l'enfer parce qu'il avait donné à ses soldats les biens de l'Eglise (3).

C'est ici le lieu de parler d'une lettre adressée aux fidèles du diocèse de Reims, et qui présente aussi un caractère surnaturel. Hincmar leur expose la vision d'un de leurs concitoyens nommé Bernold. « Quelque temps après la mort de Charles-le-Chauve, un homme

(1) Frod. lib. iii, Cap. 12.
(2) Frodo. lib. i, Cap. xxi.
(3) Frod., lib. iii, Cap. xx, p. 132.

de mon diocèse, nommé Bernold, étant tombé malade, et ayant reçu l'absolution, l'extrême-onction et le viatique, entra dans une espèce d'extase qui dura quatre jours, pendant lesquels il ne prit pour nourriture qu'un peu d'eau. Le quatrième jour, comme la respiration baissait, on fit venir un prêtre. Or pendant qu'il priait, Bernold sembla sortir d'un profond sommeil, et, les yeux baignés de larmes, il commença ainsi :

« Ecoutez attentivement ce que je vais vous dire, et publiez-le si je n'ai pas le temps de le faire. J'ai été conduit dans l'autre monde, et j'ai vu un lieu de tourments où j'ai remarqué quarante-et-un évêques, parmi lesquels se trouvaient Ebbon, Léopardel et Enée (1). Ils paraissaient, aussi bien que les autres, couverts de haillons et noircis par le feu; tour à tour ils étaient la proie des flammes qui les brûlaient et du froid qui les torturait. Ebbon m'appela par mon nom et me dit : « puisqu'il te sera permis de retourner sur la terre, nous te prions de nous venir en aide. — En quoi? ai-je répondu. Et il reprit : « tu iras trouver nos clercs et nos amis, tu leurs demanderas pour nous des aumônes, des prières et des messes. Et comme je lui dis que je ne reconnaîtrais pas ces hommes, il ajouta : nous allons te donner un guide. Je fis leur commission; puis, toujours conduit par le guide qu'ils m'avaient donné, je revins auprès d'eux et je les trouvai le visage gai, la barbe rasée et revêtus de l'aube et de l'étole, mais sans chasuble. Tu vois, me dit Ebbon, combien ton

(1) Il s'agit d'Ebbon, le prédécesseur d'Hincmar, de Pardule de Laon et d'Enée de Paris.

message nous a servis. En place du cruel gardien qui
nous maltraitait, nous avons maintenant pour nous
surveiller Saint-Ambroise lui-même. Je fus ensuite
conduit dans un lieu obscur, d'où l'on apercevait de
loin un endroit lumineux rempli des fleurs les plus
belles et des parfums les plus exquis. Dans ces ténèbres, au milieu de la fange, était couché l'empereur
Charles; il me parut rongé par les vers, il n'avait
plus que la peau et les os. Il m'appela par mon nom
et me dit : va trouver l'archevêque Hincmar et dis-lui
que je souffre ce que tu vois pour n'avoir pas suivi
ses conseils et ceux de mes fidèles serviteurs; dis-lui
encore que j'ai toujours eu confiance en lui et que je
le prie, lui et mes amis, de m'aider de leurs prières;
il dépend d'eux de me délivrer de ces tourments. Je
lui demandai alors quel était ce lieu d'où sortait une
lumière si vive et des parfums si exquis? — C'est, me
dit-il, le séjour des bienheureux. — Et, m'approchant
alors, j'y vis des beautés si grandes et des délices si
suaves, qu'il n'est pas possible à la langue humaine
de les redire. Ceux qui s'y trouvaient étaient vêtus de
blanc et assis sur des trônes lumineux; la joie était
peinte sur tous leurs traits. Sur ma route, j'aperçus
une église, et, dans cette église, je vis Hincmar, entouré
de son clergé et revêtu pour célébrer la sainte Messe
de tous ses ornements; je m'acquittai du message de
Charles, et revenant auprès du roi, je le trouvai
couronné de lumière, le corps sain et paré de ses ornements royaux, et il me dit : tu vois combien ton
rapport m'a été avantageux. Un peu plus loin, je vis

Jessé qui me chargea d'une commission semblable ;
il était plongé dans un puit d'où s'échappaient par
intervalle une fumée épaisse et une puanteur insup-
portable ; chaque jour, quatre démons venaient ajouter
à ces tourments en le plongeant dans une eau glacée.
J'exécutai l'ordre qu'il m'avait donné et il fut délivré.
Je rendis le même service au comte Othaire ; puis,
ayant reçu la promesse de vivre encore pendant quatorze ans, je pris l'engagement de m'adonner à l'aumône et aux bonnes œuvres. »

Hincmar continue : « Après ce récit, Bernold demanda la sainte communion, puis se trouva subitement
guéri. Ayant entendu parler de cette guérison, ajoute
l'archevêque, j'envoyai un de mes prêtres auprès de Ber-
dold, afin qu'il s'assurât de la vérité. Il y avait dans ce
récit un tel accent de sincérité que je n'hésitai pas à
y ajouter foi.

C'est pourquoi, frères bien-aimés, j'ai cru devoir vous
adresser cette révélation extraordinaire, afin que vous
viviez dans l'appréhension des jugements de Dieu, et
que, pendant que vous êtes dans la demeure de votre
corps, vous songiez à user des moyens que la Providence vous offre pour expier vos péchés et en obtenir
le pardon. J'ai voulu encore vous intéresser en faveur de
Charles, notre seigneur, et des autres, et vous engager
à intercéder pour eux auprès de Dieu. »

A cette occasion, un admirateur d'Hincmar (1) accuse cependant cet archevêque d'avoir abusé de la religion pour se rendre plus recommandable lui et les

____

(1) Carolus Dietz *de Hincmari vita et ingenio.*

choses saintes, et il ajoute que l'amour de la vérité aurait
dû l'emporter dans son cœur sur le goût de la puissance.
Mais alors même qu'on refuserait à ces visions le caractère surnaturel, rien ne prouve qu'Hincmar les ait
imaginées. Elles sont tout à fait dans les mœurs de ce
temps. Est-ce que des faits analogues ne sont pas ra-
contés dans les dialogues de Saint-Grégoire, et dans
les écrits de Saint-Boniface, évêque de Mayence?

D'ailleurs Hincmar n'entra pas autant qu'on plu à le
lui reprocher dans cette voie du merveilleux. Il n'est pas
l'auteur de la fameuse légende de la sainte Ampoule, si
glorieuse pour nos rois et la ville de Reims (1). Il est vrai
que Saint-Grégoire de Tours n'en parle pas. Il n'en est
pas question non plus dans une longue lettre d'un con-
temporain sur les miracles de Saint-Rémy. Mais il existait des traditions et des écrits antérieurs, sur lesquels
s'appuya Hincmar quand il raconta le prodige.

Il est aussi facile de le disculper d'avoir altéré le
testament de Saint-Rémy. Il y est dit entr'autres choses,
qui tendent toutes à augmenter l'autorité des évêques
de Reims et leur faveur auprès des rois, que les princes
n'existent que pour l'extension de la Sainte Eglise. Mais
quoique Flodoard, qui rapporte ce testament, cite ordinairement presque mot à mot les paroles d'Hincmar,
rien ne prouve que notre archevêque soit l'auteur de
ce passage, et, le fut-il réellement, ces additions étaient

(1) Lors du baptême de Clovis, comme la foule pressée empê-
chait le clerc qui apportait le saint-chrême d'approcher, l'évêque
pria, et soudain une colombe plus blanche que la neige lui
apporta une autre fiole pleine d'une huile au parfum si suave
que les assistants la respirèrent avec délices.

considérées alors comme des réflexions pieuses et sans importance que se permettaient les copistes.

Quelque soit le jugement que l'on porte sur les moyens employés par Hincmar pour se recouvrer des biens de son Eglise, il n'en réussit pas moins dans son entreprise. Charles eut honte de sa faiblesse envers les grands. Pour échapper aux reproches de sa conscience et aux châtiments dont le menaçait Hincmar (1), il fit rendre à Notre-Dame et à Saint-Rémy de Reims quelques-uns des biens qu'on leur avait enlevés. Lothaire, son frère, imita son exemple (2), et fit rentrer Hincmar en possession des villages de Termes (Ardennes), de Menneval ou Menneville (Aisne) et de Roseroles. Enfin Louis de Germanie (3), voulant s'attirer la protection du saint apôtre de la France donna à Hincmar, quelques villages avec leurs dépendances dans les Vosges, dans la Thuringe et au pays de Worms.

Ces bonnes dispositions de la part des souverains ne furent pas de longue durée (4). Hincmar en profita du moins pour faire un recensement général de son Eglise et le soumettre à l'approbation du prince qui s'y prêta d'assez bonne grâce. En père vigilant et soigneux il envoya des délégués dans les provinces, avec mission de s'informer exactement combien chaque terre avait de serfs et quels ils étaient, qu'elle était la fertilité des champs, et il leur ordonna en même temps de lui en

(1) Flod.
(2) *Ibid.*
(3) *Ibid.*
(4) *Ibid.*

rendre compte. Et ces envoyés, fidèles à leur mandat, s'empressaient en arrivant dans la plus petite maison de campagne, alors appelé manse, de s'enquérir combien d'œufs, de poules et de porcs et quelle quantité de vin et bois elle rapportait, combien d'hommes libres d'affranchis et de serfs elle possédait.

Mais l'évêque de Reims, plus préoccupé des personnes que des choses, veillait surtout à ce que les serfs fussent traités avec bonté. Il défend, selon la volonté du bienheureux Rémy, que personne ne se permette d'opprimer les colons à son service. (1) Tantôt, d'une voix irritée, il apostrophe Engilgarius qui avait forcé Rathram à faire déraisonnablement et sans nécessité un serment périlleux; tantôt il s'emporte contre l'illustre comte Amalbert, et lui reproche d'avoir exigé les biens d'un homme tué par lui et qui d'après sa suggestion en avait auparavant disposé en sa faveur. Il lui montre par la Sainte Ecriture quel crime il a commis, il lui en représente vivement la gravité pour que lui pasteur ne soit pas réputé mercenaire en voyant et en faisant l'injustice, et aussi parce qu'il était l'envoyé de l'empereur et qu'il avait à faire observer les capitulaires. Il le menace ensuite, lui et tous ceux qui avait participé au crime des peines édictées par la loi humaine et des foudres de l'excommunication, à moins que les choses ravies par injustice ne soient restituées.

(1) Flodo. lib. III, cap. XXVI.

§ II.

*La charité d'Hincmar se manifeste dans la fondation
et la dotation de l'hospice de Reims et d'autres
hôpitaux.*

La véritable pensée qui animait ce grand homme
quand il revendiquait si énergiquement les biens de
son Eglise se révèle dans l'usage qu'il en faisait. Il nour-
rissait tous les jours un grand nombre de pauvres, sans
compter ceux qu'il recevait souvent à sa table et qui
venaient de toutes parts lui demander des secours dans
leur misère. Mais comme ces aumônes lui paraissaient
insuffisantes pour les soulager il eut recours à des
moyens plus puissants.

Bien avant notre archevêque, il existait dans la ville
de Reims des maisons qui servaient d'asile aux pélerins
et de refuge aux indigents. Toutes les fois, dit Marlot (1)
qu'on fondait un monastère, on construisait à côté un
hôpital, afin que les religieux pussent, à leurs moments
de loisir, exercer la vertu de l'hospitalité sans sortir de
l'enceinte du couvent. Pendant les guerres, ces hôpitaux avaient perdu la plus grande partie de leurs revenus, et les pauvres mouraient abandonnés et sans
secours. Hincmar s'adressa au roi qui lui promit de
prélever sur ses trésors des sommes considérables, et

(1) T. II, p. 402,

alors, dit Marlot, on vit s'élever dans Reims le plus riche et le plus commode hôpital qu'on eut encore vu. Tous les évêques de la province voulurent y contribuer, et des revenus considérables furent assignés pour son entretien, avec cette clause qu'en aucun temps il ne sera permis à l'évêque Reims ou à qui que ce soit de donner les mêmes biens en bénéfice, ou de les détourner à d'autres usages. Il lui sera aussi défendu d'en exiger aucun impôt ou revenu, mais tout ce que l'hôpital pourra justement acquérir sera consacré à l'usage des pauvres et des chanoines selon la teneur du privilège confirmé par Hincmar et les autres évêques de la province. Et, afin de donner à cette ordonnance plus de poids encore, Hincmar obtint de Charles-le-Chauve qu'elle fut considérée comme un édit émané de l'autorité royale (1).

En quelle année ce riche asile fut-il ouvert aux malades et aux étrangers ? Il est difficile de le dire avec précision. Mais d'après les documents qui nous restent de cette époque, on peut conclure qu'il a été bâti vers 748, car après avoir rapporté l'établissement de l'hôpital, Flodoard dit : En outre il fit dresser un état officiel des biens et des manses de l'évêque sur un registre partagé en plusieurs rôles (2). Or, nous trouvons dans le polyptique de l'église de Reims que ce recensement fut fait « en l'an VI, sous le règne du glorieux roi Charles ; Hincmar gouvernant la sainte Eglise de Reims depuis trois ans. » Mais Charles-le-Chauve

(1) Flod. Lib. III, cap. X.
(2) Flodoard. Lib. III, cap. X.

commença à régner en 840 , au mois de juin , et les *Missi Dominici*, Sigloard et Dodilon, vinrent d'après une charte plus exacte, le iiie jour des Ides de mai, c'est-à-dire à la fin de la sixième année du règne de Charles (1). Mais quelques auteurs se sont efforcés de ravir à Hincmar la gloire de cette fondation qu'ils attribuent à Bermagius en s'appuyant sur un passage du testament où Bermagues dit « aux religieuses et aux veuves inscrites sur la matricule on donnera trois sous » (2). Ils allèguent aussi un passage du testament de Saint-Remy : « Aux douze pauvres inscrits sur la matricule et qui attendent aux portes de l'église l'aumône des passants, il sera accordé deux sous pour leur nourriture. Enfin je prescris que cette matricule soit placée où il plaira à mes frères et à mes fils de déposer mes os. » Mais à notre avis les auteurs qui traduisent ce mot matricule par le terme français hôpital sont dans l'erreur (3). Car dans ce temps chaque Eglise avait sa matricule ou une charte, dans laquelle chaque pauvre était inscrit , et d'après laquelle il recevait tous les jours et à certaines heures une aumône du prêtre.

En outre , au témoignage même d'Hincmar , il y a une différence entre la matricule et l'hôpital, car lorsqu'il trace à ses suffragants leurs devoirs d'évêque, Hincmar se sert de ces deux mots : il ordonne aux évêques « de recevoir les hôtes et les pauvres dans des

---

(1) Guérard. Rém. Poly. p. 57.

(2) Claude Bidet, Mem. t. i. p. 62. — Louis Bidet, t. ii. p. 19.

(3) Louis Bidet, tome. ii , page. 19. — Guizot, *Histoire de la civilisation*.

hôpitaux construits à part » et bientôt après « de prendre soin selon les sacrés canons des monastères situés dans leur diocèse, des églises de campagne et des *matricules* (1). » L'asile charitable, qu'on appelle en français hôpital, n'était pas régi comme les matricules; les églises des villes avaient seules des hospices où étaient reçus les malades pauvres.

Dom Marlot parle d'autres hôpitaux de moindre importance fondés et dotés par Hincmar et ses successeurs; il nomme l'hôpital Sainte-Anne près Flichambauld, l'hôpital Saint-Éloi ou Saint-Lazare près la porte de Vesles, l'hôpital Saint-Bernard, vulgairement appelé : *Domus de Dei merito*, dont on a fait : *Dieu le mérite*, Dieu-le-mire, et enfin Dieu-lumière; le collège des Bons-Enfants, *collegium bonorum puerorum*, actuellement le Lycée, était aussi, continue Marlot, un hôpital pour douze pauvres enfants, qui y étaient logés, nourris et instruits. Des bâtiments anciens, ajoute l'historien Rémois, il ne reste que la chapelle de Saint-Patrice.

§ III.

Hincmar s'applique à restaurer et à embellir les églises. Il fait ériger un tombeau plus magnifique à Saint-Rémy.

Ce soin extrême qu'apportait Hincmar à secourir les pauvres, ne lui fit négliger l'entretien d'aucune des

(1) *Hincm. Op.* t. ii p. 762.

églises que tant de guerres civiles ou étrangères avaient cruellement éprouvées. Il ordonne aux *Missi Dominici* de faire un relevé exact du nombre de livres et d'ornements que possède chaque église. Nous croyons intéresser nos lecteurs en citant un passage du polyptique qui nous fait connaître quelles étaient les richesses de l'Eglise de Reims et combien grande fut la diligence d'Hincmar pour s'informer de toutes choses et les administrer avec sagesse : « Il y a (dans Villare) une église dédiée à Saint-Rémy qui possède deux vêtements sacerdotaux, deux corporaux, huit voiles d'autel, une chape dorée, un calice, une patène et une croix d'étain, des missels du pape Gélase avec le martyrologe et le pénitentiel, deux volumes de leçons, un passionnel, un antiphonaire, des canons formant un volume, quarante homélies de Grégoire formant un volume, deux burettes de fer. (1) »

Il s'appliqua surtout à restaurer et à embellir les églises. Il acheva d'abord sa cathédrale, commencée par Ebbon, en 818, sur l'emplacement de l'église construite par Saint-Nicaise ; cet édifice était loin d'être terminé quand Hincmar monta sur le siège de Reims. Les guerres qui désolèrent la France, les dévastations et la misère qui en furent la suite, la déposition et l'éloignement d'Ebbon avaient tari les ressources et dispersé les travailleurs. A peine installé, Hincmar fit reprendre et poursuivre activement les travaux, et, en 862, suivant la chronique de Saint-Bertin, il en fit la solennelle dé-

(1) Guérard, pag. 38.

dicace en présence de Charles-le-Chauve et de tous les évêques de la province.

Ce temple, dit Flodoard (1), était tout ce qu'on avait vu de plus merveilleux. Les voûtes et les murailles étaient peintes et dorées, les pavés étaient de marbre, et des verrières de couleur jetaient dans l'édifice un éclat non pareil. L'autel principal, dédié à la mère de Dieu, était recouvert de lames d'or et de pierres précieuses, et on y lisait ces deux vers au bas d'une statue de Marie élégamment travaillé :

> Virgo Maria tenet hominem regemque Deumque
> Visceribus proprius natum de Flamine sancto.

« La Vierge Marie tient dans ses bras l'homme, le Dieu, le roi qui, par l'opération du Saint-Esprit, a pris naissance dans son sein. »

Avec la même munificence, Hincmar pourvut sa cathédrale de vases d'or et d'argent, d'ornements précieux et de châsses travaillées avec art, dans lesquelles il fit placer les reliques des saints protecteurs du diocèse.

Marlot ajoute qu'Hincmar avait également fait graver à l'entour de l'autel quelques vers qu'il rapporte (2).

(1) Flodoard, L. iii. C. 8.
(2) Hanc oram genitricis honore dicatam,
    Cultor ubique suus decoravit episcopus Hincmar ;
    Muneribus sacris functus hàc sede sacerdos,
    Jam bene completis centenis Octies annis,
    Quadraginta simul quinto volvente sub ipsis,
    Cum juvenis Carolus regeret diademata regni ;
    Hunc sibi pastorem poscentibus urbis alumnis.

Il parle aussi d'un évangéliaire somptueux dont Hincmar avait fait don à son église, et sur lequel on lisait
ces quatre vers :

> Sancta Dei genitrix et semper Virgo Maria.
> Hincmarus præsul defero dona tibi
> Hæc pia quæ gessit docuit nos Christus Jesus
> Editus ex utero casta puella tuo.

Flodoard et après lui Marlot ajoutent que Dieu voulant montrer qu'il avait pour agréable cet édifice élevé
à la gloire de son nom y opéra de nombreux miracles
à l'honneur de l'ineffable Mère de Dieu, et ils parlent à
ce sujet d'aveugles guéris, de boîteux redressés et de
malades rendus à la santé.

Ce temple subsista jusqu'au commencement du XIIIe
siècle. Il eut ses pieux et grands souvenirs. Sous ses voûtes furent sacrés les derniers carlovingiens, Charles-le-
Simple, Lothaire, Louis d'Outremer. Après eux, Hugues,
Capet, Robert, Henri Ier, Philippe Ier, Louis VII, Phi-
lippe-Auguste; plusieurs papes y célébrèrent des conciles
mémorables. Il touchait à la fin du IVe siècle de son
existence quand un effroyable incendie vint le détruire
complètement (1211), avec une partie de la ville. C'est
sur l'emplacement qu'il occupait que fut reconstruite
quelques temps après la cathédrale actuelle, admirable
monument gothique du XIIIe siècle.

Hincmar ne pouvait pas oublier l'église de Saint-
Remy dont il était abbé comme l'étaient de droit tous
les archevêques de Reims depuis Tilpin qui établit des
religieux au couvent de Saint-Remy. Cet édifice, cons-

truit en 633, sous le pontificat de Sonnace, comptait
à peine deux siècles d'existence, et déjà il menaçait
ruine. Il fallait le reconstruire. Commencé par Ebbon,
il était resté inachevé faute de ressources. Hincmar
reprit les plans, les modifia, en poussa activement les
travaux et en 863 il en fit la solennelle dédicace.

Sans avoir la magnificence de la cathédrale, la nouvelle église dépassait en somptuosité toutes celles qui
existaient dans la province. Voici la description qu'en
fait le chanoine Pinchart d'après un manuscrit de la
bibliothèque du monastère de Saint-Remy, composé
en 1377, par un religieux de cette maison : « On voyait
« au-devant de cette église, dit-il, deux religieux por-
« tant sur leurs épaules une châsse qui renfermait le
« suaire de Saint-Remy ; suivaient quatre autres reli-
« gieux, dont les deux premiers tenaient un livre à la
« main. L'entrée de l'église, avec son pourtour, res-
« semblait beaucoup aux châteaux fortifiés du moyen-
« âge : à l'un des côtés de la porte, on voyait une grosse
« tour ronde ; au-dessus de la couverture étaient pla-
« cées quatre petites cloches ; à quelque distance de
« là, s'élevait un autre clocher, d'une plus grande di-
« mension , couronné de quatre petits clochetons. »
L'église se terminait par un bâtiment qui servait d'ha-
bitation aux religieux qui le desservaient.

C'était dans l'église de Saint-Rémy que l'on conservait les restes vénérés du saint apôtre de la France.
Hincmar, ne trouvant plus son tombeau en rapport avec
le reste de l'édifice, en fit construire un autre digne de
passer à la postérité. La façade de ce petit monument,

dit le père Dorigny (1) était une espèce de porte, artistement travaillée, haute d'environ cinq pieds, couverte de lames d'or et parsemée de pierreries et de diamants ; il y avait au milieu une ouverture fermée par un fin cristal et entourée d'une bordure en émail violet, à travers laquelle on pouvait aisément distinguer la châsse placée dans l'intérieur. Près de l'ouverture, Hincmar avait fait graver les vers suivants :

> Hoc tibi, Remigi, fabricavit magne sepulcrum
> Hincmarus præsul, ductus amore tuo,
> Ut requiem Dominus tribuat mihi, sancte, precatu.
> Et dignis meritis, mi venerande, tuis.

« Guidé par son amour pour toi, illustre Rémy, l'archevêque Hincmar t'érigea ce tombeau, afin que, par tes prières et tes mérites, ô grand saint, objet de ma vénération, le Seigneur me donne l'éternel repos (2). »

Quand ce tombeau fut terminé, en 852, Hincmar procéda à l'ouverture du cercueil en présence des évêques de la province (3). Ce fut un grand sujet de consolation pour les assistants de trouver ce sacré dépôt entier et sans aucune corruption depuis plus de trois cents ans qu'il était inhumé. Hincmar le mit dans une châsse d'argent autour de laquelle on voyait, assez grossièrement travaillées, les statues de douze archevêques de Reims. Cette châsse subsista jusqu'en 1646, époque

(1) Vie de Saint-Rémy, p. 253.

(2) L'abbé d'Hautviliers avait fait une autre inscription ; mais on préféra la sienne.

(3) Marlot, t. II.

où elle fut remplacée par une autre d'argent massif dont s'empara la révolution. Hincmar mit sur le visage de Saint-Rémy un voile de satin violet d'un côté et vert de l'autre, avec cette inscription pour se recommander aux prières de ce saint évêque :

Sancte Remigi, confessor Domini pretiose cum pietate mei
memento Hincmari, nomine non merito episcopi,
indigni quoque, sed devoti servi tui.

« Saint-Rémy, illustre confesseur du Seigneur, ayez pitié et souvenez-vous de moi, Hincmar, qui ai le nom d'évêque sans en avoir le mérite et qui, bien qu'indigne, suis votre dévot serviteur. »

On plaça sous la tête un coussin de soie rouge avec une autre inscription en broderie qui marquait que c'était un ouvrage de la princesse Alpaïde, sœur du roi Charles-le-Chauve. Ce coussin et ce voile furent encore trouvés entiers aussi bien que le corps de Saint-Rémy en 1646 : ce qui fit qu'on ne jugea pas à propos de changer le coussin pour en substituer un précieux que l'abbesse de Sainte-Etienne de Reims avait présenté.

Louis, roi de Germanie, avait demandé avec instances des reliques de Saint-Rémy ; mais l'archevêque, qui lui en avait promis, ayant trouvé le corps entier, n'osa en rien détacher. Il se contenta de prendre une partie du suaire, couleur de pourpre, dont la tête était enveloppée et la renferma dans un coffret d'ivoire dont il fit présent à sa cathédrale.

Tels furent les honneurs rendus aux restes vénérés de l'apôtre des Francs et la magnificence déployée par

Hincmar dans la restauration de son tombeau. D'autres Saints moins célèbres virent aussi s'élever par ses soins des sanctuaires en leur honneur.

Dom Marlot nous raconte (1), d'après Flodoard, les hommages décernés aux reliques de Sainte-Hélène. Il nous apprend qu'elles furent apportées d'Italie par un religieux nommé Teutgèse qui les enleva furtivement de Rome. On les plaça au monastère d'Hautviliers qui les possède encore, et le concours des pélerins devint si considérable que jamais, dit Marlot, on n'avait rien vu de semblable. Hincmar, qui avait présidé à cette translation, en dressa un acte authentique qui fut conservé dans les archives du monastère.

Quelque temps après, il fit également transporter à Hautviliers le corps de Saint-Sindulphe (2). Sindulphe avait pendant quelque temps partagé au monastère de Suzy la vie austère et pénitente de Saint-Basle, son abbé. Sur la fin de sa vie, il se retira à Aussonce, petit village du canton de Suniville, où il mourut dans l'exercice de toutes les vertus. Pendant plus de deux cents ans, son corps reposa dans ce village, entouré des honneurs qu'on rend aux Saints. Hincmar, qui affectionnait les moines d'Hautviliers, leur permit d'enlever les restes du saint religieux, et cette translation se fit au milieu d'un concours prodigieux de fidèles, accourus de tous les points du diocèse; durant le trajet, il s'accomplit de nombreux miracles qui augmentèrent encore la dévotion envers le serviteur de Dieu (3).

(1) T. ii p. 465.
(2) Flod. t. Ier, p. 277.
(3) *Brev. Roman.*

Ce fut encore Hincmar qui présida à la translation des reliques de Saint-Vivent, qu'on croit avoir été le neuvième archevêque de Reims. Par son ordre, elles furent tirées de l'église de Saint-Nicaise et transportées à Braux, petit village situé sur les bords de la Meuse; on y fonda un monastère auquel Hincmar assigna des revenus considérables, et le pélerinage fut très-fréquenté (1).

Sous le pontificat d'Hincmar, eût également lieu la translation des reliques de Saint-Rigobert, mort archevêque de Reims en 743 (2). Ses restes vénérés avaient été déposés à Gernicourt, petite localité du département de l'Aisne, où il aimait à se retirer pour vaquer au travail et à la prière. Frappé des guérisons nombreuses qui s'opéraient à son tombeau, Hincmar fit transporter son corps au monastère de Saint-Thierry, auprès du saint abbé. Neuf ans après, désireux d'avoir auprès de lui un Saint dont on racontait chaque jour des miracles, il le fit transférer à Reims et déposer dans l'Eglise de St-Denis, où il est, dit Flodoard, l'objet de la vénération publique (3).

Telle était à l'époque d'Hincmar la dévotion pour les reliques des Saints qu'on en cherchait partout, on leur élevait des chapelles et des sanctuaires, on les enchâssait dans de somptueux reliquaires, on les visitait avec empressement, on les baisait avec amour. C'est ainsi que le clergé de Bruges, apprenant les merveilles qui

(1) Brev. Roman.
(2) Flod. t. 1, p. 306.
(3) Brev. Romain.

s'opéraient au tombeau de Saint-Rémy, pour obtenir une partie de ses restes vénérés, s'adressa à l'archevêque de Reims. Hincmar n'osa toucher au précieux dépôt; mais il envoya au clergé de Bruges le corps de Saint-Donatien, un de ses prédécesseurs sur le siège de Reims, et il se fit tant de miracles à son tombeau que les habitants reconnaissants le prirent pour patron de la Flandre maritime.

Toutefois ce zèle d'Hincmar pour le culte des reliques ne l'empêcha pas de s'élever avec force contre les faux miracles, les légendes apocryphes dont il fut l'occasion. Mais sa voix se perdit presque toujours au milieu du bruit que faisaient les charlatans et les dupes.

CHAPITRE II.

LES CAPITULAIRES D'HINCMAR.

§ I.

Etat des esprits et des mœurs dans le diocèse de Reims au moment de l'élévation d'Hincmar. — Il fallait à ce temps une législation sévère; Hincmar le comprit. — Caractère de ses capitulaires.

Hincmar n'eût accompli que la moindre partie de ses devoirs d'évêque s'il se fut borné à ces soins, pour ainsi dire tout matériels. Il savait qu'un évêque est surtout préposé au bien des âmes. Or, dans son diocèse,

la religion n'avait pas gagné à cette longue vacance du
siège. Les mœurs, encore plus que les biens terrestres,
étaient gravement compromises. Tous les rapports so-
ciaux avaient été troublés et confondus par les guerres
continuelles : la science, la religion s'étaient perdues
comme le reste. L'Evangile et l'Eglise seuls étaient
debout ; il fallait pour qu'ils reprissent leur empire sur
les esprits, leur autorité sur la société, une discipline
vigoureuse, des remèdes énergiques. A ces générations
rudes et barbares, incultes et endurcies, il fallait que
l'Eglise parlât un autre langage qu'aux Grecs artistes
et aux Romains légistes. Elle ne pouvait plus compter
pour l'adoption de ses décrets sur l'accord de la puissance spirituelle et de la puissance temporelle. Louis-
le-Débonnaire avait bien ordonné comme Charlemagne
aux comtes de prêter main-forte aux évêques, aux
évêques de soutenir les comtes, comme ayant les uns
et les autres part au ministère délégué par Dieu aux
rois de la terre ; Charles-le-Chauve aussi avait renouvelé cette théorie de l'assistance mutuelle des deux pouvoirs, mais les rois du vieil empire franc commençaient
à perdre leur considération et leur autorité anciennes ;
et si la riche moisson qui se préparait ne devait pas
se perdre toute entière, il fallait que l'Eglise se montrât
désormais en face d'un clergé dissolu et d'une société
grossière et violente, plus sérieuse et plus décidée que
jamais, et embrassât dans sa vigilance législative tous
les intérêts à la fois. L'Eglise, en effet, comprit sa
mission ; on vit alors le pape agir souvent comme un
dictateur absolu à l'égard des évêques et des laïques :

les évêques punir des fautes et des crimes que la justice civile ne pouvait atteindre ; l'Eglise enfin, pleine de confiance en Dieu, en venir aux dernières extrémités pour s'opposer au droit du plus fort auquel nulle puissance séculière n'osait résister, et qui détruisait à la fois tout ordre et toute sécurité.

Le prélat de ce temps dont l'administration reflète le plus exactement cet esprit et cette conduite est assurément Hincmar de Reims. Elevé dans la maison du roi, membre de son conseil, possédant parfaitement soit les décrets des empereurs, soit les édits des pontifes romains, il résolut de restaurer la discipline. Il pressa avec vigueur l'observation des anciennes règles et en fit même de nouvelles. Il tint comme nous verrons dans un chapitre spécial un grand nombre d'assemblées et de conciles pour la réformation des abus. C'est dans leurs canons comme dans ses capitulaires que l'on retrouve ces saintes règles et la preuve des désordres auxquels ils devaient remédier. Nous y remarquons ces deux grandes énergies qui sont le caractère de cette époque, énergie de la foi pour le bien, énergie des passions barbares pour le mal.

Plusieurs des prescriptions d'Hincmar nous paraissent aujourd'hui sans objet dans l'état actuel de notre civilisation. Les tendances, les abus, les mœurs varient avec les siècles. Si l'esprit public s'est amélioré sur certains points, c'est aux efforts constants de l'Eglise que nous en sommes redevables. S'il reste encore de nos jours même des abus à réprimer
combattre, des tendances funestes à

encore l'Eglise qui acceptera cette mission. Elle est toujours sur la brèche et toujours armée pour soutenir les glorieuses luttes de la foi.

§ II.

Hincmar est l'auteur ou au moins le premier promulgateur des lois synodales en France.

La plupart des capitulaires qui précédèrent ceux d'Hincmar furent ou faits ou promulgués par les rois : Car les statuts synodaux attribués en 630 à Sonnace ont été certainement publiés plus tard. Ce qui le prouve c'est qu'ils ne sont pas rapportés par Flodoard et qu'ils parurent seulement en 1617 dans son appendice que publia Colvinerius. En outre on y trouve le mot *pasteur* à la place de celui de prêtre et ce mot n'était pas encore usité au temps de Sonnace. Enfin, dans ce livre il est prescrit de chômer le jour de la nativité de la Vierge, (1) mais, au VIIe siècle, cette fête n'était pas célébrée en France. Quand aux statuts publiés par Jessa, évêque de Cambrai, sur la vie, les devoirs et les mœurs des prêtres et qu'on a joints à l'instruction donnée par Hincmar pour administrer le baptême, ils paraissent émaner plutôt de Charlemagne que d'un évêque, car ils sont adressés aux évêques, et on lit dans le premier chapitre : « Il faut avant tout assurer les prêtres de l'orthodoxie de

____

(1) Gousset, tom. i, p. 46 et suiv.

ma foi pour qu'ils la gardent eux-mêmes. » Or le même exorde se trouve en tête des autres capitulaires (1). Mais alors même que ces capitulaires fussent de Charlemagne cela n'ôterait pas à Hincmar la gloire d'avoir été le premier auteur des lois et de la discipline ecclésiastiques soit dans son propre diocèse, soit dans l'Eglise de France. Ce sont à peine des rudiments ébauchés, des capitulaires qui ne sont institués sous aucune sanction et qui paraissent plutôt des conseils. Il en est de même du pénitentiel qu'Halitgarius, évêque de Cambrai publia par l'ordre d'Ebbon en 825. Il ne prescrit ni ne défend rien d'une manière plus positive, quoiqu'il y ait un capitulaire qui porte ce titre : « *Des ministres de l'Eglise, s'ils viennent à dévier.* » Car dans ce chapitre on se borne à énumérer les péchés des prêtres, mais sans les prévenir par la crainte du châtiment. D'où il est permis de conjecturer que les mœurs du clergé n'étaient pas très-édifiantes et qu'il était besoin d'un homme qui par sa sagesse, sa constance, sa vigilance rétablit la discipline. Or ces vertus brillèrent du plus vif éclat dans la personne de l'archevêque de Reims. Déjà, avant d'être élevé à cette éminente dignité, il s'était opposé à la corruption des mœurs, châtiant lui-même son corps, dit Flodoard, pour le réduire à une royale servitude. Il y a dans les capitulaires publiés par Charles-le-Chauve quelques articles concernant le moment où il fut mis à la tête d'un diocèse. Il le gouverna par ses lois et son autorité : Il eut en quelque sorte un Etat régi comme celui de Charlemagne avec des capitulaires

____

(1) P. 128.

et des *Missi Dominici*, et plus fortement organisé encore, car on trouve dans cette sorte de république, le peuple qui est le clergé des campagnes, des magistrats, c'est-à-dire les doyens qui veillaient à l'observation des décrets et des lois de l'archevêque, et des *Missi* auxquels les doyens étaient soumis. Il chargea surtout ces derniers de s'informer avec soin de l'état de chaque Eglise, de ses revenus, du nombre de livres qu'elle possédait, et de le renseigner exactement à ce sujet. Après cette enquête et pour arriver à de sérieux résultats, il tint un synode où il appela tous les prêtres de son diocèse. Là, ayant beaucoup parlé des mœurs, de l'ordre, des règles à observer fidèlement pour l'administration des sacrements, il publia le premier capitulaire.

Dans la suite, il en fit plusieurs autres. Il nous en reste cinq également publiés dans les synodes du diocèse de Reims. Le premier est des calendes de novembre de l'an 852 et contient dix-sept articles. Le second en renferme 27 ; il est de l'an 874, et renferme cinq articles. Le cinquième en contient treize, sa date n'est pas certaine. Ces capitulaires sont suivis des discours, des bénédictions et des prières à l'usage des couronnements des rois et des reines auxquels Hincmar avait pris part, savoir de Charles-le-Chauve, comme duc de Lorraine, d'Ermentrude sa femme; de Louis-le-Bègue, fils et successeur de Charles dans le royaume de France, et de Judith, aussi fille de Charles, couronnée reine des Saxons occidentaux.

§ III.

But du Ier capitulaire : renouvellement des études et des mœurs ecclésiastiques, décence du culte.

Le but d'Hincmar dans ces capitulaires était d'accroître l'influence de la religion auprès du peuple. Or il y a surtout trois choses qui la recommandent : 1° la sainteté du prêtre, sa science théologique et sa culture intellectuelle ; 2° la décence du culte et 3° la splendeur et la solennité des cérémonies. C'est là ce qui inspira à l'évêque de Reims ses premiers statuts concernant la réforme des mœurs et le renouvellement des études ecclésiastiques.

Après la mort de Charlemagne la science religieuse avait si rapidement décliné que les prêtres de la campagne n'étaient pas seulement devenus étrangers aux lettres profanes et sacrées, mais ils ignoraient jusqu'à leurs devoirs de chaque jour. Quelques-uns ne pouvaient expliquer l'oraison dominicale selon la tradition des Pères ; ils ne savaient même pas réciter comme il faut les prières de la messe et lire couramment l'épître et l'évangile. Voilà pourquoi dans le premier capitulaire Hincmar leur trace des règles sur les devoirs du prêtre et sa manière de vivre.

Comme ce capitulaire est fort instructif pour nous faire connaître la discipline de ce siècle et le zèle d'Hincmar pour le rétablissement des règles ecclésiastiques, nous en citerons les principales dispositions (1) :

I. Chaque prêtre doit savoir exactement l'exposition du symbole et de l'oraison dominicale suivant la tradition des Pères, savoir par cœur la préface et le canon, lire distinctement les oraisons des messes, les épîtres et les évangiles, et instruire avec soin son peuple par ses prédications. Il doit même apprendre par cœur les psaumes avec les hymnes ordinaires et le symbole de Saint-Athanase.

II. III. IV. Il doit aussi savoir par cœur tout l'ordre du baptême, la formule et les prières pour la réconciliation des pécheurs, pour l'onction des malades, pour les obsèques des morts et pour la bénédiction de l'eau et du sel.

V. Tous les dimanches, avant la messe, le prêtre fera l'eau bénite dans un vase propre, afin qu'on en jette sur le peuple qui entre dans l'église et que ceux qui le voudront en puissent emporter, pour en faire l'aspersion dans leurs maisons, dans leurs champs, sur leur nourriture et sur leurs bestiaux. On brûlera de l'encens pendant la lecture de l'évangile et avec un encensoir. L'oblation finie, on encensera ce qui a été offert.

Le prêtre coupera par morceaux et bénira ce qui reste des pains offerts par le peuple; ou bien, s'il n'en reste pas assez, il en fournira du sien, afin que les dimanches et les fêtes on en donne des eulogies à ceux qui ne sont pas assez bien disposés pour communier.

(1) Hincm., *Op.* tom. I, p. 310.

Le pain bénit, en effet, a été particulièrement institué pour suppléer en quelque sorte à la communion sacramentelle, et pour consoler ceux qui n'étaient pas en état de la recevoir.

Hincmar aborde ensuite la question de la discipline qu'il cherche à faire refleurir et même à rendre plus sévère. Il commence par indiquer l'emploi qu'il faut faire de chaque heure.

Après matines (il veut dire après laudes) le prêtre dira en particulier prime, tierce, sexte et none; de sorte cependant qu'il les chantera ou les fera chanter publiquement dans l'église aux heures fixées. Puis, après avoir célébré la messe ou visité les malades de la paroisse, il ira à son travail de la campagne ou à ce qui lui convient et demeurera à jeun jusqu'à l'heure marquée pour le repas selon le temps; et cela afin qu'il soit en état de secourir les malades, les pèlerins qui passent et d'enterrer les morts.

Ce réglement fait voir qu'on chantait l'office en entier, même dans les paroisses de la campagne et que les prêtres se livraient au travail des mains dans les heures que leurs fonctions leur laissaient libres.

Après avoir tracé aux prêtres leurs devoirs de chaque jour, Hincmar s'attaque à de criants abus qui commençaient à s'introduire dans certaines églises. Quelques prêtres, probablement poussés par une aveugle cupidité, violaient les sépultures, dissipaient les cendres des morts, et se servaient des pierres ou des briques pour faire des cheminées. D'autre fois, des hommes riches qu'animait le désir de la vaine gloire obtinrent de certains prêtres à l'insu de l'évêque que leur corps fût enterré dans l'église; mais l'évêque de Reims ne souffrit pas que cela dura plus longtemps.

XII. XIII. Que le prêtre veille à ce que le corps d'aucun chrétien ne soit retiré de son sépulcre, et que les pierres n'en soient pas brisées ou détournées à un autre usage, comme cela arrive souvent. Car s'il est cruel d'expulser quelqu'un de sa maison, c'est un attentat plus grand encore de chasser quelqu'un de son tombeau. On n'enterrera personne dans l'église sans avoir consulté l'évêque, et on n'exigera rien pour la sépulture. Si on offre quelque chose gratuitement pour l'autel, on permet de le recevoir; il est défendu aux prêtres d'accepter aucun présent des pénitents (1).

Pour comprendre cette disposition, il faut considérer que la pénitence publique, fréquemment usitée dans les premiers siècles de l'Eglise, commençait à tomber en désuétude, parce que les prêtres avaient l'habitude d'exempter de cette obligation les hommes opulents qui leur faisaient, à eux ou aux églises, quelque riche cadeau. Hincmar, qui pensait que la pénitence publique était le frein le plus efficace qu'on put mettre à la licence, le reprocha sévèrement aux prêtres : « cela est de la simonie, dit-il, et en abomination à Dieu et aux hommes. » Hincmar ajouta encore dans la suite plusieurs articles à ces réglements. Dans un nouveau capitulaire, publié la douzième année de son épiscopat, c'est-à-dire l'an 857, il recommande aux prêtres des paroisses de faire venir en sa présence les pécheurs

(1) Hincm. *Op.* t, i, p. 731.

publics, afin qu'il leur impose la pénitence publique ;
ceux qui ne voudront pas s'y soumettre seront séparés
de l'assemblée des fidèles. Il ordonne encore que tous
les mois, à la réunion des calendes, chaque doyen lui
rende compte de la manière dont les pénitents font la
pénitence publique ; et si quelque désordre arrivé dans
une paroisse parvient à sa connaissance par une autre
voie que par le prêtre chargé du soin de la paroisse,
il veut que ce prêtre demeure suspens et excommunié,
et soit réduit au pain et à l'eau autant de jours qu'il
aura négligé de lui faire connaître ce désordre (1).
C'était là, fait observer un malicieux auteur, le moyen
le plus efficace pour être bien instruit de ce qui se
passait dans son diocèse.

Il y avait aussi certains prêtres que l'amour du luxe
entraînait à d'autres excès : si une grande paroisse
venait à vaquer, ils cherchaient à l'occuper par la ruse
et la violence. Hincmar s'empressa de porter remède
à ce mal : « Si quelqu'un, dit-il, se trouve dans ce cas,
si par ambition il a cherché un poste plus considérable et perdu celui qu'il occupait, qu'il n'obtienne
jamais celui qu'il a sollicité (2). Informé que le comte
Teudulfe était disposé à recevoir quelque chose d'un
clerc pour le nommer à une église, il lui écrivit que
s'il lui présentait un sujet capable de la desservir, il
l'ordonnerait pourvu que cette personne justifiât qu'elle
n'avait rien donné pour obtenir cette place, sinon

(1) *Oper*. Hinc. t. I, p. 730.
(2) *Oper*. Hincm., p. 731.

qu'il en choisirait une autre (1). Mais d'après les capitulaires publiés en 874, on peut voir combien il fut difficile à Hincmar de mettre fin aux intrigues ecclésiastiques ; il s'en plaint en ces termes : « Je vous ai souvent avertis de ne pas disposer malgré les sacrés canons de votre superflu pour obtenir les églises vacantes, mais, comme je l'ai appris, vous ne vous corrigez pas, vous aimez mieux attirer sur vous et sur vos protecteurs la malédiction réservée aux simoniaques (2). Les grandes difficultés, qu'il éprouvait à ce sujet, venaient de ce que les églises étaient placées pour la plupart sur les terres des grands ; ceux-ci avaient le droit d'élection comme ils l'ont encore en Allemagne et accordaient au plus offrant des honneurs achetés. Pour mettre un terme à une pareille calamité, Hincmar ne craint pas de recourir aux plus graves menaces. On l'entend s'écrier : « Vous attirez sur vous et vos nourriciers les plus graves châtiments. Avec l'argent que vous donnez à vos protecteurs vous achetez à vous et à eux : le péché ! »

Dans les articles suivants, Hincmar touche aux mœurs des prêtres, et il ne leur épargne là-dessus ni les conseils ni les avertissements :

XIV. Il se passait de grands abus dans les repas qui se donnaient après le service de l'anniversaire d'un mort ou après celui du septième et du trentième jour de sa sépulture. On défend aux prêtres qui s'y trouvent

(1) Frodo., C. xvi.
(2) Hincm., *Op*. t. i, p. 737.

de s'y énivrer, de boire pour l'amour des saints (1) ou de l'âme du défunt, à souffrir qu'on y représente des spectacles bouffons avec un ours, avec des danseurs et des figures de démons nommés talamasques (2) : d'où le nom de *masque* noir est resté. De plus on ordonne que quand plusieurs prêtres se trouveront à un repas, le plus ancien fasse d'abord la bénédiction de la table, et que les autres ensuite, chacun à son tour, bénissent la boisson et les viandes. Plusieurs autres exemples font voir qu'outre la première bénédiction de la table, on bénissait en particulier chaque mets à mesure qu'on le servait. On ordonne aussi qu'un clerc fasse une lecture sainte pendant le repas.

XV. Dans les assemblées que les prêtres font aux calendes, c'est-à-dire au premier jour du mois pour tenir des conférences — usage ancien qui a produit des fruits précieux dans les diocèses, où il a été établi — les évêques ont toujours pris les précautions que prend ici Hincmar pour empêcher que ces assemblées ne dégénérassent en des repas propres à causer plus de scandales que les conférences ne pouvaient produire de bons résultats.

XVI. Il y avait des réunions et des dîners de confrérie où on se livrait à de honteuses et vaines réjouissances, où se faisaient des dettes et de graves

----

(1) Cet abus était ancien, car Saint-Césaire dans une homélie contre l'ivrognerie parle de ceux qui à la fin des repas buvaient plusieurs coups en l'honneur des anges et des saints.

(2) On appelait *talamasques* des représentations de démons ou d'autres figures propres à effrayer. *Talamiscæ litteræ* sont des caractères magiques. *Masca* signifie quelquefois une sorcière.

exactions, où s'élevaient des querelles qui dégénéraient en rixes allant souvent jusqu'à l'homicide. Hincmar interdit aux prêtres toutes ces causes de relâchement : « Que celui qui se sera permis d'agir ainsi dans l'avenir, s'il est prêtre ou simple clerc, qu'il soit privé de son grade (1). »

Il en vient enfin aux rites et aux cérémonies qui devaient fixer l'attention d'un archevêque tel qu'Hincmar. Il y a des capitulaires pour augmenter la beauté de l'édifice sacré ; il y en a aussi pour régler les cérémonies et les rites institués alors et qui sont encore en vigueur dans toute l'Eglise. Le prêtre lui-même, dit Hincmar, doit surtout vénérer et observer tous ceux qui se rapportent aux cérémonies solennelles pour que le peuple soit imbu du même respect et de la même piété. « Que nul prêtre ne se permette de donner en gage le calice ou la patène, ou la palle de l'autel ou un vêtement sacerdotal (2). Il veut qu'il y ait un lieu pour verser l'eau qui a servi à laver les vases de l'autel ou la bouche et les mains après avoir reçu la sainte communion..... Que le prêtre lui-même ou bien le diacre ou le sous-diacre lave d'abord le corporal. »

Tel fut le soin d'Hincmar pour établir la discipline ou la conserver ; mais afin d'en assurer l'observation, il établit des doyens qui avaient un droit d'inspection sur les prêtres des paroisses, c'est-à-dire sur les curés. La première fois qu'il est question dans l'histoire de ces dignitaires ecclésiastiques, Hincmar ordonne aux

(1) Hinc., *Op.* p. 735.
(2) Hincm., *Op.* p. 713.

doyens de s'informer dans l'étendue de leurs districts des articles suivants et de lui en faire leur rapport le 1er juillet 853, savoir : quels sont les revenus et les titres des prêtres ; combien chaque église a d'ornements ; quels livres a le prêtre ; s'il y a une piscine pour jeter l'eau avec laquelle on a nettoyé les vases sacrés, ou dont le prêtre s'est lavé la bouche et les mains après la communion ; si le prêtre, son diacre et son sous-diacre lavent d'abord eux-mêmes les corporaux ; de quel métal sont le calice et la patène ; s'il y a un ciboire pour conserver le viatique des infirmes ; si le saint chrême est enfermé sous clefs ; si le prêtre visite les malades ; s'il leur administre par lui-même l'extrê-me-onction et le viatique, ou s'il ne donne pas l'Eucharistie à quelque laïque pour la leur porter ; s'il a un clerc qui puisse tenir école, lire l'épître et chanter ; si l'église est bien couverte ; si elle est voûtée ; si des pigeons et d'autres oiseaux n'y font pas leurs nids ; de quel métal sont les cloches ; si l'on fait quatre portions des dîmes ; si l'on rend compte tous les ans de la portion de l'église et de celle de l'évêque ; si ceux qui sont inscrits sur la matricule de l'Eglise sont vraiment pauvres et hors d'état de gagner leur vie. Si un prêtre de paroisse a chez lui des parents qui ne soient pas dans le besoin, Hincmar veut qu'ils soient nourris sur la portion de la dîme qui est assigné à ce prêtre. L'archevêque recommande aussi aux doyens de s'informer si les prêtres qui n'ont point de patrimoine n'ont pas acheté quelques terres, parce que ces terres doivent appartenir à l'Eglise ; si les prêtres ne vont

pas aux cabarets ; s'ils ne demeurent pas avec des
femmes. Il dit à ce sujet qu'il ne s'informera pas s'ils
ont péché avec ces femmes ; mais que s'ils ont demeuré avec elles ou s'ils leur ont rendu des visites
suspectes, il ne cherchera pas d'autres preuves pour
les juger ou les déposer.

Aux doyens il préposa les archidiacres pour instruire
l'évêque de la manière dont les prêtres accomplissent
leurs devoirs, et partager sa sollicitude épiscopale. Mais
pour que ses collaborateurs n'abusent pas de leur faveur
et de leur autorité, il les soumet aussi par des capitulaires
particuliers au joug de la discipline (1). Il veut qu'aucun
ami ou parent ne soit cause qu'ils pressurent les prêtres de la campagne ; qu'ils modèrent leur luxe pour
ne pas être trop à charge, qu'ils soient bons, bienfai-
sants doux envers les clercs. « Faites connaître à tous,
leur dit-il, par la parole et par l'exemple, que l'amour
de Dieu et du prochain doit avoir plus de prix à leurs
yeux que la facilité de réaliser un bien terrestre, que
la bienveillance vaut mieux que la sévérité, la monition
que la colère, la charité que la puissance. A l'égard des
bons et de ceux qui se conduisent bien soyez comme des
égaux. Quant aux méchants, réprimez leurs vices mais
sans vous écarter des bornes de la charité. Agissez de
même envers ceux qui commettent quelque délit dans
l'ordre de vos fonctions (2). » Il fallait aussi prévenir
la corruption des archidiacres qui, gagnés par les présents, auraient pu lui dissimuler l'inconduite des prê-

(1) Hincm. *Op.*, t. i p. 738.
(2) Hincm. *Op..* p. 739, 740 et 741.

tres. Il leur défend donc de ne rien demander aux curés dans leurs visites, de ne rien accepter, de ne pas réconcilier les pénitents pour de l'argent (ce qui est simoniaque) ou de ne pas négliger ceux qui sont réconciliés... Le devoir de l'archidiacre est de s'informer comment les curés se conforment aux ordres de l'archevêque et principalement de veiller sur les doyens qu'ils peuvent priver de leur titre et de leur dignité, s'il est nécessaire d'en agir ainsi. « Si dans votre ressort il y a un doyen ou négligent ou inutile ou incorrigible, ou si quelqu'un d'eux vient à mourir, ne nommez pas légèrement son successeur. Et si je suis éloigné, mettez à sa place, pendant ce temps, celui qui a été élu, jusqu'à ce que cette élection, parvienne à ma connaissance et soit ou conformée ou annulée par ma décision. Mais les archidiacres ne peuvent agir en maîtres souverains, il veut que ceux à qui il a confié une partie de sa sollicitude et non la plénitude de ses pouvoirs lui fassent un rapport exact sur toutes choses.

De nouveaux abus s'étant introduits dans son clergé et les anciens subsistant toujours, Hincmar de Reims publia dans un synode, tenu l'an 874, d'autres capitulaires, pour l'instruction des prêtres de son diocèse (1).

I. Nous avons appris, dit-il, que des prêtres de notre diocèse négligent le soin de leurs églises et obtiennent des prébendes dans le monastère de Montfaucon, et que les chanoines de ce même monastère obtiennent des paroisses à la campagne : ce qui est défendu par les canons. » Il apporte pour le prouver plusieurs auto-

(1) T. VIII, *Conc.* p. 587.

rités des décrétales, et montre qu'un chanoine ne peut être curé, ni un curé chanoine, parce que, les cloîtres des chanoines étant fermés la nuit, les malades pourraient mourir sans sacrements et les enfants sans baptème. Hincmar suppose, comme on voit, que les chanoines qui prennent des cures continuent de demeurer dans la communauté.

II. Il défend aux prêtres de recevoir quelque présent ou quelque service durant la moisson et en d'autres temps, de la part des pauvres qui demandent à être inscrits dans la matricule, pour être nourris des biens de l'Eglise. « Leur faire acheter cette grâce, ce serait, dit-il leur vendre l'aumône et la dîme que les fidèles offrent pour la rémission de leurs péchés. » Car une partie des dîmes était alors employée à nourrir les pauvres de la paroisse.

III. Il recommande aux prêtres d'éviter la fréquentation des femmes, et il leur déclare qu'il ne cherchera pas de témoins pour les convaincre qu'ils ont péché avec ces femmes; qu'il s'informera seulement s'il leur ont rendu ou s'ils en ont reçu des visites défendues par les canons.

IV. J'apprends, dit Hincmar à ses curés, que quelques-uns de vous négligent leurs églises et achètent des fonds de terre qu'ils laissent à leurs héritiers et non aux églises, comme ils doivent le faire selon les canons. Je punirai ce crime suivant la sévérité des saints décrets. » Il était défendu aux eclésiastiques d'acheter des terres en leur nom, parce qu'on supposait que ces acquisitions étaient le fruit des épargnes qu'ils avaient faites sur leurs bénéfices, au préjudice de l'aumône et de l'hospitalité auxquelles ils sont obligés.

V. Enfin Hincmar défend à ses prêtres de faire des présents aux patrons des églises vacantes afin de les obtenir pour eux ou pour leurs clercs. « Sachez, dit-il, que personne ne veut que sa paroisse demeure sans prêtre. Mais il ne peut y en avoir que par l'ordination de l'évêque, et je n'ordonnerai que ceux qui me paraîtront dignes. Si on me présente un bon clerc, je l'ordonnerai, sinon j'en chercherai un autre.

Le second capitulaire qu'Hincmar publia cette même année ou peut-être quelques années après, est adressé aux archidiacres. Il leur recommande de ne point être à charge aux prêtres des paroisses qu'ils visitent, de mener peu de personnes avec eux, de ne point recevoir de présents des mauvais prêtres pour dissimuler leurs vices, de ne point souffrir que personne ait chez soi de chapelle domestique sans permission de l'évêque ; il enjoint à chaque archidiacre d'avoir dans son district une liste de ces chapelles et de veiller à ce que les prêtres observent les statuts synodaux à ce sujet.

Hincmar adresse aussi à tous ses prêtres une instruction sur le baptême. Après avoir marqué que le prêtre frotte de salive les oreilles et les narines de celui qui doit être baptisé, il dit qu'il y a des églises où le prêtre met aussi de sa salive sur les lèvres du catéchumène, mais que cette diversité d'usage ne nuit point à l'unité de la foi (1).

(1) T. viii *Conc.* p. 592, 593.

§ IV.

*Justice d'Hincmar envers les prêtres coupables de quel-
que crime. — Il prescrit la forme de procédure à
observer contre eux. — Son traité des* PRÊTRES CRI-
MINELS. *— Ses rapports avec les communautés religieuses.*

Quelle que fut la sévérité d'Hincmar dans son administration épiscopale, elle ne lui fit pas perdre de vue
la justice qui est due aux accusés et même aux coupables. On avait souvent tenté de préciser la forme de
la procédure à observer envers les prêtres criminels;
mais ou ils niaient le fait, ou ils ne pouvaient en être
convaincus par témoins, et jusqu'à l'archevêque de
Reims il n'y avait rien de réglé la-dessus. Hincmar crut
donc qu'il était à propos de recueillir ce que les lois
civiles et ecclésiastiques contenaient sur ces sortes de
jugements, en particulier sur la qualité des accusateurs
et des témoins, sur le nombre de ceux-ci, sur le juge
compétent, sur les sujets qui peuvent fournir matière
à une accusation, sur la manière dont les prêtres doivent se justifier lorsqu'il n'y a ni preuves, ni témoins
contre eux, sur le tribunal auquel ils peuvent appeler.
C'est ce qu'il fit dans son traité *des prêtres criminels*
(1). On ne doit recevoir pour accusateurs que ceux qui
ont les qualités requises par les lois publiques pour

______
(1) Hincm., *Oper.* p. 783.

être admis à accuser quelqu'un. Les témoins suivant la tradition doivent être au nombre de sept et confirmer leur déposition par serment. Le juge des prêtres en première instance est l'évêque, on peut appeler de son jugement au métropolitain. A défaut de témoins l'accusé doit se purger par serment. Quelques-uns prétendaient qu'un prêtre ou un évêque ne pouvaient être accusés par leurs inférieurs, et ils se fondaient sur un décret du pape Sylvestre. Hincmar fait voir que ce décret n'est point reçu dans l'Eglise catholique, étant une pièce supposée. Les évêques et les prêtres appelés devant les juges laïques pour des causes civiles ou pécuniaires doivent répondre par leurs procureurs : mais s'il s'agit de convaincre la personne de crimes ils doivent comparaître par eux-mêmes de peur d'être jugés comme contumaces. Les biens acquis par les curés et provenant des revenus de l'Église, de l'oblation des fidèles, doivent être rendus à l'Église. Les agents de l'évêque doivent s'informer soigneusement si dans chaque église on lui donne la part des dîmes qui lui est due selon les canons; et si les curés ne reçoivent point des présents pour mettre quelqu'un dans la matricule de l'église; s'ils n'affectent point d'y mettre leurs parents sains et robustes, au lieu d'y inscrire les pauvres et les enfants qui doivent être nourris de cette partie des dîmes.

Hincmar fait l'application des règles qu'il avait données dans le traité précédent à la cause d'un prêtre nommé Teutfride qui avait volé des ornements d'église, un livre d'or et quelques meubles précieux. Il déclare que ce prêtre doit être jugé dans sa province et par

son propre évêque, et, en cas d'appel, par les évêques
com-provinciaux. S'il confesse son crime ou en est convaincu, il doit être condamné à restituer l'objet volé,
déposé et excommunié, s'il arrive qu'après avoir con-
fessé sa faute ou après en avoir été convaincu, il abandonne le jugement ecclésiastique pour se défendre devant
le tribunal du palais du prince, il doit être déposé et
excommunié. S'il est convaincu ou confesse d'avoir engagé malicieusement ses voisins à faire un faux serment
en sa faveur, il faut le condamner comme parjure,
parce qu'il est plus coupable que ceux qu'il a engagés
à jurer. S'il répond qu'il en a agi ainsi par la nécessité
de sa cause ou qu'il entendait autre chose que ce qu'ils
ont déposé, il est également condamnable, parce qu'on
ne peut par des équivoques tromper Dieu à qui rien
n'est inconnu, et qu'on doit faire moins d'attention aux
termes de celui qui jure qu'à ce qu'il veut faire entendre aux juges devant lesquels il prête serment. Suivant le sentiment des docteurs catholiques celui qui
jure par ruse et par fraude pèche premièrement contre
Dieu dont il prend le nom en vain, secondement contre
son prochain qu'il veut tromper par une noire four-
berie (1).

Hincmar employa la même procédure envers un autre
prêtre nommé Goldbaud qu'il avait condamné après
l'avoir convaincu du crime d'impureté. Le prêtre s'était
sauvé, l'archevêque prononça contre lui la sentence de
déposition en 879.

Cet esprit de religion et d'équité présida aussi à ses

(1) Hincm. *Oper.* p. 801.

rapports avec les communautés religieuses de son ressort ou qui, étrangères au diocèse de Reims, recouraient à ses conseils. Sigebod, prêtre et prévôt des religieuses de Sainte Marie de Laon, fondé par Sainte Salaberge, avait prié Hincmar de lui marquer de quelle façon il fallait procéder contre l'abbesse d'Aurini. Hincmar lui ordonna de lui apporter les privilèges de ce monastère et les chefs d'accusation contre l'abbesse avec la désignation des témoins. Il est parlé de cette lettre dans Flodoard (1). — Dans une lettre aux moines de Saint-Denys, il leur défend de vendre les dîmes pour s'en approprier le prix. — L'abbaye de Sainte-Croix et de Sainte-Radegonde était vacante, Hincmar écrivit aux religieuses de ce monastère de procéder à l'élection d'une abbesse dans un esprit de concorde et de charité. Il leur cite la règle de Saint-Benoît dont elles faisaient profession et leur donne des avis salutaires pour leur conduite.

Les détails où l'on entre dans ces divers réglements font l'éloge de la sagesse d'Hincmar qui les a portés. Mais à quoi servirent tous ces capitulaires? Les prêtres, objet de tant de préoccupations de la part de ce grand évêque, en devinrent-ils plus saints et plus savants? Il est vrai que ses prescriptions furent souvent enfreintes puisqu'elles étaient souvent renouvelées; mais si on considère le caractère de cet homme courageux qui ne se résignait jamais à la défaite, ses lois durent finir par faire impression sur l'esprit du clergé. Et quoique celui-ci eût naturellement quelque chose de la rudesse du

(1) Flodo. Cap. xxv.

temps, stimulé par l'exemple et les conseils de son archevêque, il entra résolument dans la voie des réformes.
L'étude commença à refleurir au sein des monastères ;
les écoles de Reims reprirent un nouveau lustre ; le
clergé renonça à la vie dissipée, et les fidèles, mieux
instruits, cessèrent de se livrer au désordre. Chose digne
de remarque et on ne peut plus glorieuse pour Hincmar ! Quoique ces capitulaires émanent seulement de
l'évêque de Reims, la plupart sont encore en vigueur
dans l'Eglise catholique, et, de son vivant même, ils
furent promulgués dans un diocèse voisin par Walter,
évêque d'Orléans.

CHAPITRE III.

*Conseils et remontrances d'Hincmar aux évêques et aux
papes ; lettre à Adventitius sur les cérémonies de
l'ordination des métropolitains et des évêques ; lettre
à Hildegaire de Meaux sur les ordalies ; son traité des
DEVOIRS D'UN ÉVÊQUE ; lettre à Jean de Cambrai sur
la manière de procéder envers les accusés. — Son
traité de la TRANSLATION DES ÉVÊQUES. Il s'oppose à
la translation d'Actard de Nantes à l'archevêché de
Tours, à celle de Frothaire de Bordeaux à l'archevé-
ché de Bourges. — Il se plaint au pape de différents
abus. — Sainteté de sa vie.*

Les évêques eux-mêmes, pleins d'admiration pour le
zèle et la sagesse d'Hincmar s'adressèrent souvent à
cet archevêque pour lui demander son avis sur divers

points de discipline. C'est ainsi qu'Adventitius, évêque
de Metz, le pria de lui marquer en détail les cérémonies de l'ordination d'un métropolitain et d'un évêque
diocésain. La réponse d'Hincmar est un document
précieux pour l'histoire de la liturgie.

On écrit, dit-il à Adventitius, le décret de l'élection
d'un évêque sur une grande feuille de parchemin afin
qu'il puisse être signé de tous ceux qui ont une part à
l'élection. Le samedi qui précède le jour de l'ordination,
les évêques de la province s'assemblent dans la principale église du diocèse et, ayant fait lire ce décret en
présence de tout le monde, ils demandent si tous les
suffrages concourent en faveur de l'élu, s'il a les vertus
requises dans un évêque, et si personne n'a rien à
objecter contre sa conduite. L'unanimité des suffrages
étant constatée, les évêques, le clergé et le peuple se
rendent le lendemain dimanche, de bonne heure, au
lieu de l'ordination ; les évêques et les autres ecclésiastiques revêtus des habits sacrés se tiennent près de
l'autel. Alors les premiers du clergé de la cathédrale
amènent l'élu revêtu de ses ornements pontificaux et le
placent après les évêques ; puis, le consécrateur commence la messe, et, après l'*Introït*, le *Kyrie eleison*, et
le *Gloria in excelsis*, il dit la première oraison de la
consécration. Avant la lecture de l'épître, il avertit le
peuple de prier pour l'élu et les consécrateurs ; puis,
prenant l'élu par la main, il commence les litanies
pendant lesquelles il demeure lui, l'élu et les évêques
assistants soutenant le livre chacun de leur côté. Pendant ce temps-là tous les évêques avec le consécrateur

mettent la main droite sur la tête de l'élu, le consécrateur dit une seconde oraison, puis une préface et
enfin la prière de la consécration. On continue la
messe, et quand on en vient aux endroits où il y a des
croix marquées, le célébrant, tenant à sa main gauche
le vase du saint chrême, en prend avec le pouce de sa
main droite et fait autant de fois la croix avec le
saint chrême sur le haut de la tête de l'élu, en
récitant les prières marquées. La consécration ache-
vée, les évêques ôtent le livre des évangiles de dessus
l'ordonné, ensuite le consécrateur lui met l'anneau
au doigt, lui donne le bâton pastoral, en disant que
l'anneau signifie la fidélité avec laquelle il doit garder
le secret des mystères, et le bâton pastoral le gouvernement qui lui est confié. Il faut se souvenir que les
anciens portaient leurs cachets à leurs bagues. C'est
pour cela qu'Hincmar dit que l'anneau, qu'on remet à
l'évêque dans son ordination, signifie le secret. Le célébrant lui donne le baiser de paix qu'il rend à tous les
évêques; puis, on lui fait prendre sa place, la première
s'il est métropolitain, la dernière s'il n'est que simple
évêque. On lit après cela le passage de l'épître à Timothée
où il est parlé du devoir des évêques, et, tandis qu'on
fait cette lecture, le consécrateur et les évêques souscrivent l'acte de l'ordination qu'ils donnent au consacré
devant l'autel. Après la fin de la messe, on le conduit
à son siège, où, étant assis, il recommande au clergé
de le servir lui et son Eglise, chacun selon son rang.
Il retourne de là à la sacristie, d'où il sort ensuite
pour venir célébrer la messe solennelle. S'il est métro-

politain, les évêques, qui l'ont consacré, assistent à cette seconde messe, à la fin de laquelle ils mettent la lettre d'ordination sur l'autel d'où ils la prennent pour la lui donner. De ces deux messes qui étaient séparées au temps d'Hincmar, on n'en fait plus qu'une.

Dans une conversation qu'Hincmar avait eue avec Hildegaire de Meaux, au sujet de l'épreuve subie par la reine Teutberge, il avait été question du jugement que l'on devait porter sur ces sortes d'épreuves et, en particulier, sur l'épreuve de l'eau froide, et du traité que Raban avait fait sur ce sujet. Hildegaire pria Hincmar de lui dire quel était son avis. Hincmar, comme s'il marchait sur un terrain peu sûr, hésite contre son habitude ; il commence par soumettre son opinion au jugement de ses lecteurs, puis, il en appelle à divers passages de l'Ecriture pour autoriser l'épreuve soit de l'eau froide soit de l'eau chaude. Par la première, on obligeait un accusé de plonger dans l'eau bouillante sa main jusqu'au poignet et quelquefois jusqu'au coude, et d'en tirer un anneau qui était au fond de la cuve. On lui enveloppait ensuite la main dans un sachet cacheté, et si, au bout de trois jours, elle n'avait aucune marque de brûlure, il était censé innocent. L'épreuve par l'eau froide était principalement destinée à découvrir si une personne accusée de sorcellerie, de magie ou de maléfice en était réellement coupable. Après l'avoir dépouillée de ses habits, on lui attachait la main droite au pied gauche et la main gauche au pied droit. Dans cette posture, on la jetait à l'eau : si elle enfonçait elle était absoute, si elle surnageait, elle était déclarée sorcière et punie de mort (1). Hincmar approuve ce jugement, et il rapporte à cet effet les paroles de Jésus-Christ lui-même : « Le Seigneur, lorsqu'il parle du jugement qui doit avoir lieu par le feu à son second avènement, a rappelé ce qui a été fait d'abord par l'eau en disant : De même qu'il en a été aux jours de Noé,

(1) Outre ces deux épreuves, il y en avait un assez grand nombre d'autres. Les plus généralement reçues étaient : 1° le *duel*. Lorsqu'un homme était accusé d'un crime, et que les preuves pour ou contre n'étaient pas suffisantes, il était ordonné par les lois barbares que l'accusateur et l'accusé décideraient la question par un duel. L'aveuglement fut poussé jusqu'à décider par cette voie des questions de jurisprudence et des droits litigieux. Lorsque les parties étaient incapables de se battre comme les femmes, les malades, les ecclésiastiques, les vieillards, ils substituaient à leur place des champions toujours prêts à soutenir toute espèce de causes par les armes.

2° L'épreuve par le *feu*. Un accusateur ou un accusé, pour prouver ce qu'il avançait, était condamné ou s'obligeait volontairement à marcher pieds nus sur un brasier ardent entre deux bûches allumées, ou sur plusieurs socs de charrues rougis au feu, ou à les relever de terre et à les tenir entre ses mains pendant quelques moments.

3° Le jugement par *la croix : judicium crucis*, usité surtout chez les Saxons et les Frisons. On obligeait deux contendants à soutenir pendant longtemps sur leurs bras une croix fort pesante ou à demeurer les bras étendus devant une croix ; celui qui s'y tenait le plus longtemps remportait la victoire.

4° Le *pain conjuré*. C'était un pain fait de farine d'orge, béni ou plutôt maudit par les imprécations d'un prêtre. Les Anglo-Saxons le faisaient manger à un criminel non convaincu, persuadés que s'il était innocent, ce pain ne lui ferait point de mal, que s'il était coupable, il ne pourrait l'avaler, ou que s'il l'avalait, il l'étoufferait.

5° Le *serment*. On faisait jurer l'accusé sur la croix ou sur l'Evangile, sur des reliques, le plus souvent, qu'il était innocent. Son serment devait être confirmé par celui de plusieurs personnes de sa condition dans les cas les plus graves.

6° L'épreuve par l'Eucharistie se faisait en recevant la communion.

Toutes ces épreuves on les trouve, sauf celle de l'Eucharistie

il en sera au jour du Fils de l'Homme (1) »; et, en rap-
pelant qu'il a jugé Sodome par le feu, il dit aussi :
« Comme il a été fait aux jours de Loth (2). » A ces citations, Hincmar ajoute : « La sagesse de l'Eglise chrétienne consistant à éclairer ses jugements par les leçons
du passé, elle a sanctionné dès l'antiquité et rendu
fréquent le jugement non-seulement par l'eau froide,
comme cela eût lieu au temps de Noé, mais par l'eau
chaude, comme aux jours de Loth par le feu (3) » Il
insiste sur la vertu de l'eau froide qui, d'après lui, a
condamné les mauvais dans le déluge et les a englou-
tis, mais cette eau dans le baptème lave les crimes du
monde. « Dieu, ajoute-t-il, doit venir juger les vivants
et les morts et le siècle par le feu... » C'est pourquoi
ce jugement est tellement infaillible qu'il ne s'arrête
pas même à réfuter les arguments de ceux qui les
rejettent. Il se borne à dire qu'il y en avait qui échappaient à ces sortes d'épreuves, que d'autres y suc-
combaient. Il lui restait à prouver qu'elles étaient favorables à l'innocence et décisives pour manifester les
coupables. Or, c'est ce qu'il ne fait pas, et ce qu'il
lui était difficile de faire. Il est évident, en effet, qu'il

et du serment sur les reliques et l'Evangile, qui sont d'origine
chrétienne, on les trouve chez les peuples des contrées les plus
opposées : chez les Grecs et les Romains, en Chine, au Japon.
Elles reposent toutes sur la foi en un ordre moral. Cette foi est
assurément bien légitime, mais ce qui ne l'est pas c'est de croier
que la nature lui soit subordonnée de telle sorte qu'elle rend
témoignage à la justice et à l'innocence, et se manifeste dans ce
sens dans les cas les plus difficiles.

(1) S. Math. xxiv, V. 37.
(2) S. Luc xviii, V. 28.
(3) Hincm. *Oper.*, t. ii, p. 676.

n'y avait rien de surnaturel dans le succès des duels, ni dans celui des épreuves de la croix ; qu'un homme soit plus fort et plus robuste qu'un autre et soit vainqueur dans un combat, ce n'est pas un miracle. Pour ce qui est de *l'épreuve* par l'eau, les naturalistes ont observé que les femmes atteintes de passions hystériques et les personnes vaporeuses n'enfonçaient pas dans l'eau ; d'où l'on conclut que la plupart de celles, qui ont été réputées sorcières, étaient seulement sujettes aux vapeurs, maladie de laquelle on ne connaissait autrefois ni les symptômes ni les effets (1). Il se peut que Dieu ait fait quelquefois un miracle en faveur des personnes vertueuses qui ne s'offraient pas d'elles-mêmes aux *épreuves* et qui étaient forcées de les subir par la loi et par l'injustice des accusateurs. Dieu a pu faire éclater leur innocence par un évènement surnaturel, sans autoriser par là le préjugé dominant ni la témérité de ceux qui exigeaient ces *épreuves*. Au reste, ce cas est assez rare pour que l'on n'en trouve que deux ou trois exemples dans l'histoire.

Hincmar s'objecte ensuite que ces épreuves sont défendues par les capitulaires des rois ; à quoi il répond qu'ils ne sont point de la même autorité que les conciles. Mais il se trompe en s'appuyant d'une manière aussi générale sur leurs décisions. Quatre conciles provinciaux, assemblés, en 829, par Louis-le-Débonnaire, et le quatrième concile général de Latran les avaient défendues. En 855, le concile de Valence, C. 12, parlait

(1) Voir les numéros de l'Académie des Inscriptions, t. 69. in-12.

ainsi contre l'épreuve du duel : « Iniquissima et detesta-
bilis constitutio quarumdam sæcularium legum. » Tel est
aussi le langage du pape Nicolas I, d'Atton de Verceil
(1). Toutefois, il faut reconnaître que si l'Eglise les blâme
ouvertement, elle crut à cause de la persistance de ces
usages barbares, les prendre sous sa surveillance et
ordonner quelques précautions (2). C'était une nécessité.
Les peuples germains étaient opiniâtrement attachés à
leurs antiques usages : non-seulement ils tenaient aux
épreuves, mais ils s'adonnaient à la magie, ils évo-
quaient les morts, se nourrissaient de viandes immon-
des. Mais l'Eglise marche à son but; elle distribue ses
grâces, initie le peuple à ses vertus, se mêle à tout
pour instruire, consacrer, diriger toutes choses, pour tout
améliorer, tout ennoblir. Elle seule fait conserver le
sens du vrai et du bien à ces peuples barbares si
brusquement mis en contact avec la corruption d'une
civilisation décrépite. Pour cela, elle se voyait obligée
de condescendre aux besoins de ces hommes grossiers,
de supporter avec longanimité leurs préjugés païens si
profondément enracinés, sous peine d'abandonner leur
éducation et leur avenir. C'est ce qui explique comment
les oracles et les *jugements de Dieu* du paganisme
(Ordalies, épreuves par les éléments) furent quelquefois
réglementés par les conciles et passèrent jusque dans

(1) D'Achery, Spicileg., t. ɪ, p. 416.

(2) Ordo diffusior probandi homines de crimine suspectos per
ignitos vomeres, candens ferrum, aquam ferventem, sive frigidam
(Pez. Thesaur. anecdot. t. ɪɪ, p. 2. Mansi t. xvɪɪɪ, p. 353.) Bau-
dri, les ordalies et les jugements de Dieu. (Gazette théolog. de
Dienzinger, 1846, livrais. 3.)

la législation de Charlemagne. Une loi de 809 dit :
« ut omnes judicio Dei credant absque dubitatione. (1) »
Le second capitulaire de l'an 803, C. 5, dit aussi :
« Et si negaverit se illum occidisse, ad novem vomeres
ignitos judicio Dei examinandus accedat. » Le capitulaire de l'année 794 C. 7 (2) dit à peu près la même
chose. C'est ce qui explique enfin comment Hincmar,
dont le génie était essentiellement pratique, a paru
complètement approuver une partie de ce qu'il ne
pouvait empêcher. Mais l'usage du serment, des témoins
assermentés jurant dans l'Eglise, qu'il chercha à rendre
de plus en plus fréquent et sérieux, contribua puis-
samment dans la suite à abolir peu à peu les épreuves
supertitieuses et païennes.

Hincmar écrivit un grand nombre de lettres à beaucoup d'évêques sur divers sujets et en particulier sur
les devoirs de leur charge. Flodoard fait mention (3)
d'une lettre d'Hincmar à Bertulphe, archevêque de
Trèves, pour lui servir d'instruction dans le gouvernement de son diocèse; d'une à Hincmar de Laon sur le
même sujet (4); d'une autre à Ercanrad, évêque de
Chalons-sur-Marne, touchant certains rapports fâcheux
qu'on lui fait de sa conduite (5); d'une à Guillebert,
successeur d'Ercanrad, où il l'exhortait (6) à signaler

(1) Baluze, t. i, p. 322.
(2) Baluze, t. i, p. 275, 191.
(3) Flodoard, Lib. i, Cap. xxi.
(4) Ibidem. Cap. xxi.
(5) Ibidem. Cap. xxiii.
(6) Ibidem. Cap. xxxiii.

les commencements de son épiscopat par la douceur et la charité envers ceux qui l'avaient offensé.

Sur les plaintes d'un curé, Hincmar (1) composa aussi un traité sur la *manière dont les évêques doivent gouverner les Eglises de campagne;* il exhortait celui pour qui il l'écrivait à lire souvent le *Pastoral* de St-Grégoire et à le mettre en pratique.

A l'occasion de l'élection d'Hédenulphe à l'évêché de Laon, Hincmar adressa au clergé et aux fidèles de ce diocèse une longue lettre sur les devoirs d'un évêque. On y trouve relativement à la dignité épiscopale et sur les obligations qu'elle impose de magnifiques maximes et des considérations qu'on dirait empruntées à la plume des saints docteurs : « Les devoirs d'un évêque, dit-il, s'étendent et sur le spirituel et sur le temporel — parce qu'on n'avait pas encore partagé les biens de l'Eglise. — C'est à lui qu'appartient la célébration des mystères et de l'office divin; la consécration du saint-chrême; l'administration du baptême et le soin de le faire conférer par les prêtres; l'ordination des prêtres, des diacres et des autres clercs, aux temps marqués par l'Eglise; la convocation des synodes diocésains. Il est obligé de se trouver à celui de la province, d'assister à l'ordination des évêques, quand il y est appelé, ou d'y envoyer un prêtre ou un diacre porter ses excuses; de gouverner son clergé, de pourvoir aux besoins de ses clercs, tant dans le spirituel que dans le temporel de prendre soin du luminaire, de l'entretien et de la réparation des bâtiments, de secourir les pauvres, de

(1) Hincm., *Oper.*

recevoir les étrangers dans les hôpitaux destinés à cet usage. Il est aussi du devoir de l'évêque de veiller sur les monastères, sur les paroisses de la campagne, de prêcher la parole de Dieu à son peuple, de donner la confirmation, d'imposer la pénitence publique, de réconcilier les pénitents, de fournir au roi des troupes pour la défense de l'Eglise, selon son pouvoir et suivant l'ancienne coutume. Il doit enfin rendre à César ce qui est à César et à Dieu ce qui est à Dieu. A lui de prendre soin de tous les biens de son Eglise, d'en faire un usage légitime. » Hincmar insiste particulièrement sur la nécessité du désintéressement et mêle ceci à un passage des lettres d'Anaclet qu'il cite dans son écrit : « Celui qui ravit l'argent du Christ et de l'Eglise, les détourne ou s'en empare, est homicide et sera considéré comme tel en présence du juste juge. Celui qui dérobe l'argent de son prochain opère l'iniquité, mais celui qui aura dérobé l'argent ou les biens de l'Eglise fait un sacrilège et doit être jugé comme un sacrilège (2). » Ces paroles sont sévères; mais elles étaient nécessaires, et les évêques d'alors paraissent n'avoir pas été admonestés sans raison. Il y en avait beaucoup qui s'emparaient des dignités de l'Eglise pour élever et honorer leur maison. « Or, continuait-il, cet oubli des devoirs est pour les bons un sujet de scandale. »

Après avoir durement apostrophé leurs mœurs, Hincmar leur trace des règles de conduite envers le prêtre qui est tombé dans quelque faute : il veut qu'ils

(1) Frodo. Lib. iii. Cap. xxiii.
(2) Hincm., *Oper*. t. ii p. 766.

apportent la plus grande prudence à instruire et à juger
l'affaire de peur que les péchés de l'ordre sacerdotal
ne soient connus, que leur réputation n'en souffre et
que la haine des méchants contre l'Eglise n'en soit
augmentée. Mais il désire que les fautes des prêtres,
quoique cachées avec soin, ne restent pas impunies ;
et « s'il arrive, dit-il, qu'un prêtre quelconque, non-
seulement dans notre Eglise, mais dans notre diocèse,
ait été convaincu par un jugement légal et régulier, de
la cohabitation avec les femmes ou de leur fréquentation contre les canons, qu'il soit par tous les moyens,
selon les décrets du bienheureux Grégoire, privé à
jamais de l'exercice de ses fonctions et dégradé.

Au mois de mars 874, il avait déjà écrit une lettre
conforme à ces règles à Jean, évêque de Cambrai, qui
l'avait consulté sur la manière dont il devait se conduire envers le prêtre Hunold, accusé de mauvais
commerce avec une femme. Après l'enquête, il faut faire
jurer les témoins, ensuite les interroger sur la fréquentation de ce prêtre avec les femmes. Aux six témoins
qui auront déposé contre lui, on doit en ajouter un
septième qui prouve le fait avancé dans la preuve. S'il
n'y a point de témoin et que l'accusation ne soit fondée
que sur un bruit commun, le prêtre doit se purger
par le serment de six autres prêtres ses voisins (1).

Consulté également par un évêque sur la translation
d'Actard de Nantes à l'archevêché de Tours, Hincmar
en prit occasion pour s'élever contre les ambitions épiscopales ; il répondit par le traité de la *translation des*

(1) Hincmar, *Oper.* p. 809 et 879.

évêques (1). Il dit que, les évêques étant établis non pour
jouir des honneurs et des revenus attachés à leur dignité mais pour gagner des âmes à Dieu et travailler
à les sauver, ils ne pouvaient par un motif d'ambition
ou d'intérêt passer d'une Eglise à une autre ; que les
lois des Eglises et la tradition des apôtres étaient contraires à ces sortes de translations ; qu'il y avait néanmoins certains cas où elles étaient permises avec le consentement du concile et du siège apostolique, comme dans
les temps de persécution, ou lorsqu'il est besoin d'aller
prêcher l'évangile aux infidèles, ou bien encore quand le
peuple refuse de recevoir l'évêque qui lui est destiné. Il
ne croit pas même que la persécution soit une raison
suffisante de translation absolue et sans retour : ce qu'il
prouve par une lettre de Saint-Grégoire qui n'accorda
une Eglise vacante à l'évêque Angellus, chassé de la
sienne, qu'à condition d'y retourner, si la persécution
exercée contre lui venait à cesser. Arrivant au fait d'Actard, il soutient « qu'il ne devrait point quitter Nantes,
« s'il pouvait y demeurer, ni être appelé à la métropole
« de Tours si l'on pouvait trouver un autre sujet aussi
« capable de l'occuper ; en tous cas, c'est une chose
« inouïe et contraire aux canons de garder à la fois
« ces deux sièges. Est-ce qu'il ne craint pas que son
« absence de la ville de Nantes ne nuise au bien des
« fidèles ? Est-ce qu'il oublie que c'est à l'évêque de
« donner la confirmation, de consacrer l'huile sainte,
« de conférer les saints ordres de réconcilier publique-

(2) Hincm. p. 741.

« ment les pécheurs? Et qui donc fera toutes ces
« choses si l'évêque est absent?

« C'est une mauvaise excuse de prétendre que dans
« l'état où l'on réduit les invasions, un évêque ne sau-
« rait vivre honorablement à Nantes. Ce n'est pas ainsi
« que résonnait St-Paul qui cherchait des âmes et non
« les biens de ceux qu'il évangélisait. Celui-là est un
« mercenaire qui paît le troupeau, non pour l'amour
« de Dieu mais pour en avoir la toison.

« C'est à tort qu'il s'imagine qu'on le laisserait dans
« la détresse. Touchés de son dévouement, les fidèles
« s'empresseraient de lui venir en aide, et le roi, dans
« sa générosité, a attaché à cette Eglise diverses abbayes
« dont les revenus peuvent suffire aux dépenses épisco-
« pales. »

On retrouve ici la rigidité d'Hincmar. Sans égard,
pour les circonstances difficiles où se trouvait l'évêque
exilé de Nantes, sans égard surtout pour la dispense
accordée par le pape, ne voyant que les défenses formulées à certaines époques par les conciles, il oublie
qu'il est des circonstances où il faut sacrifier au plus
grand bien les saintes prescriptions de l'Eglise.

Il fit une opposition plus vive encore à la translation
de Frothaire, archevêque de Bordeaux. Dans la septième
session du concile de Pontion, on lit la requête de ce
prélat, par laquelle il représentait qu'il ne pouvait plus
conserver son siège à cause des courses des païens, et
il demandait au concile qu'il lui fut permis de remplir
celui de Bourges. Mais les évêques, qui ne l'estimaient
guère à cause de sa servilité envers le roi, s'y refusè-

rent. L'empereur Charles-le-Chauve s'adressa alors au souverain pontife, et celui-ci, ayant ouï le rapport de ses légats au sujet de la désolation de la province de Bordeaux, accorda la translation de Frothaire. Il écrivit dans le même sens au clergé et au peuple de Bourges et aux évêques de la province; mais il marque aux uns et aux autres que la translation doit être révoquée quand la cause, qui l'aura fait accorder aura cessé, c'est-à-dire quand les irruptions des barbares ne désoleront plus l'Eglise de Bordeaux (1).

Malgré ces restrictions, Hincmar désapprouva fort la translation de Frothaire. Voici en quels termes il en parle (2). L'évêque, dont il s'agit, dit pour s'excuser que dans l'Eglise métropolitaine pour laquelle il avait été ordonné, il y a des ministres sacrés qui peuvent prendre soin des pauvres, que pour lui il n'a pas des revenus suffisants pour vivre honorablement dans cette ville. En apportant de pareilles excuses, il s'accuse lui-même d'avarice et d'ambition parce qu'il montre plus d'envie d'amasser des richesses que de gagner des âmes. Il est constant qu'il n'a quitté son Eglise que pour en avoir une plus tranquille et plus riche, et qu'il n'a permis qu'on y ordonnât un autre archevêque à sa place que parce qu'il ne peut occuper en même temps deux sièges métropolitains. « Ce n'est pas le bien des âmes, répète Hincmar, c'est l'avarice et l'intérêt qui le font agir ainsi. »

Ce langage si ferme impressionna vivement les évê-

(1) Ep. Joan, t. iii Conc. Gall., p. 447.
(2) Hinc., *Oper.* t. ii. p. 758.

ques, et, dans la cinquième session du concile de Troyes qui se tint, en 878, sous la présidence de Jean VIII, on lut les canons contre les évêques qui par ambition passent d'une Eglise à une autre plus importante. Le pape ordonna qu'ils eussent à retourner à leurs sièges sous peine d'être déposés.

Ce décret regardait principalement Frothaire, transféré de Bordeaux à Bourges. Il n'était pas au concile. Le pape lui écrivit pour lui faire des reproches de son absence et l'avertir d'apporter avec lui le décret qu'il avait obtenu de lui ou de ses prédécesseurs pour cette translation afin qu'on l'examinât. Le pape, dans l'inscription de la lettre, le nomme archevêque de Bordeaux. Frothaire se rendit enfin au concile et il paraît qu'il s'y justifiât, mais son affaire ne fut pas entièrement terminée, grâce à l'opposition d'Hincmar,

Cet archevêque, qu'aucune puissance n'intimidait, lorsqu'il s'agissait de la réforme des mœurs ou de la discipline ne craignit pas même de se plaindre au pape de certains abus qu'occasionnait l'usage fréquent des appellations des évêques et des prêtres. au Saint-Siège. La plupart, quoique condamnés justement, trouvaient le moyen de se faire absoudre, en exposant faux. Pour en arrêter le cours, Hincmar écrivit une lettre au pape Jean VIII, en 878, au nom de l'empereur Charles-le-Chauve, dans laquelle il se plaint de ce que depuis les différends de ce prince avec son neveu l'empereur Louis, les prêtres d'en deça les Alpes, condamnés canoniquement par leurs évêques ont commencé à aller à Rome sans la permission de leurs évêques ni de leurs métropolitains. Il rapporte les canons qui concernent les jugements des évêques et des prêtres, et, attribuant l'origine des appellations au concile de Sardique, il fait observer que ce concile ne les permet qu'aux évêques, avec la clause que s'il y a défaut dans le premier jugement, l'affaire sera renvoyée pour être jugée sur les lieux par d'autres juges; qu'à l'égard des prêtres et autres clercs inférieurs, on ne peut, suivant les canons, les accuser par devant leurs évêques qui doivent les juger avec leur clergé; et que, s'ils veulent se plaindre de leurs jugements, ils doivent s'adresser aux évêques voisins, selon les canons de Nicée et de Sardique, c'est-à-dire au concile provincial auquel le métropolitain préside, à charge que le jugement sera rendu sur les lieux, à cause de la facilité de produire les témoins. Ce fut pour cette raison que les conciles d'Afrique défendirent les jugements d'outremer; Hincmar dit qu'il doit en être de même de ceux au-delà les monts. Les évêques d'en deça ne pouvant envoyer à Rome pour chaque prêtre qu'ils ont condamé des députés avec des lettres, les actes du procès et les témoins nécessaires, il serait facile au coupable de se dire innocent, n'ayant personne pour le convaincre.

La conduite d'Hincmar autorisait son zèle. Toujours appliqué à l'étude ou aux affaires, il donnait à tous l'exemple d'une vie laborieuse et sobre; car il n'avait pas oublié au sein des grandeurs la profession monastique d'où il avait été tiré, et il en gardait l'observance dans l'épiscopat, du moins par rapport à l'abstinence de la

chair d'animaux quadrupèdes. Mais il s'en dispensait
en cas de maladie ; il semble même qu'il avait quelque
scrupule au sujet de cette dispense, puisque Pardule
de Laon, dans une lettre que nous avons, l'exhorte à
en user tandis qu'il est convalescent, et à attendre
que sa santé soit parfaitement rétablie pour reprendre
les mets secs et misérables des moines ainsi qu'il s'exprime (1). Il est vrai que son zèle quelquefois outré,
que son ton altier dans les discussions lui suscitèrent
bien des ennemis ; et c'est ce qui explique l'opposition
qu'il rencontra parmi quelques évêques, les reproches
mérités que lui adressèrent les souverains pontifes et
la manière peu flatteuse dont ils parlèrent quelquefois
de ses procédés. Mais les rapports d'amitié qui l'unis-
saient aux plus saints personnages de son temps, à
Raban Maur (2), archevêque de Mayence, à Agobard,
archevêque de Lyon, à Loup de Ferrières, etc..., les
éloges que lui prodiguèrent les papes eux-mêmes dans
différentes circonstances, la faveur dont il jouit auprès
des rois témoignent assez de la confiance qu'inspiraient
ses vertus.

Plusieurs de ses suffragants lui donnèrent même,
malgré la sévérité de son gouvernement, des marques
non équivoques de leur vénération. Nous avons déjà vu
avec quelle sollicitude Pardule de Laon se préoccupe

(1) Mabill., lib. xxxviii Annal. Num. 6, p. 237.

(2) La lettre adressée par Raban à Hincmar au sujet de l'erreur
de Gottschalk porte pour suscription : *Reverendissimo et deside-
ratissimo fratri et merito rectæ fidei ac sanæ professionis ab om-
nibus catholicis rite venerando Hincmaro pontifici, Rabanus
servorum Dei servus in Domino.*

de sa santé affaiblie par le travail et les mortifications. Hildebodde, évêque de Soissons, se trouvant attaqué d'une maladie dangereuse, envoya sa confession par écrit à Hincmar, son métropolitain, qui crut ne devoir faire autre chose, en cette occasion, que d'ordonner des prières dans son Eglise pour le malade. Il n'écrivit pas même à Hildebodde et se contenta de charger de ses commissions Hodon qui allait à Soissons. Le moribond renvoya une seconde fois sa confession à Hincmar par un prêtre, lui demandant des lettres d'absolution. Cette confiance ne déplut point à l'archevêque ; mais persuadé qu'Hildebodde considérait moins en lui les mérites personnels que le pouvoir du ministère épiscopal, il lui donna par écrit une absolution générale de ses péchés en forme de prière. Il est manifeste que ce n'était qu'une espèce d'indulgence et de bénédiction, et non une absolution sacramentelle puisque l'archevêque ajoute : « Etant malade moi-même, je ne puis vous aller voir, j'y vais en esprit, et je prie les prêtres nos frères de faire sur vous ce que je ferais en personne, vous envoyant à l'exemple des anciens de l'huile que j'ai bénite de ma main, afin que, par mon ministère, j'aie quelque part à la grâce du Saint-Esprit qui vous sera conférée par l'onction de cette huile ; et quoique je ne doute pas que vous ne l'ayez déjà fait, je vous avertis, outre cette confession générale de tous les péchés que vous avez commis depuis votre jeunesse jusqu'à ce jour, d'avoir soin de confesser en détail à Dieu et à un prêtre les péchés dont vous vous êtes rendu coupable, pendant tout ce temps, et de les laver tous dans vos larmes. Il suffit d'avoir fait une fois au prêtre cette confession de tous les péchés en particulier, pourvu qu'on n'y soit point retombé; que si l'on retombe, il faut recourir à la pénitence et se souvenir qu'il ne sert de rien d'avoir regret de ses péchés, si on ne les quitte. Quant aux péchés ordinaires et légers, il faut les confesser tous les jours à nos frères, pour les effacer par leurs prières et par les bonnes œuvres. Nourrissez-vous aussi chaque jour de la communion du corps et du sang de Jésus-Christ, afin qu'étant devenu un avec lui par la participation de ses sacrements, vous paraissiez en sûreté devant votre Créateur et votre Sauveur. »

Nous avons insisté si longuement sur ces lettres et les *Capitula synodica* d'Hincmar parce qu'ils sont de tous ses ouvrages peut-être ceux qui nous fournissent les détails les plus curieux sur l'histoire de ce siècle.

CHAPITRE IV.

Hincmar a poursuivi dans les conciles l'œuvre de progrès et de réforme tentée par lui dans son diocèse : Les quatre-vingts canons du concile de Meaux; Hincmar prie le roi au concile de Soissons, d'envoyer des commissaires dans les provinces, pour connaître les abus et y remédier; les évêques du concile de Douzy le consultent sur les affaires les plus délicates; il préside les conciles de Pitres et de Fimes assemblés pour la réformation des mœurs.

L'administration religieuse fut pour les Carlovingiens une des grandes affaires de leur gouvernement. Ils réussirent en effet à réveiller dans l'Eglise cette activité générale, régulière, depuis longtemps presque éteinte. Vingt conciles avaient été tenus dans le VIIe siècle et sept seulement dans la première moitié du VIIIe.

A partir de Charlemagne ils redeviennent fréquents, et cette activité conciliaire ne se contentait pas de régler les affaires immédiates et spéciales du clergé ; elle s'étendait aux besoins de la société religieuse en général, de tout le peuple chrétien, dans l'avenir comme dans le présent. C'est le temps du perfectionnement de la liturgie. C'est aussi le temps où furent rédigés la plupart des *pénitentiels*, ou codes de pénalité ecclésiastique qui réglaient le rapport des pénitences aux péchés. Tout atteste, en un mot, à cette époque, une grande ardeur de travail et de réforme, réforme poursuivie, soit par le pouvoir civil qui concourt très-activement au gouvernement de l'Eglise, soit par l'Eglise elle-même appliquée à rétablir dans son propre sein, la règle et le progrès.

Or, si l'on veut savoir au juste la part que prit Hincmar à cette réforme, il suffit de jeter un coup d'œil sur les actes des conciles au bas desquels se trouvent sa signature. Il a été archevêque de Reims pendant trente-sept ans, de l'an 845 au 23 décembre 882. Or, dans ce long espace de temps, il a assisté à trente-neuf conciles, sans parler de beaucoup d'autres petites assemblées ecclésiastiques, dont il n'est resté aucun monument (1). Dans la plupart de ces conciles, il a présidé et dirigé les affaires. Ainsi, l'année même ou Hincmar fut élu, en 845, les évêques de trois provinces, de Reims, de Sens, et de Bourges, se réunirent à Meaux

(1) Hincmar assista :

En 844 au Concile		de Verneuil.
845	—	de Beauvais.
id.	—	de Meaux.
846	—	de Paris.
84J	—	de Quiersy.
id.	—	de Paris.
850	—	de Moret.
851	—	de Soissons.
853	—	id.
id.	—	de Quiersy.
id.	—	de Verberie.
857	—	de Quiersy.
858	—	id.
859	—	de Metz.
id.	—	de Toul.
860	—	Lieu incertain.
id.	—	de Toul.
861	—	de Soissons.
862	—	de Sens.
id.	—	de Sablonières.

En 862 au Concile		de Pitres.
id.	—	de Soissons.
id.	—	de Pitres.
		(transféré à Soissons).
863	—	de Senlis.
id.	—	de Verberie.
866	—	de Soissons.
867	—	de Troyes.
869	—	de Verberie.
id.	—	de Metz.
id.	—	de Pitres.
870	—	d'Attigny.
871	—	de Douzy.
873	—	de Senlis.
874	—	de Douzy.
875	—	de Châlons.
876	—	de Pontion.
878	—	de Neustrie.
id.	—	de Troyes.
881	—	de Fimes.

pour aviser aux moyens de rétablir la discipline (1). La présidence de cette assemblée fut donnée à Hincmar, quoique les archevêques de Bourges et de Sens, Saint Rodulphe et Wénilon y fussent présents. Dans le discours d'ouverture, Hincmar peignit sous les couleurs les plus tristes les calamités publiques dont la France était alors affligée, et il attribuait ces malheurs à la violation des saints canons : « C'est pour punir ces infrac- « tions, dit-il, que le Seigneur a suscité, du côté de « l'aquilon, des apôtres d'un nouveau genre, tels que « nous en méritons, à savoir les Normands, ces cruels « persécuteurs de la chrétienté, qui, en pénétrant jus- « qu'à Paris, nous ont fait connaître par leurs dévas- « tations ce que Dieu exigeait de nous. Les Pères de « Beauvais l'avaient dit et compris comme nous ; mais « on est resté sourd à leurs conseils, et Dieu a con- « tinué à nous châtier. »

Les Pères formulèrent ensuite quatre-vingts décrets. Nous croyons devoir les rappeler parce qu'ils font connaître avec exactitude les mœurs de cette époque et les désordres qui avaient cours dans les divers rangs de la société.

Les quatre-vingts premiers canons du concile de Meaux sont tirés des conciles tenus quelques années auparavant : savoir de ceux de Coulaines, de Thionville et de Beauvais. Les évêques ne citent rien de celui de Verneuil parce qu'on n'en avait pas encore publié les actes, et c'est de quoi ils se plaignent amèrement. Voici ce que nous trouvons de plus remar-

____

(1) *Conc.*, Gall.

quable dans les autres canons, qui sont plus particulièrement ceux du concile de Meaux : les évêques commencent par réclamer pour eux le droit de réunion , droit inhérent à leur charge et que les princes et les seigneurs essaient trop souvent d'entraver. Au droit de réunion, ils demandent qu'on ajoute celui de pouvoir, sans être gênés, se livrer au ministère de la prédication et aux autres fonctions de leur charge , d'ordonner les ecclésiastiques qu'ils jugeront aptes à remplir le ministère, sans avoir besoin de la permission royale, d'interdire et de punir les clercs récalcitrants et de se faire aider par le bras séculier dans la répression des désordres. Après avoir parlé de leurs droits , les évêques rappellent leurs devoirs.

XXV. Il faut que la maison de l'évêque soit si bien réglée que les pauvres et les hôtes qu'on y recevra n'y puissent rien remarquer dont ils ne soient édifiés.

XXVI. Il faut déclarer au roi que, quand il passe par une ville, il doit loger à l'évêché, mais il doit s'abstenir d'y faire loger des femmes avec lui, d'y prolonger son séjour.

XXVIII. Le roi est supplié de laisser aux évêques plus de liberté de vaquer à leurs fonctions qu'ils n'en ont eu par le passé, surtout pendant le Carême et l'Avent.

XXIX. Il faut corriger la négligence de quelques évêques qui ont la coutume de visiter rarement leurs diocèses, ou de ne les visiter jamais par eux-mêmes.

XXXI. Les évêques doivent rendre à leurs métropolitains le respect qui leur est dû selon les canons.

XXXII. Il faut que les princes permettent aux évêques de tenir des conciles dans chaque province, du moins une fois ou deux chaque année.

XXXIV. Dans l'interprétation des saintes écritures, il n'est pas permis de s'écarter du sentiment commun des Saints Pères, et il faut réprimer la présomption de quelques moines, qui, pour se faire connaître, débitent des nouveautés.

XXXV. Chaque évêque tâchera d'avoir auprès de lui un homme habile et profondément catholique, à qui il donnera le soin d'instruire les prêtres des paroisses de ce qui concerne la foi et l'observation des commandements de Dieu.

XXXVIII. Il est défendu aux évêques de jurer sur les choses saintes.

Les évêques et les prêtres ne juraient pas sur les choses saintes, c'est-à-dire sur la croix et les reliques, ce qu'on appelle *jurare super sacra*, mais ils priaient seulement en présence des choses saintes *inspectis sacris*. C'est pourquoi ils n'étaient pas obligés de lever la main en jurant comme faisaient les laïques, pour toucher la croix et les reliques qui étaient sur l'autel.

XL, On avertira le roi de la ruine des hôpitaux et spécialement de ceux des *Ecossais* que de saints personnages ont fondés en ce royaume.

Les évêques ne pouvaient passer sous silence un désordre qui faisait gémir tous les pieux fidèles, à savoir l'immixtion des laïques dans les choses de la religion. Après s'être élevés énergiquement contre les seigneurs qui pillaient les biens des Eglises ou violentaient la liberté des évêques, ils défendent en vertu de l'autorité qu'ils ont reçue de Jésus-Christ à tout laïque, de quelque condition qu'il soit, de vendre à prix d'argent, les dignités ecclésiastiques et les charges de pasteur et d'abbé; ils enjoignent aux détenteurs de restituer les biens qu'ils ont dérobés aux évêchés et aux monastères, et, s'il n'est pas possible d'enlever aux seigneurs laïques les chapelles dont ils sont supérieurs, ils auront soin du moins de ne pas en prélever les dîmes; ils ne tiendront point d'audience les jours fériés par l'Eglise, ils veilleront avec soin à bannir de leur maison les femmes qu'ils entretiennent au grand scandale de la société chrétienne.

XLIII. Il faut défendre par la vertu du sang de Jésus-Christ aux seigneurs laïques et à tous ceux qui ont droit de suffrage dans les élections, de ne consentir jamais à l'ordination d'un *simoniaque* : car dit St-Grégoire ceux qui vendent et ceux qui achètent les dignités de l'Eglise méritent la même peine.

XLIV. On doit empêcher les chorévêques de faire le saint chrême, de donner le Saint-Esprit, de consacrer les églises, de conférer les ordres, si ce n'est jusqu'au sous-diaconat, encore ne doivent-ils le faire que par ordre de l'évêque et dans les lieux marqués par les canons, mais ils pourront vaquer dans l'étendue du diocèse à l'imposition de la pénitence et à la réconciliation des pécheurs.

XLV. XLVI. Les évêques n'exigeront rien pour le Saint-Chrême pas même un denier. Il est cependant convenable que les prêtres fassent quelque présent à leur évêque en certain temps de l'année. On défend de faire le Saint-Chrême un autre jour que le jeudi saint.

XLVII. Tant qu'un évêque vit encore, personne, sous prétexte de l'agrément du clergé ou du peuple ou d'un ordre de quelque puissance laïque, ne pourra établir un économe pour administrer les biens de son Eglise. Si l'évêque est si infirme qu'il ne puisse vaquer à ses fonctions, ce sera au métropolitain à y pourvoir, avec le consentement de cet évêque.

XLVIII. Hors le cas de maladie, les prêtres ne baptiseront personne que dans les églises où il y a des fonds baptismaux, et seulement dans les temps marqués.

LI. Les clercs qui passent dans un autre diocèse n'y seront par reçus sans lettres formées. On ne leur permettra pas même de servir à l'autel, et ils ne seront pas promus à d'autres ordres, s'ils ne montrent des lettres canoniques de leur évêque. On voit, par plusieurs autres exemples, que les lettres formées étaient encore en usage IXe siècle.

LII. On n'ordonne personne à moins qu'il n'ait auparavant passé un an dans une communauté de clercs, qui puissent rendre témoignage de sa conduite, et on ne doit l'ordonner que pour ce titre particulier.

LIII. Les chanoines, qui demeurent dans la ville ou dans les monastères, coucheront dans le même dortoir et mangeront dans le même réfectoir, et l'on aura grand soin d'eux quand ils seront à l'infirmerie ; sains ou malades, ils doivent toujours porter l'habit de chanoine. Si l'église est trop pauvre pour faire des édifices convenables à la communauté des chanoines, on aura recours au prince.

LIV. Les titres cardinaux qui sont dans les villes et les faubourgs, c'est-à-dire les paroisses, seront entièrement à la disposition de l'évêque.

LVI. Un évêque ne doit excommunier personne sans une raison certaine et manifeste. Pour l'anathème, il ne le portera que du consentement du métropolitain et de ses comprovinciaux, car c'est une peine qu'on ne doit imposer que pour de grands crimes qu'on n'espère point corriger autrement.

Après les seigneurs, ce qui donnait peut-être le plus de souci aux évêques c'étaient les moines, tombés dans un grand relâchement. On leur enjoint de ne pas quitter leur monastère sans l'autorisation de leur abbé, de coucher dans le même dortoir et de manger à la même table ; on leur défend de se rendre sans permission à la cour, où ils sont en danger de perdre l'esprit de leur vocation. Et toutefois, comme ils étaient à raison du malheur des temps condamnés à avoir quelquefois pour abbés des moines indignes de ce nom et agissant d'une manière arbitraire, on défend de chasser un religieux sans l'autorisation de l'ordinaire qui tracera au coupable un réglement de vie, afin qu'il ne se perde pas au contact du monde.

LVII. Les moines n'iront pas à la cour sans la permission de l'évêque diocésain, qui doit aussi veiller à ce qu'ils ne demeurent pas longtemps dans les maisons de campagne, sous prétexte qu'ils ont pour cela des obédiences.

LVIII. Le roi ne recevra pas à son service des clercs chanoines sans le consentement de leur évêque.

LIX. On ne pourra chasser un moine de son monastère qu'après avoir consulté l'évêque qui prescrira au moine chassé la manière dont il devra vivre dans la suite.

LXIX. Un homme, qui a commis un adultère avec une femme et qui l'épouse ensuite après la mort de son mari, doit être mis en pénitence ; s'ils ont causé la mort du mari, ou s'ils sont parents, ils demeureront toute leur vie en pénitence, sans espérance de se marier à d'autres.

LXXI. Il est à propos que le roi donne aux évêques un ordre scellé de son sceau, que les évêques puissent montrer dans l'occasion aux ministres et aux magistrats pour les obliger à leur prêter main-forte.

LXXII. On n'enterrera dans les églises que ceux que l'évêque ou le curé jugera dignes de cet honneur, sans .que personne puisse avoir la prétention de jouir de ce droit de sépulture à titre d'héritage. On pourra recevoir ce que les parents du mort offriront en aumône pour la sépulture, mais on ne pourra rien exiger, afin qu'on ne s'imagine pas que les ecclésiastiques se réjouissent de la multitude des enterrements.

LXXXIII. On ordonne que les anciens réglements des princes et des conciles contre les juifs soient observés.

Les évêques, à ce sujet, en citant le troisième concile d'Orléans, se trompent puisqu'ils disent que Saint-Loup de Troyes y présida : c'était Saint-Loup de Lyon.

Mais il n'y a peut-être là qu'une faute de copiste.

LXXV. Il serait à souhaiter, dit le concile, que le roi ne donnât pas à des laïques les chapelles de ses maisons royales ; mais si, pour certaines raisons, on ne peut pas détruire les abus, il faut au moins empêcher que ces laïques ne perçoivent les fermes et ne les emploient à nourrir leurs chiens et leurs concubines.

LXXVII. On chômera pendant huit jours la solennité de Pâques, et on s'abstiendra, pendant ce temps-là, non-seulement d'œuvres serviles, mais encore de la chasse et du commerce.

LXXVIII. On recommande d'ordonner l'observation rigoureuse des capitulaires promulgués par Charlemagne et Louis-le-Débonnaire. Les Pères considèrent ce point comme très-important.

Après avoir ainsi rappelé à tous les devoirs qu'ils ont à remplir, les Pères terminent ainsi : « Quiconque refusera obéissance à ces décrets, sera, s'il est ecclésiastique, déposé par le concile et s'il est séculier, privé de sa dignité et banni par la puissance royale. » Les évêques supposaient, comme on le voit, que le roi voudrait bien apporter à ces réglements sa sanction ; et en effet, Charles les signa de sa main et promit de les faire observer.

Pour leur donner plus d'autorité, on les confirma et on y mit la dernière main avant de les publier, dans un concile plus nombreux qui eut lieu à Paris, le 14 février 846. Outre les évêques qui s'étaient trouvés au concile de Meaux, Gontbauld de Rouen assista à celui de Paris avec ses suffragants. Ainsi presque tous les évêques du royaume de Neustrie autorisèrent les canons que nous venons de rapporter du concile de Meaux. Mais ils n'en furent pas mieux observés, et la plupart des seigneurs laïques refusèrent de s'y soumettre.

Charles s'effraya de cette résistance. Il convoqua à Epernay (juin 846) une nouvelle assemblée des évêques de son royaume, auxquels vinrent s'adjoindre la plupart des seigneurs soumis à ses lois. « Alors, disent les annales de Saint-Bertin, on vit se produire ce qui ne s'était pas vu depuis bien longtemps, et l'épiscopat reçut un affront comme ne lui en avait jamais infligé aucun prince chrétien. Les seigneurs, connaissant l'esprit crédule et soupçonneux du roi, lui avaient persuadé que les évêques voulaient empiéter sur son autorité, et celui-ci avait écarté les prélats dont il redoutait l'influence. Les grands pénétrèrent alors dans le lieu indiqué pour la réunion, et, s'emparant de la présidence et de la direction de l'assemblée, ils choisirent, parmi les décrets de Meaux, ceux qui ne les concernaient pas ou dont l'observation ne pouvait gêner ni leurs passions ni leur ambition ; après quoi, ils en envoyèrent la liste aux évêques en déclarant que le roi et eux étaient décidés à n'en pas accepter d'autres. »

L'histoire ne dit rien des réclamations qui durent se produire de toutes parts et de celles d'Hincmar, en particulier, dans la province et sous les yeux de qui s'étaient accomplis des actes si audacieux. Nous savons bien que les clercs de ce temps ont stigmatisé l'assemblée d'Epernay du nom de *latrocinium spurnacense*,

de brigandage d'Epernay, comme autrefois on avait
dit *latrocinium ephesinum* du concile d'Ephèse, dans
lequel les partisans d'Eutychès avaient imposé leurs
erreurs par la violence : mais, ce nonobstant, les an-
nalistes ne nous ont rien conservé des prétendus représentations d'Hincmar; et il est peut-être permis de penser
que le successeur d'Ebbon ne trouva pas opportun de
faire de l'opposition au roi, dont l'esprit était encore
ému de la longue résistance des évêques favorables
à l'archevêque déposé par son père. Il savait qu'il re-
trouverait plus tard l'occasion de faire confirmer les
autres articles des conciles de Meaux et de Paris (1).

C'est ainsi qu'on le voit au concile de Soissons prier
le roi d'envoyer des commissaires dans les provinces
pour connaître les abus et y remédier. Le roi promit
de le faire, et proposa dans la septième session du concile un capitulaire ou une instruction pour ces commissaires. On leur ordonna de visiter avec soin tous les
monastères tant de moines que de chanoines et de
religieuses, de dresser un état exact des biens, des personnes qui y sont, du trésor de l'église, des ornements
et des livres, d'indiquer ce qui a été cédé aux Normands
des biens des monastères, ce qui a été aliéné des biens

____

(1) « Sans cela, dit avec beaucoup de raison M. Henri Paris,
le judicieux président de l'Académie de Reims, on ne s'expli-
querait pas le silence des contemporains et surtout de Flodoard
que cet évènement avait dû frapper plus que tout autre, et à cause
de sa profession et de son admiration pour Hincmar et du soin
avec lequel il a recueilli des témoins eux-mêmes les moindres
détails sur sa vie, et de cette circonstance particulière que, né
lui-même à Epernay, l'assemblée tenue en cette ville avait dû
attirer son attention.

ecclésiastiques et quels sont les moyens de rétablir les
monastères entièrement ruinés. On leur recommande
pareillement de faire payer les dîmes, d'empêcher qu'on
ne tienne dans les lieux saints, ni les jours de fêtes, des
assemblées publiques pour administrer la justice, non
plus que depuis le mercredi des cendres jusqu'à l'octave
de Pâques, depuis le mercredi avant Noël jusqu'après
les fêtes, ni aux quatre-temps et aux rogations; de faire
prêter main forte aux évêques par les officiers du roi,
et de faire publier par les paroisses que si les évêques
font fouetter des colons pour leurs crimes ou pour les
porter à la pénitence, les seigneurs de ces colons qui
s'y opposeront, payeront l'amende au roi et seront ex-
communiés. Il est étrange, assurément, de voir les
évêques condamner au fouet des personnes de basse
condition pour les porter à la pénitence, et on n'a pas
le droit de s'étonner qu'ils aient rencontré quelque
opposition à l'exercice de ce droit que les réglements,
ou du moins la coutume leur attribuèrent.

Hincmar n'apparaît pas seulement à la tête des conciles pour les présider et les diriger; ces assemblées
s'adressaient à lui dans les affaires les plus délicates,
comme le firent les évêques du concile de Douzy au
sujet d'Ingeltrude, femme du comte Boson, qui, après
avoir quitté son mari, vivait dans la débauche, protégée
par le roi Lothaire, dans les Etats duquel elle s'était
retirée. Les papes Benoit et Nicolas ayant tenté les
voies nécessaires pour la ramener, on l'avait excom-
muniée dans un concile tenu à Milan, en 860. En dernier
lieu, le pape Nicolas avait écrit à Teutgaud de Trèves

et à Gonthier de Cologne de ne plus tolérer ce scandale;
car elle faisait sa résidence dans le diocèse de ce dernier,
et Gonthier craignait de déplaire à Lothaire en la ren-
voyant. Dans cet embaras, il consulta Hincmar au nom
de toute l'assemblée de Douzy. Il disait : « Si la femme
de Boson vient à moi et se confesse publiquement de
son adultère dans la vue de sauver son âme, dois-je
l'obliger à faire pénitence publique dans mon diocèse
ou la renvoyer à son mari sous prétexte de pénitence? »
Hincmar lui répondit : Il faut embrasser ce dernier parti
d'autant que Boson n'accuse point sa femme d'adultère,
qu'il l'a souvent invitée à revenir, et déclaré qu'il lui
pardonnait, suivant l'ordre du pape; il faut aussi que le
roi Lothaire, dans les Etats duquel elle demeure, la
fasse ramener à son mari, et que Gonthier prenne
auprès du mari les sûretés nécessaires pour la faire
traiter raisonnablement, ce que cet archevêque est en
droit d'exiger, cette personne s'étant mise sous la
protection de l'Eglise. Il ajoute que si Boson fausse
son serment en traitant mal sa femme, il sera jugé par
les évêques, suivant les canons; et que si Ingeltrude est
convaincue d'adultère par sa propre confession ou autrement, c'est évidemment troubler l'ordre de la religion et
ouvrir par l'impunité la porte aux plus graves désordres.

Le même concile s'adressa à Hincmar pour lui demander son avis sur une affaire encore plus délicate.
Le comte Raymond s'était plaint aux évêques réunis
à Douzy de ce qu'Etienne, son gendre, ne voulait point
habiter avec sa femme parce qu'il avait eu un commerce criminel avec une parente de la même femme.

Etienne, ayant été mandé, s'expliqua en particulier avec
les évêques et convint du fait, ajoutant qu'ayant, depuis
ses fiançailles, consulté son confesseur, celui-ci lui avait
fait voir que tant que l'on peut compter la parenté, il
n'est permis à aucun chrétien d'épouser sa parente,
ni d'avoir commerce avec deux parentes. Il protesta
qu'il n'avait point consommé son mariage par la seule
vue de ne point perdre avec lui celle qu'il avait épousée,
qu'au surplus il suivrait en tout leur conseil. Hincmar
fut chargé d'examiner l'affaire et de donner son avis
pour la décider.

Elle regardait les archevêques de Bourges et de Bordeaux dans les diocèses desquels demeuraient Etienne
et sa femme. Ce fut donc à eux qu'Hincmar adressa
l'écrit qu'il composa sur cette question. Il contient en
substance qu'Etienne amènera au concile d'Aquitaine
la fille qu'il a épousée, afin qu'elle soit interrogée sur la
non consommation de son mariage; que, si elle en convient, on examinera par quelle raison Etienne n'a pas
voulu le consommer; mais qu'on ne l'obligera pas à
nommer la parente avec qui il disait avoir eu du commerce, pour ne pas rendre publique la confession; que,
le fait supposé vrai, son mariage avec la fille Raymond
est nul, puisqu'il ne l'avait, disait-il, contracté que parce
que le comte l'avait menacé de mort, et qu'il ne le pouvait consommer que par un acte; qu'en conséquence,
ils devaient être séparés, avec la liberté de se marier
à d'autres, à la charge, toutefois, qu'Etienne perdrait
ce qu'il avait donné à la fille Raymond; et qu'il ferait
pénitence, tant du crime commis avec la parente de

cette fille, que de l'abus qu'il avait fait du sacrement en le contractant contre sa conscience.

Nous avons déjà parlé dans la première partie de cet ouvrage, et nous parlerons encore plus loin, des nombreux conciles réunis par l'influence d'Hincmar et où furent traités différents points de théologie et de droit canon. Nous n'avons à nous occuper ici que des assemblées où il fut principalement question de la réforme des mœurs.

Tel fut le concile de quatre provinces qu'en 862 le roi Charles tint à Pitres, lieu situé sur la Seine, un peu au-dessus du Pont-de-l'Arche. On y fit un capitulaire de quatre articles fort étendus, où on attribue aux péchés des Francs les maux extrêmes dont la France était alors fort affligée; et on ordonne aux évêques et aux comtes de veiller à la réformation des mœurs, et surtout à réprimer le brigandage. Hincmar présidait.

De graves désordres ne s'en introduisirent pas moins dans l'Eglise, à la faveur du chaos féodal et des fréquentes invasions des Normands. Hincmar nous a laissé un monument à jamais immortel de ses douleurs patriotiques, nous dirions volontiers de ses regrets, de son repentir pastoral dans les actes du concile de Ste Macre (Fismes), le dernier qu'il présida en 881, le 12 des nones d'avril (2 avril), un an avant sa mort. Il s'y trouva, outre les suffragants de la métropole de Reims, des évêques venus des diverses provinces des Gaules, *diversarum provinciarum episcopi*, dont le nombre nous est inconnu, et dont les actes malheureusement tronqués, ne nous ont pas conservé leurs souscriptions. Au milieu de ses frères dans l'épiscopat, Hincmar alors âgé de 75 ans, revenu de toutes les illusions qui avaient pu, à diverses époques, séduire son imagination et entraîner vers l'absolutisme royal son généreux caractère, dictait son testament ecclésiastique sous forme de discours synodal : Nous n'avons pas, dit-il, la prétention de formuler des lois nouvelles; nous voulons rétablir, comme un phare lumineux, les grands principes de nos pères, promulgués jadis par les empereurs ou les rois chrétiens, et observés jusqu'à nos jours, devenus si obscurs et si lugubres. Il est temps que la faux de l'Esprit-Saint, par le ministère divin de l'Eglise et par la puissance de l'autorité royale, abatte la germination du mal qui pullule et produit des calamités sans nom. Tel est, en effet, le devoir commun de l'ordre sacerdotal et du ministère des rois. Pour commencer par nous-mêmes l'aveu des fautes qui nous ont produit tant de désastres, nous confessons humblement la négligence où nous ont fait tomber les malheurs du temps et la terreur des invasions barbares. Le ministère de la prédication est délaissé; nous n'avons plus que le nom d'évêques, et ce titre honorable, nous ne le rehaussons point par la pratique des devoirs qu'il nous impose. Les peuples confiés à notre sollicitude abandonnent le Seigneur et nous restons muets; ils s'abrutissent dans le désordre, et notre main demeure inerte ; nous les voyons périr et nous les laissons sous nos yeux se précipiter dans l'enfer. Absorbés par les préoccupations du siècle, nous sommes d'autant plus insensibles aux intérêts spirituels que nous montrons plus d'attachement aux choses de la terre. Le mot du prophète se vérifie chez nous : *Et erit sicut populus sic sacerdos !...*

Après avoir conquis, par cet humble aveu, le droit de parler énergiquement aux autres, Hincmar, s'adresse aux puissants du siècle, au roi et à ceux qu'il nomme les ministres de la République, *ad regem et ministros reipublicæ,* c'est-à-dire au prince Carlovingien et à tous les grands détenteurs des fiefs devenus aussi puissants que le roi.

« Nous les avertissons par notre autorité épiscopale et au nom de Dieu, dit-il, de se conduire ici-bas de telle manière qu'ils méritent l'indulgence dans l'autre monde ; qu'ils jugent dans l'équité sans se laisser entraîner par les présents, les sympathies personnelles, la haine, la crainte ou la flatterie, qu'il soient dans la mesure de leur pouvoir les défenseurs et l'appui des orphelins, des veuves, des pauvres ; qu'ils honorent la sainte Eglise et respectent ses serviteurs, qu'ils ne reculent point devant l'obligation de réprimer les violences, le brigandage, les rapines des oppresseurs du peuple, des perturbateurs de la paix et de l'ordre public. C'est à vous surtout que nous voulons nous adresser, roi chéri et auguste, pour qui nous désirons toutes les prospérités d'un règne heureux en ce monde et toutes les gloires du royaume des cieux. Quelques-uns d'entre nous ont connu la génération contemporaine de Charlemagne, cet immortel empereur qui porta si haut la gloire et la puissance des Francs, durant un règne

constamment prospère de quarante-six ans. Par sa
science des Saintes Ecritures, par sa connaissance appro-
fondie de la législation civile, il surpassa tous les rois
ses prédécesseurs. Ce grand homme ne voulut cependant prendre aucune décision, sans l'avis d'un conseil
éclairé et sage. En tout temps il avait, près de sa personne, trois jurisconsultes éminents dont il demandait le
sentiment. Jour et nuit, il avait à sa portée des tablettes
sur lesquelles il notait, à mesure qu'elles lui venaient à
l'esprit, les améliorations à réaliser pour le bien de la
sainte Eglise, pour le progrès et le bon ordre de l'Etat ;
il en conférait ensuite avec ses conseillers, et ne prenait
de résolutions définitives que sur leur avis. Il agissait
de la sorte, lui, le roi sage, puissant par excellence, le
dominateur pacifique de l'Europe, l'arbitre du monde.
le plus grand des souverains. Voyez donc combien il
vous importe de faire de même, vous, nos rois bien
aimés (1), qui êtes encore à l'àge où l'on a plus besoin
de conseils, et qui, pour la parcelle de territoire restée
en votre possession, comptez un tel nombre de co-
partageants rivaux que votre pouvoir est moins une
réalité qu'un vain nom *et tantos comparticipes atque
æmulos in particula regni habetis, ut nomine po-
tius quam virtute regnetis.* Choisissez avec le concours
de nos fidèles, dans les deux ordres ecclésiastiques et
civils, des conseillers habiles et prudents qui vous aide-
ront à rétablir votre maison et votre Etat, d'après les

(1) Cette mention s'adresse en commun aux deux frères Louis
III et Carloman. Le troisième frère Charles, qui fut depuis surnommé le Simple, fils posthume de Louis-le-Bègue, venait de
naître et n'avait point encore part à la souveraineté.

règles tracées par vos sages prédécesseurs. Ainsi, vous ne serez plus contraints par une cruelle nécessité de sanctionner les mesures qui répugnent le plus à votre volonté. Depuis que le royaume est livré à toutes les convoitises, la paix, l'ordre, la sécurité, la justice ont disparu. Mettez un terme à tant de rapines et de déprédations; apportez quelque soulagement aux misères du pauvre peuple qui, depuis tant d'années, pressuré par des exactions diverses et continuelles, se voit aujourd'hui livré sans défense à l'invasion des Normands; enfin, faites revivre la justice et le jugement ces deux principes qu'on a tués dans notre patrie. » Ces paroles d'Hincmar n'offrent-elles pas une saisissante analogie entre cette époque néfaste et le temps malheureux où nous vivons, et les moyens de régénération qu'il propose ne sont-ils pas les conditions essentielles de notre résurrection?

« A cette condition, Dieu daignera peut-être rendre à cette génération malheureuse, l'antique valeur qui distinguait ses pères; nous retrouverons la victoire contre les païens. Cette défense vaudra mieux que les humiliants tributs qui ont réduit à l'indigence non-seulement les particuliers, mais les églises et les monastères, avili la majesté royale et morcelé ce royaume, jadis si noble et si florissant (1). »

Il se tint encore sous l'épiscopat d'Hincmar beaucoup d'autres conciles qui eurent surtout pour objet la réforme des mœurs, et que dirigea cet archevêque. Leurs décrets furent plus d'une fois violés, mais ils ne laissèrent pas de protéger souvent les églises contre les invasions des ma-

____

(1) *Patr. lat.*; tom., C. xx; Col. 1086.

gistrats civils, les désordres et les pillages des laïques.
Ils attestent un gouvernement actif, prévoyant, habile
et occupé du bien moral et matériel de ses administrés.

CHAPITRE V.

*Hincmar évêque de la cour et directeur des rois. — Il
intervient dans le gouvernement civil lui-même. —
Monuments écrits qui nous restent de son influence
politique.— Cet ascendant d'Hincmar et de l'épiscopat
sous les Carlovingiens était utile et nécessaire. —
Opinion des protestants modernes sur ce point : Herder, Jean de Muller.*

Cette influence d'Hincmar dans l'Eglise gallo-franque
lui donna un tel crédit, auprès des Carlovingiens,
qu'on le voit apparaître en toute occasion comme l'é-
vêque de la cour de France, le directeur de ses rois.
On le trouve, en effet, à la tête de toutes les cérémonies officielles. Quatre couronnements, quatre sacres
de rois et de reines ont eu lieu dans ce temps-là,
et c'est toujours Hincmar qui y préside. En 856, il
couronne à Verberie, Judith, fille de.Charles-le-Chauve.
En 869, au concile de Metz, il sacre, roi de Lorraine,
Charles-le-Chauve lui-même; en 877, il sacre Louis-
le-Bègue, roi de France. C'est toujours lui, en un mot,
qui, dans toutes les grandes occasions, représente
l'Eglise au milieu de la cour, préside l'alliance de la
religion avec la royauté.

On le voit aussi intervenir, non-seulement dans les

relations des princes avec l'Eglise, mais dans le gouvernement civil lui-même ; il est employé dans les missions difficiles, consulté dans les questions délicates.

L'an 843, il est nommé le premier parmi les *Missi dominici*. Peu de temps après sa consécration épiscopale, il fut empêché d'aller à Rome par le roi Charles et l'empereur Lothaire. L'empereur écrivit lui-même au pontife romain que « lui, ainsi que son frère, le roi de France, s'opposaient à son départ, parce que sa présence leur était nécessaire pour apaiser les troubles qui s'étaient élevés dans le royaume. »

En 846, il va chez les Aquitains, en qualité de *Missus dominicus*. En 848, au concile de Quiersy, il jure sur les paroles du roi en même temps que les autres évêques et les grands ; en 862, il est présent lorsque Lothaire est reçu au baiser (1). En 868, il est avec Charles et Louis se jurant une mutuelle fidélité ; en 870, il est prié par le roi Charles lui-même, de réprimer Carloman qui se révolte et qui ravage ses Etats, il obtient le retour en grâce de ce fils, mais lorsqu'il se soulève de nouveau, il le frappe d'excommunication. En 872, il est présent au concile qui se tient dans la villa de Gundulphe et où les grands et les évêques jurent ensemble au nom de Charles.

Cette influence, il la devait moins encore à sa dignité qu'à de nombreux et éclatants services. C'est ce qui résulte d'une lettre écrite par Loup, abbé de Ferrières : « Je n'ignore pas, dit le célèbre abbé, que rempli, comme vous l'êtes, des bienfaits de la grâce

(1) Baluze, tom. ii, page 314.

divine, vous pensiez volontiers que vous avez reçu de Dieu, la faculté d'aider les bons auprès du prince, afin que le crédit qu'ils n'ont pas eux-mêmes, ils le trouvent en vous, et qu'ils offrent au roi l'occasion de récompenser vos services. »

Non-seulement cet ascendant se révèle dans son histoire, mais il en reste des monuments écrits. Nous avons de lui, soit sur le gouvernement en général, soit sur le gouvernement et les affaires auxquelles il prit part, cinq ouvrages qui abondent en renseignements précieux sur les idées et l'état politique de la France à cette époque. Ces ouvrages sont :

Un traité en trente-trois chapitres, adressé à Charles-le-Chauve, et qui a pour titre : *De la personne du roi et du ministère royal (1)* : Il s'y propose trois objets : les qualités et les devoirs d'un prince par rapport à l'Etat, sa discrétion dans les grâces et les bienfaits, la manière dont il doit se venger de certains particuliers. C'est Dieu qui fait les bons rois, mais il permet les méchants pour punir les péchés de son peuple. Le bon roi fait son bonheur, le mauvais son malheur. Le prince équitable n'opprime personne; il juge ses sujets, sans acception du riche et du pauvre; il est le père de la veuve et de l'orphelin, le défenseur de l'Eglise; il permet le vice, confie ses affaires au sage, et n'élève point les impies. La preuve de sa puissance consiste dans la sagesse de son gouvernement, car il est le ministre de Dieu même lorsqu'il punit le crime. Plus sa puissance éclate au dehors, plus il doit rentrer en lui-

____

(1) Hincm. *oper*. t. II, p. 184. Flodoard lib. III ch. XVIII.

même, et réprimer les sentiments de vanité que lui inspire le trône.

Qu'il se propose donc l'exemple de David qui, établi roi sur un peuple nombreux, disait au Seigneur : Mon cœur ne s'est point enflé d'orgueil, et mes yeux ne se sont point élevés. Il doit prendre pour conseillers des personnes éclairées et de bonnes mœurs, et, dans la difficulté de rencontrer de grandes lumières avec beaucoup de probité, préférer l'homme de bien avec des talents médiocres à celui dont les talents ne sont point soutenus par la vertu. Rien ne contribue plus au bonheur des peuples qu'un roi qui possède l'art de régner. Il est utile que des princes de ce caractère règnent longtemps et qu'ils aient de vastes Etats, mais il n'y a que la seule nécessité qui puisse les autoriser à faire la guerre pour les étendre; elle est permise quand les motifs en sont justes. En ce cas, les princes n'offensent pas Dieu, et le soldat qui, par l'obéissance qu'il doit à son roi, tue l'ennemi, ne pèche point. Comme c'est Dieu qui donne la victoire à qui il lui plaît, c'est à lui et non à la force des armées puissantes et nombreuses qu'il faut l'attribuer.

Les rois servent Dieu en faisant des lois pour son honneur, en contraignant leurs sujets à l'observation de la justice, en réprimant les méchants pour l'amour de l'équité, mais comme il y a une espèce de miséricorde qui est injuste et des grâces préjudiciables à l'Etat, telle que serait l'impunité du crime, ils doivent prendre garde de ne pas en accorder mal à propos. C'est pourquoi ils ne doivent point se laisser gagner par les présents et les flatteries, ni avoir de liaisons avec les gens de mauvaises mœurs et ne jamais pardonner, pas même à leurs proches quand leurs crimes demandent une répression. Les saints même ont quelquefois employé la peine de mort pour donner de la crainte aux pécheurs.

A en juger selon nos idées actuelles, c'est là un ouvrage de morale plus que de politique, car c'était au nom de la morale et en développant ses préceptes que les ecclésiastiques influaient sur les gouvernements. Dans le traité d'Hincmar, la morale est d'ailleurs mêlée à un grand nombre de conseils de prudence assez semblables à ceux qui, au xve siècle, faisaient toute la science politique, dont le livre du *Prince* est le type.

A quoi servirent d'aussi sages conseils? Hincmar qui avait employé toute la vigueur de son esprit, toute son activité et toute la sévérité de son caractère à organiser un gouvernement au sein de l'anarchie, à subordonner tous les pouvoirs à l'autorité d'un seul, eut la douleur de voir Charles-le-Chauve terminer son règne par un acte de faiblesse irréparable. Il signait, en 877, à Quiersy-sur-Oise, quelques mois seulement avant sa mort, un capitulaire qui reconnaissait en droit l'hérédité des fiefs et des offices. Cet acte découronnait la royauté et constituait à son détriment le régime féodal. Une ère nouvelle date réellement, pour la Gaule, de ce traité de Quiersy-sur-Oise. Voici les circonstances dans lesquelles il fut ratifié. Ce Charles-le-Chauve, dit un récent historien, revenait de Rome où, le jour de Noël, 874, le pape Jean VIII avait mis sur sa tête la couronne impériale. Dans l'énivrement de sa fortune, il se montrait à la foule avec le costume d'un empereur bysantin, la longue dalmatique traînant par terre, et sur la tête un voile de soie que surmontait le diadême. L'Eglise représentée par sept archevêques et quarante-deux évêques lui confirmait au concile de Pontion, près de Châlons-sur-Marne (juin 846), son nouveau titre, gage du rétablissement de l'unité romaine. Déjà la mort prématurée de son frère Lothaire et de ses trois fils lui avait permis de réunir à ses Etats la moitié de la Lorraine, le royaume de Provence et celui d'Italie, il ne lui restait plus qu'à mettre la main sur la Germanie. Au mois d'octobre suivant, mourut Louis-le-Germanique, laissant son héritage à ses trois fils Carloman de Bavière, Louis de Saxe et Charles-le-Gros de Souabe, plus tard empereur. Charles-le-Chauve se porta aussitôt vers le Rhin dans l'espoir de spolier ses neveux. Mais les fils du Germanique ne se laissèrent pas dépouiller. Charles, battu par eux à Andernach, y trouva le terme de ses prospérités. Les Normands infestaient les bassins de la Seine, de la Loire et de la Garonne.

Le marcheur, le géant, ainsi qu'on l'appelait, Rolf où Rollon apparaissait dans les campagnes de Rouen. En même temps Carloman de Bavière et Louis de Saxe entraient en Italie et menaçaient Rome. Pressé par tant de périls à la fois, Charles-le-Chauve ne songea sérieusement qu'à sa couronne impériale; il leva un impôt de guerre pour acheter des Normands une courte trève, mais il se prépara à entraîner toutes les forces actives de la France au-delà des Alpes. Pour cet objet, il convoqua un plaid général à Quiersy-sur-Oise, juin **877**. C'est là que l'attendait la féodalité; elle accourut tout entière au rendez-vous (1). Depuis de longues années, les grands vasseaux avaient continué sans bruit leur travail de dissolution. Pièce à pièce, ils avaient arraché au roi les pouvoirs réels qu'il abandonnait pour suivre ses rêves impériaux. A chaque aventure, ils se faisaient payer de quelques concessions leur concours toujours hésitant, et Charles-le-Chauve, comme un homme qui engage et grève son patrimoine pour acquérir de nouveaux domaines, se trouvait ruiné au bout de ses brillantes opérations. Les comtes, les marquis et les ducs étaient devenus peu à peu de véritables souverains dans leurs commandements; ils y disposaient de la guerre, de l'administration et de la justice. La substitution royale, révocable en droit, avait presque partout, en fait, dégénéré en une aliénation définitive. L'hérédité de l'office comme l'hérédité du fief était déjà l'usage général. Il ne restait plus au roi qu'à sanctionner solennellement comme un principe, comme une loi organique, les usurpations qu'il avait été forcé d'autoriser ou de subir dans le détail. Ce fut là ce que les seigneurs exigèrent de Charles-le-Chauve, avant de le suivre en Italie. L'assemblée de Quiersy fut un véritable parlement où le roi et la féodalité disputèrent les clauses du pacte constitutionnel. Le capitulaire a presque la forme d'un compte rendu, d'un procès-verbal. Le roi

____

(1) *Omnes regni principes præsentes adfuerunt, excepto Bosone, Hugone abbate, et Bernado comite arvernico...* Hincmar. Lettre à Louis-le-Bègue, dans Bouquet, tome VIII, p. 551.

propose, interroge , interpelle ; les seigneurs adhèrent, répondent, formulent. C'est la mise en pratique de la maxime célèbre : *Lex consensu populi fit et constitutione regis.* En apparence, le plaid ne s'occupe de régler la succession aux fiefs et aux offices que pour la durée de l'expédition. Charles-le-Chauve, sans aucun doute, ne donnait pas au capitulaire une portée plus étendue, mais la féodalité l'entendait autrement. Avoir forcé le roi à reconnaître l'hérédité des offices, même pour un seul cas déterminé, c'était avoir conquis ce principe qu'elle devait être admise dans d'autres cas semblables. Bientôt même, on prétendait que le capitulaire de Quiersy n'établissait pas une exception mais une règle, et que le droit du fils à succéder au père dans son office, comme dans son fief, était formellement inscrit dans la loi.

Le capitulaire de Quiersy fut donc quelque chose comme la grande charte française, et, aujourd'hui encore, tous les historiens font dater de cet acte fameux l'avènement définitif du régime féodal, si bien qu'on peut dire que le 14 juin 877, Charles-le-Chauve avait signé l'abdication de sa dynastie. Un tel sacrifice ne fut pas même compensé par le succès (1) de l'expédition qui l'avait déterminé, et au retour de laquelle Charles mourut misérablement, en traversant les Alpes. Des quatre fils qu'il avait eus de sa première femme Ermentrude, il ne laissa que Louis, âgé de près de trente-quatre ans, qui lui succéda au royaume de France et qui est connu

(1) E. Mouren. Les comtes de Paris, histoire de l'avènement de la troisième race.

sous le nom de Louis-le-Bègue. Il fut sacré à Compiègne, le 8 décembre de la même année, par les mains de l'archevêque Hincmar. Nous avons encore les prières prononcées dans cette cérémonie, avec les promesses réciproques que firent le roi d'une part, les évêques et les seigneurs de l'autre. Ensuite, le roi manda à l'archevêque Hincmar de venir le trouver et de lui donner ses conseils pour le bien de l'Eglise et de l'Etat (1). Hincmar s'excusa sur son grand âge et ses infirmités, disant qu'il irait inutilement avant l'assemblée générale des Seigneurs; cependant il lui envoya son avis par écrit.

« Votre Seigneurie m'a mandé, dit-il, de venir promptement auprès de vous parce que vous vouliez traiter avec moi, de vos intérêts, de ceux de la sainte Eglise et du royaume; je vous donne satisfaction par une réponse humble et certaine. L'apôtre dit : « Tout ce qui est écrit, l'a été pour notre instruction.» Nous lisons dans les histoires anciennes que souvent, quand on a constitué des rois, la discorde s'est élevée parmi les principaux du royaume, parce que quelques-uns voulaient s'en attribuer la constitution sans le conseil des autres. Nous lisons que les bons rois, étant constitués, ont employé de bons conseillers, et que, par ces bons rois et ces bons conseillers, les peuples des royaumes ont eu beaucoup de biens, tandis que, par les mauvais rois et les mauvais conseillers, les peuples des royaumes ont souffert beaucoup de maux. Ainsi Pépin, votre trisaïeul, étant malade, convoqua, au monastère de Saint-Denis,

(1) Hincmar, *Op.* tom. II p. 184.

les principaux de son royaume et, de leur conseil, disposa comment, après lui, ses fils Carloman et Charles, qui étaient présents, gouverneraient pacifiquement son royaume. » Cette constitution anticipée des rois futurs s'exécuta sans trouble après la mort de Pépin et celle de Charlemagne; mais il n'en a pas été de même parmi les fils de Louis-le-Débonnaire, ni depuis, à cause de la division qui régnait parmi les princes. Hincmar conseille donc à Louis-le-Bègue de maintenir avec soin la concorde parmi les grands du royaume : « Vous savez, lui dit-il, que votre père a d'abord disposé à Reims, avec les grands, de votre constitution après lui dans le gouvernement du royaume. Autant que je me souviens, tous y étaient présents, excepté le vénérable Hugues et Bernard, comte d'Auvergne, et tous, selon la disposition de votre père, consentirent à votre constitution royale. Et lorsque dernièrement à Quiersy, il renouvela cette disposition et vous donna par écrit les noms de ceux avec le conseil et l'aide desquels vous deviez disposer des affaires du royaume, tous étaient présents, excepté Boson, l'abbé Hugues et le comte Bernard d'Auvergne; et tous ceux qui étaient présents consentirent à votre constitution royale, mais ils s'en sont allés avec votre père. Envoyez donc promptement aux abbés Hugues et Gozlen, et aux comtes Boson, Conrad, ainsi qu'aux deux Bernard, et demandez-leur qu'ils désignent eux-mêmes un lieu convenable aux uns et aux autres, afin de vous y trouver tous ensemble, pour délibérer en commun sur les intérêts généraux du royaume et mettre à exécution les articles que votre père a proposés dernièrement à Quiersy; en attendant, relisez-les avec soin. Et comme, sur son lit de mort, votre père vous a fait des recommandations particulières touchant la volonté de Dieu et l'état de la sainte Eglise, votre honneur et celui des principaux du royaume, les besoins et les intérêts du peuple, il est bon, nécessaire même, de faire venir à l'assemblée ceux qui ont été témoins de ces recommandations, afin que tous traitent en commun des besoins et des intérêts communs. Moi-même, quoique le moindre d'entre eux, et avec cela débile et infirme, néanmoins, pour le service de Dieu et le vôtre, et pour leur obéir, je m'y rendrai volontiers avec l'aide du Seigneur, et, si je puis contribuer à quelque chose d'utile, je le ferai de grand cœur, car il est nécessaire que vous traitiez et que vous disposiez avec les fidèles de Dieu et les vôtres (1).

Ce mémoire d'Hincmar est remarquable. C'est un vieil évêque qui parle affectueusement à un jeune roi, qui lui parle du roi son père, mort depuis peu, qui lui parle des précautions que ce père à prises pour le faire constituer roi par le consentement des princes, des comtes, des évêques et des abbés du royaume, qui lui parle des précautions qu'il doit prendre lui-même, et promptement, pour s'assurer la royauté par la parfaite unanimité de ces grands électeurs.

Le règne de Louis-le-Bègue ne fut que de dix-huit mois, étant mort le 10 avril 879. Il laissa deux enfants Louis, et Carloman, qui furent l'un et l'autre

(1) Hincm. *oper.*. t. 2. p. 179.

reconnus rois, l'un en Neustrie, l'autre en Bourgogne, et couronnés à Ferrières par Anségise, archevêque de Sens. Les jeunes princes se trouvèrent aussitôt à la merçi des grands possesseurs de fiefs. La Lorraine se donna un prince souverain dans la personne de Hugues, fils de Lothaire II, auquel succéda Louis, roi de Saxe ; la Bretagne se constitua en royaume indépendant sous Alain-le-Grand ; les Wascons appelèrent à leur tête un seigneur castillan, Sanche-Mittara ou le Ravageur, qui devint le véritable roi de la Gascogne ; la Provence se choisit de même un roi en la personne du duc de Boson, beau-frère de Charles-le-Chauve ; enfin les comtes de Paris, descendants de Robert-le-Fort, cantonnés dans leurs riches possessions devinrent les véritables souverains de la Neustrie. Le comte de Vermandois, Norbert, faisait trembler ses maîtres. Tout était roi en France excepté les rois véritables. L'anarchie, la révolte succédaient à la grande organisation politique de Charlemagne. En brisant les traditions d'obéissance et de fidélité au Saint-Siège, la race Carlovingienne s'était précipitée dans une décadence irrémédiable.

Telles furent les péripéties au milieu desquelles Hincmar termina sa carrière. Dans ses dernières années, il put jeter un regard en arrière et voir la ruine du système politique au triomphe duquel il avait consacré près de quarante ans de labeurs. La royauté carlovingienne n'était plus qu'un vain nom ; l'empire de Charlemagne en déviant des grands principes qui avaient présidé à son institution perdait à la fois sa raison d'être, son pouvoir et son prestige ; la féodalité triomphante possédait tout ce que l'invasion des Normands laissait encore debout sur le territoire des Gaules.

Aussi, le grand archevêque, quoiqu'accablé de vieillesse et d'infirmités, multiplie les efforts et les conseils pour empêcher ou retarder du moins la dissolution du vieil empire Franc. Comme les deux enfants de Louis-le-Bègue n'étaient pas en état de régner par eux-mêmes, Hincmar écrivit à l'empereur Charles-le-Gros pour le prier de veiller à leur éducation et de leur former un conseil de gens sages et éclairés, de qui ils pussent apprendre leurs devoirs envers l'Eglise et envers l'Etat.

Il écrivit, peu après, une grande lettre adressée aux grands de la France occidentale qui avaient consulté Hincmar sur le gouvernement du roi Carloman, et dans laquelle il leur transmet de longs extraits, peut-être une copie presque complète de l'ouvrage d'Adalhard, *De ordine palatii,* où est exposé le mode de gouvernement de Charlemagne. Il y distinguait aussi les différents degrés de la hiérarchie ecclésiastique ; les deux puissances l'épiscopale et la royale ; les droits de chacune et l'obligation où elles étaient de se contenir dans leurs bornes sans entreprendre l'une sur l'autre. Il n'oubliait pas de remarquer que les princes de la terre s'engageaient, en montant sur le trône, au maintien et à la défense des droits de l'Eglise et de ses canons.

En 882, Hincmar mourait chassé de son église métropolitaine par les Normands qui promenaient impunément dans toutes les Gaules le massacre, l'incendie et le pillage. Sur son lit de mort, il trouve encore assez de force pour adresser des conseils sur le gouvernement de Carloman, aux évêques de son royaume (1), tant les affaires des Etats, au gouvernement desquels il avait concouru, continuaient de le préoccuper. Tout ce qu'il dit est tiré de l'Ecriture et des Pères. Pour le fond des instructions, c'est à peu près le même que de celles qu'il fit pour Charles-le-Gros. Goldart a inséré ce second écrit dans son traité intitulé : *Monarchie du saint empire romain*, sous le titre : De la puissance royale et pontificale (2). En voici la substance :

« Jésus-Christ, notre Dieu et Seigneur, notre Créateur et Rédempteur, au nom duquel tout fléchit le genou au ciel, sur la terre et dans les enfers, a pu seul être à la fois Roi et Pontife. Par sa disposition, comme le pape Gelase le dit à l'empereur Anastase, il y a deux choses par lesquelles principalement, avec ce qui est spécialement soumis à chacune d'elles, ce monde est gouverné : l'autorité sacrée des pontifes et la puissance royale. Les offices sont distincts comme les vocables. Notre-Seigneur, seul tout ensemble Pontife et Roi, n'a pas voulu que désormais *un homme fût à la fois l'un et l'autre* (3), mais que les rois chrétiens eussent besoin des pontifes pour la vie éternelle et que les pontifes se servissent des ordonnances impériales pour le cours des choses temporelles. De cette

(1) Hincm. *Oper.*, p. 216.

(2) Goldart., *Monarch.*, p. 3.

(3) Hincmar parle ici des évêques, et on ne peut rigoureusement s'autoriser de ces paroles pour conclure, comme on l'a fait quelquefois, qu'il était hostile au pouvoir temporel.

manière chaque ordre se conserve dans la modestie et se sauve par l'humilité, au lieu de se perdre par l'orgueil, comme les empereurs païens qui se disaient souverains pontifes. Au jugement de Dieu les pontifes rendront compte des rois eux-mêmes; mais les rois ont reçu du Roi des rois la charge d'honorer et de défendre, par les lois et les armes, la sainte Eglise et ses ministres. Le roi chrétien prendra donc bien garde de mettre la main à l'encensoir comme Ozias, qui fut frappé de la lèpre, chassé du temple et confiné dans sa maison; mais, comme défenseur de l'Eglise, il veillera à ce que le clergé et le peuple choisissent des évêques, et que ces évêques vivent et gouvernent selon la règle des conciles et des pontifes romains. Quant aux devoirs particuliers des évêques, Hincmar renvoie au Pastoral du pape Saint-Grégoire; il y renvoie encore, ainsi qu'aux *offices* de Saint-Ambroise, pour les devoirs particuliers des rois. Il cite même ce proverbe des anciens : « Vous serez roi si vous faites bien; si vous ne le faites pas, vous ne serez pas roi : *Rex eris si recte facias: si non facias rex non eris* (1).

Au lieu de rendre hommage aux patriotiques efforts d'Hincmar et de ses collègues dans l'épiscopat, l'école historique du xviiie siècle accuse les évêques francs d'avoir usurpé, sous la dynastie carlovingienne, des droits temporels qu'ils n'avaient nullement. Par la position que les évêques occupaient en France dans l'Eglise et dans l'Etat, ils eurent nécessairement une grande importance civile; et cette situation remontait pour eux

(1) Hincmar, t. ii, p. 216-225.

non-seulement à la conversion de Clovis, mais à celle même des Gaules. Leur influence eut pour résultat de modérer les hommes et les choses , de rendre les révolutions et les guerres moins sanglantes. Les évêques des premiers siècles n'avaient à conduire que le peuple d'une ville ou d'un diocèse souvent restreint. Les évêques francs, outre leurs diocèses propres, avaient à conduire, à former, à élever une nation tout entière, rois et peuples, guerriers et magistrats. Leur mission se compliquait de toutes les difficultés suscitées par un esprit encore empreint de la barbarie. C'est là ce qu'il ne faut point oublier, si l'on ne veut pas être injuste. La tendance des esprits vers les choses extérieures et terrestres explique aussi le désir, qu'on eut alors, de voir le chef de l'Eglise et les évêques placés au niveau des princes de la terre et de contribuer à leur élévation par de généreux sacrifices. C'est cette tendance qui se montra d'une manière plus caractéristique , quelques siècles plus tard, alors que les Poméraniens méprisèrent le prêtre espagnol Bernhard, envoyé vers eux comme missionnaire, à cause de son extérieur humble et pauvre. « Comment le Seigneur du ciel et de la terre se servirait-il d'un mendiant pour le représenter? » Aussi les études historiques de ces derniers temps, plus exactes, plus importantes, parmi les protestants aussi bien que parmi les catholiques, ont répandu sur le point qui nous occupe et le moyen-âge, en général, des idées incomparablement plus justes; et désormais, les esprits, même les plus rebelles, sont obligés d'admettre, en place de la servitude, de la grossièreté et des ténèbres dont on accusait le moyen-âge, la liberté, la noblesse, les lumières et la grandeur morale qui le distinguent. Herder, l'intelligent panégyriste de l'humanité, dit dans ses idées : « La hiérarchie romaine était peut-être un joug nécessaire, indispensable pour les rudes générations du moyen-âge. Sans cette hiérarchie, l'Europe serait probablement devenu le jouet du despotisme, le théâtre d'éternelles luttes, un vrai désert de la Mongolie (1). » Et voici comment se prononce à ce sujet le grand historien de la Suisse : « Toutes les lumières actuelles, dont le génie entreprenant de l'Europe ne permet plus même d'apprécier les conséquences, non-seulement pour nous, mais pour toutes les parties du monde, partent en principe de la hiérarchie qui, à la chute de l'empire romain, soutint et dirigea le genre humain; elle donna, pour ainsi dire, à l'esprit du nord de l'Europe pauvrement enfermé dans le cercle étroit d'un petit nombre d'idées, l'impulsion électrique qui l'animant et le vivifiant, le rendit, malgré bien des obstacles et par des moyens bien divers, ce qu'il est aujourd'hui (2). »

(1) Idées pour servir à l'histoire de l'humanité, t. xiv, p. 303. Conf. p. 194.

(2) Jean de Muller. Hist. de la Suisse, liv. iii C. i : « Hiérarchie. »

TROISIÈME PARTIE.

HINCMAR CONSIDÉRÉ DANS SON ACTIVITÉ INTELLECTUELLE

Jusqu'ici, c'est surtout l'homme du gouvernement temporel ou spirituel, l'évêque et le conseiller des rois que nous avons essayé de faire connaître dans Hincmar. Il nous reste à le considérer dans son activité intellectuelle, et d'abord comme théologien, car c'est ici pour nous, au moins dans la question qui nous occupe maintenant, le point de vue le plus important. Toutefois comme ce grand homme a été versé dans les lettres grecques et latines, et qu'il a eu la gloire de fonder l'école de Reims, nous dirons aussi mais plus brièvement, quel fut son zèle pour les lettres et tout le soin qu'il mit à les faire fleurir dans son diocèse.

PREMIÈRE SECTION.

HINCMAR THÉOLOGIEN.

CHAPITRE Ier

CARACTÈRE DE L'ESPRIT THÉOLOGIQUE AU IXe SIÈCLE.
LA RAISON S'EN PREND A LA LIBERTÉ MORALE.
ORIGINE DE CETTE ERREUR.

Au IXe siècle s'est accompli dans le monde théologique une véritable révolution — s'il est permis de s'exprimer ainsi — qu'on a généralement méconnue.

Créée dans les cinq premiers siècles par les Pères grecs et romains, la théologie chrétienne avait reçu même en la combattant, l'empreinte de cette civilisation antique au sein de laquelle elle était née. Le système de dogmes développé et coordonné par Saint-Basile, Saint-Athanase, Saint-Jérôme, Saint-Hilaire, Saint-Augustin, etc., différait essentiellement de tous les systèmes stoïcien, platonicien, péripatéticien, néoplatonicien, et pourtant il y tenait. C'était un système philosophique dont les décisions de l'Eglise n'étaient pas l'unique source, ni l'autorité de l'Eglise l'unique appui. Voilà pourquoi les Pères, en tant que témoins de la tradition, sont toujours d'accord entre eux sur les dogmes transmis par son organe infaillible, et forment une chaîne non interrompue et indestructible. Mais en tant que raisonneurs, ils ne sont pas toujours fermes, ils se divisent souvent, se contredisent entre eux et quelquefois avec eux-mêmes. Le cachet de faiblesse, d'hésitation et d'inconstance, qui est celui de la raison, se révèle même dans la théologie spéculative.

Lorsqu'après un sommeil de plus de cent-cinquante ans le mouvement théologique recommença en Occident, les théologiens nouveaux adoptèrent les premiers Pères pour maîtres. Mais il y a un abîme entre la théologie des cinq premiers siècles, née au sein de la société romaine, et la théologie du moyen-âge née au sein de l'Eglise chrétienne. Saint-Augustin et les autres Pères des premiers siècles avaient considéré toutes les questions comme docteurs de la foi et appelés à maintenir l'orthodoxie, et comme philosophes et en examinant les

17

choses en elles-mêmes. Au ixe siècle rien de semblable n'était plus. Les théologiens n'avaient point l'autorité des Pères, et ils négligeaient, ils dédaignaient même le point de vue philosophique. A partir de cette époque, c'est le caractère essentiel de l'esprit théologique de ne point examiner les choses en elles-mêmes, et de juger de toutes les idées par leur seul rapport avec certains principes déterminés. M. Guizot (1) a dit, avec raison, que les théologiens ont joué à cet égard dans l'Europe moderne le même rôle que les jurisconsultes dans le monde romain. Les jurisconsultes romains n'examinaient point ce que nous appelons les principes généraux du droit, le droit naturel, ils avaient pour points de départ certains axiomes, certains précédents légaux, et leur habileté consistait à en démêler subtilement les conséquences, pour les appliquer aux cas particuliers, à mesure qu'ils se présentaient. Aussi les jurisconsultes romains furent-ils des dialecticiens d'une finesse et d'une rigueur admirables, non des philosophes. Les théologiens du moyen-âge ont été dans la même situation, se sont adonnés au même travail, et sont parvenus aux mêmes mérites, c'est-à-dire à la rigueur et à la subtilité logiques.

Et cette révolution qui s'accomplit alors dans la théologie, il ne faut pas l'attribuer à un manque de liberté ou de grandeur dans les esprits de ce temps, mais plutôt au changement complet survenu dans l'état de la société religieuse. Alors le christianisme régnait en maître sur les intelligences. Dans les cinq premiers siècles, au

(1) *Histoire de la civilisation*, tome II.

contraire, le néoplatonisme comptait un grand nombre
de disciples. Or le néoplatonisme est une philosophie,
il a pour point de départ la raison humaine, c'est en
elle qu'il se confie. De là suit que le libre examen
domine dans ce système, c'est sa méthode fondamentale et sa pratique habituelle. Voilà pourquoi le
christianisme a dû, dès l'origine, s'adresser à la raison
humaine et l'interroger pour convaincre ses adversaires.
Mais comme il a pour point de départ un fait extérieur
à la raison humaine, il a dû, après son triomphe, proclamer, plus explicitement, l'autorité pour son principe
et procéder par voie d'autorité.

Cette marche de la raison humaine, abandonnée à
elle-même, était d'ailleurs pour les défenseurs de la
vérité chrétienne une source d'avertissements. On avait
vu, durant les premiers siècles, cette pauvre raison, ou
plutôt les hérétiques dans lesquels elle se personnifiait
alors, sortir constamment du milieu dogmatique où réside le dogme défini par l'Eglise, et tomber tour à tour
les uns à droite, dans un extrême, les autres à gauche,
dans l'extrême opposé. C'est aussi pour nous servir de
l'exemple de Saint-Grégoire de Nazianze que Sabellius,
en exagérant l'unité de substance en Dieu, avait détruit
la distinction des personnes divines, et que le prêtre
Arius, exagérant au contraire cette distinction, avait ruiné
l'unité de substance. C'était là le cercle dans lequel on
avait vu tourner toutes les hérésies sur la Trinité, au
ive siècle, de même qu'au ve, tous les hommes rebelles
à la règle de la foi n'avaient fait qu'exagérer, alternativement avec Nestorius et Eutychès, la distinction des

deux natures en Jésus-Christ par la pluralité des personnes, ou l'unité de personne par la confusion des deux natures.

Telles avaient été les misérables allures de l'hérésie dans le cours de nos premiers siècles, et chose digne de remarque! tel est le phénomène qui se reproduit toujours dans la philosophie rationaliste ou purement humaine. Les opinions des philosophes et leurs systèmes se ruinent réciproquement, au point qu'après tant de siècles de discussion, ils sont arrivés à n'avoir ni opinions, ni systèmes sérieux, ni écoles. Le mal n'est pas dans ce vide; il est dans l'aveuglement surhumain de ceux qui se plaisent avec orgueil dans ce néant désespérant de toute vérité, de toute intelligence, plutôt que de recourir à la doctrine catholique, seule autorité qui ait droit sur la raison.

Ce danger, qui nous menace aujourd'hui, n'échappa point à la perspicacité des théologiens du viiie et du xve siècle. Voilà pourquoi ils s'appuyèrent presqu'exclusivement sur les textes des Pères qui les avaient précédés, et s'appliquèrent à déduire les conséquences des règles de croyance déjà posées. C'est le meilleur moyen de triompher de la nouvelle erreur qui allait troubler profondément l'épiscopat français.

La raison humaine, battue dans les impérieuses tentatives qu'elle avait faites pour expliquer selon sa mesure la doctrine chrétienne, après avoir échoué dans son exposition de la Trinité, s'en prit plus tard à deux autres dogmes fondamentaux, celui de l'Incarnation et celui de la Rédemption où de la Grâce. Ce qu'on avait dit, pour défendre le premier, valait encore pour justifier les deux autres ; les solutions données dans la controverse de l'Arianisme, sur les questions relatives au Rédempteur, portaient également sur la Rédemption. Il s'agissait de savoir, d'un côté, quelle est l'origine et la nature du péché dans l'homme et, de l'autre, quelle force pour le bien reste à l'homme déchu.

Il s'était déjà trouvé des docteurs qui avaient tellement amoindri la puissance de la volonté humaine, en présence de la grâce divine, que, d'après eux, il n'en subsisterait plus rien; mais les commencements de cette erreur, au ve siècle, sont obscurs et douteux. C'est au ixe qu'elle devait se manifester au grand jour.

CHAPITRE II.

HÉRÉSIE DE GOTTSCHALK. — SES DÉFENSEURS. — SES ADVERSAIRES, A LA TÊTE DESQUELS IL FAUT PLACER HINCMAR.

§ I.

Caractère de Gottschalk. — Commencement de son hérésie. — Il est condamné par le concile de Quierzy et fouetté en présence des Pères.

Au milieu des désordres de la guerre civile et étrangère, l'Eglise de France avait conservé intact le dépôt sacré de la foi. C'était une consolation et une espérance

pour ceux qu'affligeaient les déchirements de la patrie,
lorsqu'un moine allemand entreprit de renouveler dans
son sein les dogmes pernicieux du prédestinatianisme.

Si, grâce à la vigueur d'Hincmar, il ne parvînt pas
à faire école, il eut du moins le déplorable avantage de
diviser l'épiscopat, et nous ne craignons pas de l'affirmer, c'est le coup le plus dangereux que l'erreur puisse
porter à la société chrétienne.

Gottschalk, c'est le nom de ce novateur, était fils
d'un comte saxon appelé Bernon qui l'offrit dès son
enfance au monastère de Fulde. Après s'être lié par
des vœux solennels, il protesta contre son engagement,
sous prétexte qu'il n'avait pas été libre. Otgaire, archevêque de Mayence, prononça en sa faveur, et Gottschalk, en conséquence, quitta l'habit religieux et sortit
de Fulde. Mais Raban, son abbé, et l'un des théologiens les plus célèbres du temps, composa contre lui
un vigoureux écrit. Il y montrait que les enfants offerts
en bas-âge par leurs parents, selon la règle de Saint-
Benoît, sont véritablement obligés de professer la vie
religieuse jusqu'à la mort, et il se plaignit de la sentence de l'archevêque à l'empereur (1).

Les prétentions de Raban étaient conformes à une
décision du saint pape Grégoire II qui, consulté sur ce
point par S. Boniface, le fondateur de Fulde, répondit
qu'on ne devait pas permettre aux enfants, offerts dans
les monastères, de renoncer dans la suite à la profession religieuse. Cette discipline commença à changer

(1) *Epist. Hattonis*, apud centuriatores.—V. Mabill., t. II. An.
p. 523.

dans le ixe siècle. Mais telle était encore en France
la discipline monastique autorisée par la règle de saint
Benoit; et il y a quelque apparence que l'empereur,
touché des raisons de Raban, porta l'archevêque de
Mayence à révoquer sa sentence. Il est du moins certain que Gottschalk fut contraint de reprendre le joug
qui lui avait paru si pesant. Mais, après le scandale
qu'il avait causé, on ne l'obligea pas à retourner à
Fulde. Il passa d'Allemagne en France et sembla se
fixer au monastère d'Orbais, dans le diocèse de Soissons. Là, sous l'abbé Davon, il s'appliqua fortement à
la lecture des Pères de l'Eglise, surtout de Saint-Augustin, dont il apprit par cœur un grand nombre de
sentences. C'était précisément sur les matières si difficiles de la grâce, du libre arbitre et de la prédestination, matières bien dangereuses pour un esprit présomptueux et inquiet.

Comme Luther, dont il fut le précurseur, Gottschalk
était on ne peut mieux doué pour devenir un dangereux
novateur. Moins instruit que le moine Augustin, il avait
son esprit naturel. Comme lui, il était naturellement
adroit et dissimulé ; l'artifice suppléait aux qualités qui
lui manquaient. L'esprit de l'hérésie le rendit fourbe
jusque dans ses professions de foi. Il y a tout lieu cependant de le croire sincère dans un portrait qu'il fait
de lui-même, et dans lequel il se donne pour un étourdi
et un aventurier : *Stultorum princeps abrupta per omnia præceps* (1).

Avec de telles dispositions, Gottschalk se rendit à

_____
(1) *Gotescalc, Epist.* Ad. Ratram.

Reichenau où il se mit sous la direction de l'abbé Ta-
ton. Il y connut Valafrid Strabon qui lui donna de
grandes louanges dans ses vers, mais les louanges coû-
tent peu aux poëtes, et peut-être les méritait-il alors. Il
ne put supporter qu'un an la discipline d'un maître;
ne prenant ensuite que sa raison pour guide, il s'égara
en ne croyant suivre que la doctrine de Saint-Augustin
qu'il n'entendait pas. Sa présomption l'aveuglait en
présence de la lumière même. Malgré les remontrances
de ses amis, il voulut approfondir les questions les plus
difficiles et sonder les abîmes les plus profonds.

C'est ainsi qu'il consulta Loup, abbé de Ferrières,
pour savoir si, après la résurrection, on verrait Dieu des
yeux du corps, et pour lui demander une explication
du texte de Saint-Augustin. Ce savant abbé, après avoir
répondu sur ce qu'il proposait, lui conseilla de ne point
employer son esprit et son temps à éclaircir de semblables
questions, mais de s'appliquer plutôt à l'interprétation
et à la méditation des saintes Ecritures. Je vous exhorte,
lui dit-il (1), à ne pas user votre esprit à de pareilles
choses qu'il n'est peut-être pas à propos de savoir... Exer-
çons-nous plutôt dans le vaste champs des Ecritures :
appliquons-nous à les méditer et cherchons la face du
Seigneur avec humilité et avec piété. Quand nous ne
chercherons pas ce qui est au dessus de nous, peut-être
sa bonté nous le fera-t-elle connaître. » Gottschalk qui
avait l'ambition de frayer des routes nouvelles ne goûta
pas cet avis, et il se livra à des recherches téméraires

(1) Sirmond, t. 2, p. 1328; B, C, p. 1334; D, p. 1336 A-C.

sur la prédestination : genre d'étude on ne peut plus périlleux pour un esprit peu solide.

Il ne montra pas plus de sagesse dans sa conduite que dans ses études; il se fit ordonner prêtre, sans le consentement de son évêque, qui était celui de Soissons, par Rigbode, chorévêque de Reims, pendant la vacance du siège, après l'abdication d'Ebbon. L'amour du changement lui inspirant du dégoût pour la retraite, il quitta son monastère d'Orbais et entreprit de voyager en Italie, sous prétexte de pélerinage. Mais le moine pélerin avait d'autres vues que de satisfaire sa dévotion. En revenant de Rome, il s'arrêta dans une vallée du Piémont, chez un comte du lieu nommé Eberhard. Il eut là, soit avec ce seigneur, soit avec Nothingue, évêque de Vérone, qui se trouvait dans le pays, de longues conversations théologiques, et il soutint que bons et mauvais, élus et réprouvés étaient, également et de tout temps, prédestinés par la toute-puissance et la toute-prescience divine à leur sort actuel et futur. L'évêque de Vérone choqué de cette opinion, soit qu'elle lui fut nouvelle uo depuis longtemps contraire, la dénonça à Raban devenu archevêque de Mayence qu'il engagea à la combattre. Raban, déjà prévenu contre Gottschalk, écrivit au comte Eberhard qui d'ailleurs le connaissait et l'estimait, et répondit en même temps à Nothingue lui-même.

Obligé de. quitter l'Italie par suite de ces lettres de l'archevêque de Mayence, Gottschalk écrivit contre lui pour se défendre (1). Cette défense roulait sans doute

(1) Hincmar, *de Præd.*, C. 21.

sur ces deux questions : la prédestination impose-t-elle une nécessité à l'homme? La prédestination est-elle simple ou double? Gottschalk parcourut la Dalmatie, la Pannonie et le Norique, où il n'aura pas manqué de répandre ses opinions. Enfin il vint à Mayence. Aussitôt Raban assembla son concile, c'était vers le commencement d'octobre 848, et le roi Louis le Germanique y assista. Gottschalk y présenta un écrit où il disait qu'il y a deux prédestinations, et que, comme Dieu, avant la création du monde, a prédestiné incommutablement tous les élus à la vie éternelle par sa grâce gratuite, de même il a prédestiné à la mort éternelle tous les méchants à cause de leurs démérites. Il blâmait Raban de dire que les méchants ne sont pas prédestinés à la damnation mais que celle-ci est seulement prévue. « Car, disait-il, Dieu connaît par sa prescience qu'ils auront un mauvais commmencement et une fin encore pire, et il les a prédestinés à la peine éternelle. » On voit avec quelle adresse Gottschalk sut profiter de l'avantage que Raban lui avait donné. D'une question secondaire il fait la question principale, pour accuser lui-même son juge, au lieu de répondre sur l'accusation primitive, dont il ne dit mot dans son écrit, savoir : La prédestination impose-t-elle une nécessité à l'homme?

Il y eut, notamment sur ce dernier point, un interrogatoire et une discussion de vive voix, dont il est à regretter que nous n'ayons pas le procès-verbal. Il ne nous reste que la lettre suivante de l'archevêque Raban à Hincmar de Reims, auquel Gottschalk fut renvoyé :

« Nous avons cru devoir vous donner avis qu'un

moine vagabond, nommé Gottschalk, qui se dit prêtre
de votre diocèse, est venu d'Italie à Mayence, sédui-
sant les peuples par de nouvelles superstitions et une
doctrine pernicieuse sur la prédestination. Il enseigne
que Dieu prédestine au mal comme au bien, et qu'il
y a des hommes qui ne peuvent se corriger de leurs
erreurs, à cause de la prédestination qui les entraîne
malgré eux à leur perte, comme si Dieu les avait créés
incorrigibles et pour les damner. Ayant ouï ces opinions
de la bouche de ce moine, dans notre concile tenu depuis peu à Mayence, nous l'avons condamné, lui et sa
pernicieuse doctrine, et avec l'agrément et même par
ordre de Louis, notre très-pieux roi, nous avons pris
la résolution de vous l'envoyer, afin que vous le fassiez
enfermer en quelque lieu de votre diocèse où il n'ait
pas la liberté d'enseigner ses erreurs et de séduire davantage les peuples. Car, à ce que j'ai appris, il a
déjà perverti bien des chrétiens, en qui il a éteint le
zèle et l'ardeur qu'ils avaient pour leur salut. A quoi
bon, disent-ils, me donner tant de peine pour servir
le Seigneur? Si je suis prédestiné pour la mort éternelle, je ne l'éviterai pas; au contraire, si je suis prédestiné pour la vie, j'aurai beau vivre mal, j'arriverai
certainement au repos éternel. Nous avons écrit cette
lettre pour vous informer de la doctrine que nous avons
reconnu être enseignée par ce moine. Vous pourrez
apprendre plus en détail ses sentiments de sa propre
bouche et déterminer ce qu'il convient de faire. Que le
Seigneur vous conserve en santé. Priez pour nous. (1) »

(1) Labbe, t. 8, p. 52.

Ces quelques lignes de Raban Maur établissent nettement le péril que l'erreur prédestinatienne faisait
courir aux mœurs sociales; elles démontrent non
moins catégoriquement l'intervention de l'autorité civile
qui « ordonne de renfermer Gottschalk dans son monastère » *jubente piissimo rege nostro Ludovico*; ce
sont les paroles même de la lettre de Raban Maur. Le
roi Louis-le-Germanique avait-il le droit d'en agir ainsi?
c'est une question que nous n'avons pas à trancher ici,
mais, en tout cas, ses ordres dégagent complètement
la responsabilité d'Hincmar.

Réintégré au monastère d'Orbais, prison fort douce
en comparaison de nos maisons cellulaires actuelles,
Gottschalk continua d'enseigner son farouche prédestinatianisme. « Or, dit Hincmar, un décret de Charles-
le-Chauve ayant convoqué, en 849, les évêques de la
Gaule Belgique au palais royal de Carisiacum (Quierzy-
sur-Oise) pour y délibérer sur les affaires de l'Etat,
je demandai qu'on fit comparaître Gottschalk devant
cette assemblée synodale. Elle se composait de : Wénilon
archevêque de Sens, Hincmar de Reims, Fulcoin évêque des Morini (Thérouanne), Theudéric de Cambrai,
Rothade de Soissons, Ragenarius d'Amiens, Immo de
Noyon, Erpoin de Senlis, Lupus de Châlons-sur-Marne,
Irminfrid de Beauvais, Pardulus de Laon, Teutbold de la
province de Lyon et de Langres, Gernobicus de la province de Tours, Rigbode chorévêque de Reims, Witaus
chorévêque de Cambrai. Trois évêques nommés, Wénilo
qui fut depuis sacré archevêque de Rouen, Enée, notaire
du sacré palais, depuis évêque de Paris, et le diacre

Pardulus, aujourd'hui évêque de Langres, prirent part selon la coutume ecclésiastique aux délibérations synodales. Il en fut de même des vénérables abbés : Ratbert de Corbie, Bavo d'Orbais, Halduin d'Hautviliers, sans compter les autres seigneurs prêtres et diacres présents, parmi lesquels Wulfade, économe de l'Eglise métropolitaine de Reims, et Rodoal, archidiacre de la même Eglise, avec les délégués du clergé de chaque ordre. Gottschalk comparut au synode, au milieu d'une foule immense, réunie pour l'entendre, *multis audientibus.* Comme à Mayence, il formula en termes exprès son hérésie et se montra incorrigible. Le concile définit en quatre articles le dogme attaqué et promulgua les propositions suivantes : 1o La prescience divine ne constitue point une prédestination fatale pour tel homme au mal ou à la damnation; 2o Le libre arbitre aidé de la grâce est en chacun de nous apte à produire le bien; 3o Dieu veut que tous les hommes soient sauvés; 4o le Christ est mort pour tous les hommes. Gottschalk refusa de les souscrire et maintint énergiquement son erreur. En punition de sa contumace, il fut dégradé de l'ordre sacerdotal qu'il avait à l'origine subrepticement reçu des mains du chorévêque de Reims, Ricbold, à l'insu et sans l'autorisation de l'évêque de Soissons, d'où relevait juridiquement le monastère d'Orbais. Comme il persévérait dans son irrévocable obstination, les lois civile et ecclésiastique lui furent appliqués. En vertu des canons du concile d'Agde, d'une part, et de la règle de Saint-Benoît, de l'autre, il fut condamné, en conformité avec la première sentence des évêques de Germanie, à être battu de verges comme un moine rebelle, et à être enfermé dans une prison monastique. Voici le texte du jugement synodal : « Frère Gottschalk, sachez que, par le jugement de l'Esprit saint et en vertu du sang de Notre-Seigneur Jésus-Christ, le ministère sacerdotal, que vous avez irrégulièrement usurpé à l'origine, et que vous avez depuis déshonoré par votre dépravation et vos doctrines perverses, vous est enlevé avec interdiction de l'exercer à l'avenir. De plus, comme vous avez abusé de votre nom et de votre caractère de moine pour enfreindre à la fois les droits de l'autorité civile et ceux de la juridiction ecclésiastique, *ecclesiastica civilia negotia contra propositum et nomen monachi conturbare præsumpsisti,* nous décrétons par l'autorité épiscopale que vous serez, selon les règles ecclésiastiques, soumis au châtiment de la flagellation très-dure et renfermé dans la prison d'un monastère, *durissimis verberibus te castigari et secundum ecclesiasticas regulas ergastulo retrudi, auctoritate decernimus.* Enfin, pour que désormais vous ne puissiez plus usurper le ministère de la prédication, nous imposons par la vertu du verbe divin, un silence perpétuel à votre bouche (1). »

La sentence reçut dans le concile même un commencement d'exécution. On alluma un grand feu devant Gottschalk, on lui mit en main l'écrit qu'il avait composé pour soutenir ses erreurs, et on le frappa à coups de fouets jusqu'à ce qu'il l'eût jeté au feu, ce qu'il ne tarda pas à faire, Il fut mis ensuite en prison dans le

(1) Labb. *Concil.,* tom VIII, *Col.* 52.

monastère d'Hautviliers, au diocèse de Reims (1), car Hincmar ne s'en fiait pas à Rothade son évêque.

§ II.

Prudence de Troyes, Loup, abbé de Ferrières, Ratramne,
moine de Corbie, s'élèvent contre le traitement qu'on
a fait subir à Gottschalk, et protestent contre le sens
qu'on voulait donner à ses paroles,

Le fouet était, selon la règle de saint Benoît, la punition des moines réfractaires, et le supérieur de Gottschalk, qui était présent, l'avait jugé digne de cette peine, avec les autres abbés ; il n'y avait donc pas sujet d'accuser Hincmar d'inhumanité. Et cependant, soit pitié pour Gottschalk si rigoureusement traité, soit mauvais vouloir pour l'archevêque de Reims, une vive clameur s'éleva contre sa conduite. Des hommes très influents dans l'Eglise gallo-franque, Prudence, évêque de Troyes, Loup, abbé de Ferrières, Ratramne, moine de Corbie, et plusieurs autres l'attaquèrent presqu'à la fois. Ils ne prirent pas positivement parti pour Gottschalk, mais ils blâmèrent hautement le châtiment qu'il avait subi, protestèrent contre le sens qu'on voulait donner à ses paroles, et prièrent Hincmar de permettre à ce malheureux d'expliquer ses sentiments (2).

(1) Ann. Bertin. — Labb., t. VIII, p. 57.
(2) Flodoard, L. III, C. XXI.

Gottschalk sut profiter de cet état de choses et publia de sa prison deux confessions de foi, l'une courte, l'autre ample, mais toutes deux dans le même sens. « Je crois, dit-il dans la première, que Dieu a prédestiné gratuitement les élus à la vie éternelle, et que, par son juste jugement, il a prédestiné les réprouvés à la mort éternelle, à cause de la prescience très certaine de leurs démérites, car le Seigneur dit lui-même : « Le prince de ce monde est déjà jugé. » Ce que saint Augustin explique ainsi : « C'est-à-dire qu'il est destiné irrévocablement au feu éternel. » Notre-Seigneur dit encore : « Celui qui ne croit pas est déjà jugé, c'està-dire, dit saint Augustin, le jugement est déjà fait, quoiqu'il n'ait pas encore paru. » Après plusieurs autres passages de saint Augustin, il cite saint Grégoire, saint Fulgence et saint Isidore.

Dans la seconde confession de foi, Gottschalk adresse la parole à Dieu avec un air de piété hypocrite qu'il affecte pour couvrir l'horreur du dogme des deux prédestinations qu'il établit. Il insiste sur son immutabilité dont l'éternité des ses décrets est une suite; il dit que la prédestination est une en elle-même, quoiqu'elle soit double par ses effets, comme saint Augustin dit que sa charité est double par rapport à Dieu et au prochain. Dans l'excès de son fanatisme, il ne craint pas de proposer de se plonger dans l'huile bouillante pour prouver la vérité de son opinion :

« Seigneur tout-puissant, dit-il, comme j'espère et crois en vous, qu'il vous plaise qu'il me soit permis

de montrer par l'épreuve suivante la vérité de la foi
catholique sur la prédestination, en présence du peuple, du roi, des évêques, des prêtres, des moines et
des chanoines. Qu'on mette près les uns des autres
quatre tonneaux pleins d'eau bouillante, de graisse,
d'huile et de poix; qu'on allume un grand feu, et qu'il
me soit permis pour prouver ma foi, ou plutôt la foi
catholique, après avoir invoqué votre glorieux nom, de
me plonger dans chacun de ces tonneaux..., à condition que, si j'en sors sain et sauf, mes adversaires em-
brasseront votre vérité et détesteront la fausseté; au
contraire, si je fais difficulté ou si je crains de subir
cette épreuve, je consens qu'ils me jettent dans le feu
et m'y laissent périr. »

Dans ces deux professions de foi, Gottschalk ne parle
que de la double prédestination, question secondaire,
mais il ne dit pas un mot de la question principale :
si la prédestination imposait à l'homme une nécessité
fatale, erreur à laquelle nous verrons, par ses propres
paroles, qu'il revenait à travers tous ses détours et tenait opiniâtrement. Ce fut une faute à Hincmar de se
méprendre sur la question secondaire, de laisser de
côté la question principale, au lieu de la poser nettement, de citer les paroles précises du coupable et de
justifier ainsi sa sentence. En ne voulant pas admettre
la double prédestination, il semblait condamner les
Pères de l'Eglise, qui l'admettent et l'enseignent.

Aussitôt qu'elles parurent, ces confessions captieu-
ses et portant l'empreinte d'une conviction profonde
en imposèrent à un grand nombre de personnes sur-

tout aux moines plus enclins à excuser un de leurs confrères. Hincmar, qui s'en aperçut, s'appliqua à les détromper ou à les prémunir contre la séduction. Il savait que les solitaires les plus ignorants et les plus austères sont souvent les plus opiniâtres dans l'erreur, quand une fois ils ont eu le malheur de s'y laisser engager. Pour les instruire, il crut devoir leur faire sentir l'hétérodoxie des sentiments de l'artificieux sectaire par un écrit public qu'il adressa *aux simples et aux reclus de son diocèse.*

Ratramne, moine de Corbie, n'en prit pas moins la défense de Gottschalk, dont il était ami particulier et osa lui écrire une lettre où il censurait librement cet écrit d'Hincmar, à qui la lettre de Ratramne fut remise par les gardes de Gottschalk. En même temps, saint Prudence de Troyes fit un recueil de passages de l'Ecriture Sainte et des Pères, principalement de saint Augustin, pour prouver la vérité des deux prédestinations. Il y traitait aussi deux autres questions délicates : En quel sens Dieu veut sauver tous les hommes, et en quel sens Jésus-Christ est mort pour tous. Il dit que c'est pour tous généralement, mais non pour tous spécialement, et il faut sous entendre *d'une manière efficace.* Il envoya ce traité à Hincmar et à Pardule de Laon, du consentement d'un concile tenu à Paris vers l'automne de l'an 849. Prudence mit en tête une lettre où il dit : « J'avais souhaité de traiter avec vous à l'amiable et en particulier les questions proposées; n'en ayant pas eu la liberté, j'ai été obligé de vous écrire, vous priant principalement de ne pas permettre que l'on

attaque de votre temps l'autorité de saint Augustin. »
Il s'étend à prouver combien cette autorité est grande
dans l'Eglise (1).

Loin de se rebuter de ces contradictions qui sont
une partie du mérite de ceux qui combattent l'erreur,
Hincmar manda à Raban tout ce qui s'était passé jusque-là dans l'affaire de Gottschalk. Il lui envoya en
même temps que la grande confession de foi de cet hérétique, son propre écrit *pour les reclus*, la lettre de
Ratramne et l'ouvrage de Prudence. Raban de son
côté lui adressa, pour lui faire connaître son sentiment,
ses deux traités à Nothingue et à Eberard ainsi qu'une
longue lettre sur la question prédestinatienne. D'après
cette lettre, on voit qu'il craint d'admettre la prédestination des méchants à la peine, persuadé que ce serait
admettre leur prédestination au péché ; il regrette
beaucoup de voir traiter avec tant d'animosité des
questions inutiles. Quant à la volonté de sauver tous
les hommes, et la mort de Jésus-Christ pour tous, il
entend ces paroles comme saint Ambroise : « sans excepter personne (2). »

Comme s'il eût craint que l'autorité de ces deux
grands évêques ne terminât ce différend, le roi Charles
attisa lui-même le feu de la division (3). Il aimait ces
sortes de guerres théologiques, et il eut le tort de
souffrir, comme le dit un ancien auteur, qu'on agitât
de son temps bien des questions contraires à la foi. Il

(1) Bibl. P P., t. 25.
(2) Sirmond, t. II p. 1295.
(3) Lup. *Epist.* C. XXVIII.

engagea les hommes les plus savants de son royaume à écrire sur les matières de la prédestination, question qui préoccupait tous les esprits à cette époque. Ce prince étant venu à Bourges, au mois de décembre 849, pria Loup de Ferrières qui s'y était rendu, de lui exposer ce qu'il pensait des trois fameux articles qui troublaient l'Eglise.

Loup publia, quelques mois après, un traité sur ces trois questions, savoir : sur le libre arbitre, sur la prédestination et sur la mort de Jésus-Christ. Il n'y enseigne pas les erreurs de Gottschalk, mais on s'aperçoit qu'il lui est favorable. Sur la première question, il montre que l'homme n'a pas le libre arbitre pour le bien s'il n'est délivré par la grâce ; à cette occasion, il rapporte un texte de saint Augustin, tiré de son dernier ouvrage contre Julien, où ce docteur dit : *Le libre arbitre, qui nous est naturel et inamissible, est celui par lequel tous veulent être heureux, même ceux qui ne veulent pas faire ce qui conduit à la béatitude.* Mais il est certain que saint Augustin nomme ici *libre arbitre* la faculté même de la volonté. Elle n'est point libre en tant qu'elle a le désir de la béatitude, mais en tant qu'elle applique ce désir, en cherchant la béatitude par les actes. Sur la seconde question, il dit que la prédestination n'est jamais sans la prescience, mais que la prescience est le plus souvent sans la prédestination, parce que Dieu prévoit les crimes et n'y prédestine pas. Il admet la prédestination à la peine, mais il dit que Dieu n'impose point à l'homme, la nécessité de tomber, qu'il lui en laisse seulement le pouvoir; en quoi il s'éloignait assez des sentiments de Gottschalk.

Sur la troisième question, il paraît d'abord restreindre la rédemption de Jésus-Christ aux seuls élus. Ensuite, il reconnait qu'il est probable que Jésus-Christ est mort pour tous les fidèles. « Mais, dit-il, quelques-uns regardent comme un blasphème et un outrage fait au Rédempteur de dire qu'il n'a pas racheté tous les hommes. Pour nous, nous laissons cette question indécise, et si quelqu'un peut nous montrer que le sang du Rédempteur a servi de quelque chose à ceux qui se sont perdus, non seulement nous ne nous opposerons pas à ce sentiment, mais encore nous l'embrasserons volontiers. Car si le soleil n'éclaire pas les aveugles, du moins il les échauffe. Pourquoi un soleil plus puissant, s'il ne sauve point par leur faute les aveugles et les damnés, ne ferait-il pas en sorte qu'ils fussent punis plus légèrement en vue d'un si grand prix? »

Ratramne, à la demande du même roi Charles, composa également un ouvrage de la prédestination. De tous ceux que l'on fit à cette époque, sur cette matière, il n'y en a point qui soit mieux écrit en tout sens et dont la doctrine soit plus solidement établie. Il trace son plan en peu de mots. Comme la prédestination est un mystère profond, il croit pour en faciliter l'intelligence, devoir commencer par traiter de la providence divine en général, par laquelle la souveraine sagesse de Dieu règle tout ce qui se fait dans le monde. Sur ce plan il divise son ouvrage en deux livres. Le premier, qui n'est qu'un tissu continu de passages de l'Ecriture et des Pères, sans presque nulle réflexion de l'auteur, est tout employé à établir la providence de Dieu, et, par suite, la prédestination gratuite des élus à la grâce et à la gloire. Les Pères, dont il est fait le plus d'usage dans ce premier livre, sont Saint-Augustin, l'auteur du *Traité de la vocation des gentils*, qu'il cite sous le nom de Saint-Prosper, Saint-Grégoire-le-Grand et le prêtre Salvius.

Dans le second livre, il montre par l'Ecriture et les Pères, nommément Saint-Augustin, Saint-Fulgence, Saint-Isidore de Séville et Cassiodore, que Dieu a prédestiné les méchants aux supplices éternels, en conséquence de la prévision de leurs péchés; que, néanmoins, il ne s'ensuit nullement ni que Dieu prédestine au péché, ni que les méchants soient contraints à périr et souffrir les peines éternelles, mais que c'est leur malice qui les porte au péché, et leur péché qui les conduit à la peine. Ratramne insiste beaucoup sur ce point et il le développe en profond théologien. C'était en voulant défendre Gottschalk, le condamner en effet, puisque ce novateur croyait que Dieu ne veut sauver que ses élus. Il fait beaucoup plus d'usage du raisonnement dans ce second livre que dans le premier. Il y montre que ceux qui, comme Hincmar, admettaient bien que Dieu prédestine la peine éternelle aux méchants, mais ne voulaient pas admettre que Dieu prédestine les méchants à cette peine, tombaient en contradiction avec eux-mêmes. En finissant son ouvrage, il prie le roi Charles de ne point le rendre public jusqu'à ce que la question eût été examinée et que l'on fût convenu de ce qu'on devait croire sur cette matière. Que si l'on trouvait des corrections à faire à son livre, il demandait qu'on les fît, mais aussi qu'on lui en donnât connaissance (1).

Cet écrit de Ratramne est une preuve, entre plusieurs autres, qu'au milieu du neuvième siècle, il y a mille ans, les bonnes et solides études étaient loin d'être perdues, ni même négligées.

§ III

Hincmar appelle à son aide Amalaire prêtre de Metz, et le philosophe Jean Scot. — Caractère de cet écrivain et de son talent. — Son livre sur la prédestination soulève une véritable tempête dans l'Eglise franque. — Il est attaqué avec raison par Prudence de Troyes, Florus diacre de Lyon.

Hincmar ne s'était pas attendu à un tel orage. Il écrivit à Raban qui l'avait attiré sur sa tête, pour l'engager à défendre ce qu'ils avaient pensé et fait en commun. Raban intimidé n'écrivit point et laissa Hincmar seul en but au péril. Cherchant de tous côtés des champions, l'archevêque de Reims s'adressa d'abord à un prêtre de Metz, nommé Amalaire qui, à sa demande, écrivit, en effet, contre Gottschalk, un ouvrage aujourd'hui perdu, et ensuite à Jean Scot Erigène, c'est-à-dire Irlandais.

C'était un homme de beaucoup d'esprit et de science,

(1) Bibl. PP., t. 25.

et qui était alors en grand crédit à la cour de Charles-
le-Chauve. Ce prince assistait souvent à ses leçons, y
prenait un vif intérêt, et le consultait sur toutes les
affaires, toutes les difficultés intellectuelles, pour ainsi
dire, qui s'élevaient dans son royaume. Une anecdote
qu'on lit dans un manuscrit de Guillaume de Malmesbury, chroniqueur du XIII siècle, nous montre jusqu'à
quel point était poussée la familiarité du roi et du philosophe :

Jean, dit-il, était assis à table, en face du roi, de
l'autre côté de la table. Les mets ayant disparu, et
comme les coupes circulaient, Charles le front gai, et
après quelques autres plaisanteries, voyant Jean faire
quelque chose qui choquait la politesse gauloise, le tança
doucement, en lui disant : « Quelle distance y a-t-il entre
un *sot* et un *Scot?* » *(Quid distat inter stultum et Sco-
tum?)* — « Rien que la table, » répondit Jean, ren-
voyant l'injure à son auteur (1). Ne sont-ce pas là les
libertés d'un commensal bel esprit qui se croit tout
permis parce qu'il amuse et plaît?

Ce fut, il n'y a pas à en douter, cette faveur de Jean
le Scot auprès de Charles-le-Chauve qui donna à Hincmar l'idée de le faire intervenir dans sa querelle avec
Gottschalk, en l'engageant à écrire pour lui. Hincmar,
nous l'avons vu, était autant homme d'Etat que théologien, aussi occupé du gouvernement que de la science.
Il se voyait dans une situation difficile. La plupart des
théologiens de la Gaule franque s'élevaient contre lui :

(1) Guill. de Malmesbury, dans son livre inédit : *De pontifi-
cibus,* l. v.

Raban, le célèbre Raban, après l'avoir compromis, refusait de le soutenir. Il s'adressa à Jean le Scot, voulant sans doute profiter à la fois de sa faveur et de sa science, et se flattant de trouver en lui un défenseur habile et accrédité.

Mais Hincmar ne savait pas quel allié il appelait à son secours, et quelle lutte il allait rengager. Pour faire bien comprendre le tour que prit alors la question et le rôle qu'y joua Jean le Scot, il faut l'écouter parler lui-même :

Son Traité sur la Prédestination débute ainsi :

Comme tout moyen d'atteindre à une pieuse et parfaite doctrine, en recherchant avec ardeur et découvrant sûrement la raison de toutes choses, réside dans cette science et cette discipline que les Grecs appellent *philosophie*, nous croyons nécessaire de parler en peu de mots de ces divisions et classifications. « On « croit et on enseigne, comme dit Saint-Augustin, que « la philosophie, c'est-à-dire l'amour de la sagesse, n'est « point autre chose que la religion; et ce qui le prouve, « c'est que nous ne recevons pas en commun les sa-« crements avec ceux dont nous n'approuvons pas la « doctrine. » Qu'est-ce donc que traiter de la philoso-phie ? sinon exposer les règles de la vraie religion, par laquelle on cherche rationnellement et l'on adore humblement Dieu, cause première et souveraine de toutes choses. De là suit que la vraie philosophie est la vraie religion, et réciproquement, que la vraie reli-gion est la vraie philosophie (1).

(1) *De divina prædestinatione*, Rec. de Maug., t. I, p. 111.

N'est-ce pas là le langage d'un homme, philosophe bien plus que théologien, qui prend dans la philosophie son point de départ et s'efforce de la confondre, de la concilier avec la religion, soit parce qu'en effet il les considère comme une seule et même science, soit parce qu'il a besoin du bouclier de la religion contre les attaques dont il est l'objet?

Jean le Scot était, au IXe siècle, le représentant, l'interprète de cette tentative d'amalgame commencée, dès le second siècle, et si active au Ve, entre le néoplatonisme alexandrin et la théologie chrétienne. Or, puisque la tentative n'avait pas réussi du IIe au Ve siècle, lorsque le néoplatonisme alexandrin était encore accrédité, à plus forte raison devait-elle échouer au IXe, lorsque l'ancienne doctrine n'avait plus guère pour organe et pour défenseur qu'un philosophe errant, favori d'un roi sans pouvoir.

Pour prévenir les clameurs qu'une telle entreprise devait exciter parmi les théologiens, il écrivit en tête de son traité dédié à Hincmar les lignes suivantes :

Dans cet opuscule donc, que nous avons écrit par vos ordres et en témoignage de votre foi orthodoxe, adoptez et attribuez à l'Eglise catholique ce que vous jugerez vrai; repoussez et pardonnez-nous, à nous simple homme, ce qui vous paraîtra faux; quant à ce qui semblera douteux, croyez jusqu'à ce que l'autorité vous enseigne qu'il faut le repousser ou le tenir pour vrai et le croire toujours (1).

Mais la précaution fut vaine : on n'abuse point, on

____

(1) De div. præd. præf., Rec. de Mauguin, t. I, p. 110.

n'endort point des adversaires intellectuels, des défenseurs de la vérité catholique. Aussitôt que cet ouvrage,
qui était divisé en dix-neuf chapitres, eût paru, Vénilon, archevêque de Sens, en envoya un extrait, divisé
aussi en dix-neuf articles, à Saint-Prudence, évêque de
Troyes, le priant d'en réfuter les erreurs. Prudence
crut y trouver celles de Pélage et d'Origène, et en
fut épouvanté. Pour s'en assurer mieux, il chercha le
livre entier de Jean Scot, et l'ayant trouvé, l'auteur lui
parut absolument pélagien. Il entreprit donc de le
réfuter, en 852, par un traité portant le même titre,
de la Prédestination, divisé de même en dix-neuf chapitres. Il y rapporte les paroles de Scot et y répond
pied à pied. Scot prétendait qu'avec ses quatre règles
de philosophie on pouvait résoudre toutes sortes de
questions ; que la prédestination et la prescience de
Dieu étaient l'essence de Dieu, comme sa volonté, sa
sagesse; que la prédestination et la prescience sont
une même chose ; que l'homme pouvait, avec le don
de la grâce coopérante, retourner à Dieu ; que la prédestination est en Dieu substantivement et non relativement ; que, comme il n'y a qu'une charité, il n'y
a qu'une prédestination. Saint-Prudence fait voir que
les règles de la sagesse mondaine ne suffisent point
pour résoudre toutes sortes de questions ; qu'il est
besoin pour cela de la grâce et de la foi qui opère
par la charité, de l'étude sérieuse et de la science des
divines Ecritures ; que, la prescience et la prédestination n'étant en Dieu que relativement aux créatures,
elles ne sont point la substance de Dieu ; qu'il y a de

la différence entre la prédestination et la prescience , puisque Dieu prévoit plusieurs choses qu'il ne prédestine pas, comme sont les péchés des hommes, et qu'il ne prédestine rien qu'il n'ait prévu ; que l'homme ne peut même concevoir le dessein de travailler à son salut sans le secours d'une grâce prévenante. Quant à l'hérésie de Gottschalk, que Scot avait aussi nommé expressément, Saint-Prudence dit : « Nous ne la défendons ni ne la tenons ; mais comme nous détestons les pélagiens qui soutiennent que l'on peut faire quelque chose de bon par le libre arbitre sans le secours de la grâce, et ceux, s'il en est, qui attribuent tout à la grâce seule et détruisent le libre arbitre , de même nous ne détestons pas moins ceux qui disent que la prédestination divine impose aux créatures une force nécessitante (1). En même temps qu'il réfute les erreurs de Jean Scot, Prudence le traite avec le dernier mépris quoique depuis longtemps il fut lié d'amitié avec lui, comme il le dit dans son ouvrage (2). Mais son livre trouva aussi des censeurs, et l'on voit sur un ancien manuscrit de cette réfutation la note suivante :

Il faut lire avec précaution ce livre, qui paraît écrit pour la défense de la foi contre l'infidélité, et où tant de textes de l'Ecriture et des auteurs ecclésiastiques sont tronqués. En le lisant, il faut pratiquer la maxime de l'Apotre : EXAMINEZ TOUTES CHOSES ET TENEZ-VOUS EN A CE QUI EST BON : *car Prudence qui*

____

(1) Bibl. PP., t. xv, cap. 4, et *Recapitul.* definit. 10, cap. 4, sect. I.

(2) Pagi, an 852, n. 10.

est l'auteur de ce livre, N'A PAS EU DES SENTIMENTS CATHOLIQUES *sur quelques dogmes de la religion, ainsi que le font voir quelques autres de ses ouvrages.*

Cette censure est conforme au jugement que l'auteur des *Annales de Saint-Bertin* a porté du même écrivain : « Galendon, dit-il (1), évêque de Troyes, surnommé Prudence, espagnol de nation, fort versé dans les lettres, avait d'abord écrit contre Gottschalk. Mais, dans la suite, s'étant brouillé avec quelques évêques qui combattaient avec lui cet hérétique, il devint le défenseur de son hérésie. Il mourut en écrivant des choses qui se contredisaient et qui étaient contraires à la foi, et quoiqu'affaibli par une longe maladie il ne cessa d'écrire qu'en cessant de vivre. »

Les mêmes extraits de Jean Scot ayant été portés à Lyon, cette Eglise crut nécessaire d'y répondre et chargea de ce travail le diacre Florus, docteur fameux dès le temps d'Agobard, dont il reste encore quelques ouvrages, et qui avait déjà donné un discours sur la prédestination. Mais tout en attaquant le philosophe avec la plus grande vigueur, Florus n'en est pas moins énergique contre Gottschalk :

« Au nom de N. S. J.-C., commence le livre de Florus contre les inepties et les erreurs d'un certain présomptueux, nommé Jean, sur la prédestination et la prescience divine et la vraie liberté de la volonté humaine.

A nous, c'est-à-dire à l'Eglise de Lyon, sont parvenus les écrits d'un certain homme vain et bavard qui,

(1) Ann. Bertin, ad ann. 361.

disputant sur la prescience et la prédestination divine,
à l'aide de raisonnements purement humains et, comme il s'en glorifie lui-même, philosophiques, a osé
sans en rendre nulle raison, sans alléguer aucune autorité des Ecritures ou des Saints Pères, affirmer
certaines choses, comme si elles devaient être reçues
et adoptées sur sa seule et présomptueuse assertion.
Avec l'aide de Dieu, les lecteurs fidèles et exercés dans
la doctrine sacrée jugent · et repoussent aisément ces
écrits pleins de vanité, de mensonge et d'erreur, qui
affirment la foi et la divine vérité et sont même pour
eux un objet de mépris et de risée. Cependant, à ce que
nous avons entendu dire, ce même homme est un sujet d'admiration pour beaucoup de gens, comme érudit
et versé dans la science des écoles : soit en parlant,
soit en écrivant, il jette les uns dans le doute, entraîne les autres dans son erreur, comme s'il disait
quelque chose de magnifique; et, par la vaine et pernicieuse abondance de ses paroles, il s'empare tellement
de ses auditeurs et de ses admirateurs qu'ils ne se
soumettent plus humblement aux divines Ecritures, ni à
l'autorité des Pères et aiment mieux suivre ses rêveries
fantastiques. Nous avons donc jugé nécessaire, par zèle
de charité et à cause de ce que nous devons à notre
cité et à notre ordre de répondre à son insolence (1).

Le traité de Florus contre Jean Scot est semblable
à celui de Prudence. Dans son quatrième chapitre, Scot

(1) Veterum auctorum qui, IX sæculo, de prædestinatione et
gratiâ scripserunt, opera et fragmenta, publiés par le président
Mauguin, 2 vol. in-4°, t. I, p. 585, Paris 1650.

avait signalé trois hérésies : celle de Pélage, reconnaissant le libre arbitre sans la grâce ; une seconde, dont il ne reconnaît pas l'auteur, reconnaissant la grâce seule sans le libre arbitre ; la troisième de Gottschalk, imposant par les prédestinations une force nécessitante. Florus répond que la première a été justement condamnée par l'Eglise, mais qu'il n'a jamais entendu parler de la seconde ; qu'à l'égard de Gottschalk, condamné et enfermé dans une prison depuis plusieurs années, on serait plus en état de le convaincre d'erreur et de le réfuter, si ceux qui l'avaient traité si sévèrement eussent envoyé, selon la coutume de l'Eglise, des lettres synodiques à tous les évêques, pour les informer de ce qu'ils avaient condamné dans ce malheureux moine. Il ajoute : Si Gottschalk enseigne une prédestination double quant à ses effets, en cela il n'est point blâmable, puisqu'elle est fondée sur l'Ecriture et les Pères, c'est Scot qui est blâmable de le nier par ses argumentations sophistiques ; si le même Gottschalk soutient que cette prédestination des réprouvés à la peine impose à quelqu'un d'entre eux la nécessité de mal faire, voilà qui est absolument contraire à la foi catholique : car c'est une absurdité et une impiété extrême de dire que Dieu, qui ne veut pas que personne soit mauvais, contraint ou pousse quelqu'un à l'être. « Il en est de tous les réprouvés comme du premier homme ; il a péché de son seul et plein gré, mais il a subi malgré lui la peine de son péché. Ainsi en sera-t-il au jugement dernier, où les méchants seront précipités dans la fournaise ardente. Voilà donc quelle nécessité l'Eglise de Dieu reconnaît dans la prédestination divine à l'égard des réprouvés, la nécessité du jugement, mais non la nécessité du péché. Quiconque dit que Dieu a imposé ou impose à l'homme la nécessité de pécher, celui-là profère manifestement contre Dieu un horrible blasphème, puisqu'en disant qu'il pousse au péché il le fait auteur du péché (1). »

Voilà comment le diacre Florus, ou plutôt l'Eglise de Lyon flétrit, au neuvième siècle, le dogme impie qui suppose que Dieu contraint l'homme au péché par la prédestination, et qui fait ainsi Dieu même auteur du péché de l'homme.

Gottschalk, de son côté, ne restait pas inactif. Il envoya lui-même de ses écrits par un moine à Amolon, archevêque de Lyon, le priant instamment de les lire. Amolon, les ayant reçus, demeura longtemps en doute s'il devait répondre à un homme excommunié, ce qui semblait un mépris des évêques qui l'avaient condamné. D'un autre côté, il paraissait contre la charité de rejeter les prières d'un malheureux. Il prit donc un tempérament qui fut d'écrire à Gottschalk, mais d'adresser sa lettre à Hincmar, son métropolitain.

____

(1) Bibl. PP., t. 25. C. 4

CHAPITRE III.

Hincmar tient en 853 un nouveau concile à Quierzy au sujet de l'erreur PRÉDESTINATIENNE : *les quatre articles de cette assemblée. — Rémy de Lyon lui oppose le concile de Valence. — Raison de ce désaccord entre les prélats du nord et du midi de la France.*

Hincmar ayant reçu la lettre d'Amolon à Gottschalk écrivit à l'archevêque de Lyon et lui exposa la manière dont ce moine avait été jugé à Mayence et à Quierzy, ainsi que le sommaire de sa doctrine. Il obligea aussi Pardule, évêque de Laon, à écrire à Amolon sur ce sujet et à leurs lettres ils joignirent celle de Raban à Nothingue, évêque de Vérone. Dans la sienne, Hincmar donnait toujours lieu à des difficultés, en ne voulant admettre qu'une prédestination; ensuite, comme il n'envoyait ni l'interrogatoire ni les propres paroles de Gottschalk, mais seulement le sommaire de sa doctrine, c'était un nouveau motif ou prétexte d'en suspecter la parfaite exactitude; enfin, homme d'affaires autant que théologien, les idées d'Hincmar n'étaient pas toujours assez nettes, ni son langage assez précis; autant de circonstances qui retardaient le parfait éclaircissement d'une controverse déjà très-difficile en soi.

Ce fut Remi, successeur d'Amolon, qui reçut ces lettres, ou du moins qui y fit réponse par un livre ou mémoire. Ce mémoire ne vaut pas l'excellente lettre d'Amolon; il paraît même à M. Rohrbacker que Remi ne connaissait pas cette lettre non plus que les écrits de Gottschalk, ce qui est tout-à-fait inadmissible, après le bruit que sa doctrine avait fait dans l'Eglise de Lyon et le traité qu'avait composé sur ce sujet le diacre Florus. Les raisons que donne de son avis le savant historien, à savoir qu'il semble incroyable à Remi que Gottschalk eût avancé les propositions qu'on lui attribuait, et que le même archevêque trouve excessive la sévérité dont on avait usé à son égard, ces raisons ne prouvent qu'une chose, son animosité contre Hincmar et le désir naturel à tout homme nouveau de faire le contraire de son prédécesseur.

Venant à la question de la prescience et de la prédestination divines, Remi pose sept règles de foi qu'il explique d'une manière catholique d'après l'Ecriture et les Pères. Sur la question de savoir en quel sens Dieu veut sauver tous les hommes, l'archevêque de Lyon convient que plusieurs Pères entendent que Dieu veut les sauver tous, dans ce sens conditionnel, s'ils le veulent eux-mêmes. Il ne voit donc dans cette interprétation qu'un inconvénient à prévenir, qui serait de laisser croire que le commencement du salut vient de la volonté humaine. « Au reste, ajoute-t-il, comme toutes ces choses sont si obscures, si profondes et si perplexes, nous ne voudrions pas qu'il y eût à cet égard, parmi nos frères bien-aimés, aucune dispute contentieuse ni aucune définition téméraire, mais que l'on défendît plutôt, sans hésitation, ce qu'il y a de certain. Quant à ce qui est demeuré incertain et douteux parmi les grands docteurs eux-mêmes, nous voudrions qu'on respectât le pour et le contre, puisque ni l'un ni l'autre ne paraît faux ou contraire à la foi; nous voudrions que, sur ces questions peu claires, on travaillât à ramener les esprits inquiets à la modestie plutôt que de les condamner avec une rigueur excessive (1). »

Plus loin, parlant des actions des païens, Remi de Lyon semble dire qu'elles sont toutes mauvaises, se méprenant, comme nous avons vu qu'il est arrivé à Saint-Augustin, sur le sens de ces paroles de l'Apôtre : « Tout ce qui n'est pas selon la foi est péché. » Paroles qui, dans l'Epitre de Saint-Paul, veulent dire : tout ce qui n'est pas selon la conscience est péché (2).» Mais nous verrons cet archevêque s'expliquer là-dessus d'une manière plus correcte. Il fait voir en particulier à Hincmar, et non sans justesse, qu'il avait tort de ne pas admettre la prédestination à la peine, puisque c'était une chose juste et que les Pères sont d'accord là-dessus. Il y avait d'ailleurs une espèce d'inconséquence à dire, comme il faisait, que la peine était prédestinée aux réprouvés, mais que les réprouvés n'étaient pas prédestinés à la peine (3).

Ce qui donnait lieu à Hincmar et aux siens de se tromper en ceci, c'était un livre intitulé *Hypomnesticon*, attribué à Saint-Augustin. Remi de Lyon soutient qu'il n'est pas de ce docteur, et les critiques conviennent qu'il avait raison.

(1) Bibl. PP., t. 25, n. 12 et 13, p. 673. — (2) C. 22. —
(3) Ibid., 28 et 30.

Hincmar voyant que la controverse ne s'éclaircissait ou ne se terminait pas voulut faire quelque chose de plus précis et de plus authentique. Il tint, par ordre du roi Charles, un second concile à Quierzy, au mois de mai 853, et y dressa les quatre articles suivants.

« 1. Dieu a créé l'homme dans la justice, sans péché et avec le libre arbitre, et, en le plaçant dans le paradis, il a voulu qu'il persévérât dans la sainteté et la justice, mais l'homme, abusant de son libre arbitre, a péché et est tombé par là, et le genre humain n'a plus été qu'une masse de perdition. Alors Dieu, qui est bon et juste, a choisi de cette masse de perdition ceux qu'il a prédestinés par sa grâce pour la vie, et il leur a préparé la vie éternelle. Pour les autres, qu'il a laissés dans la masse de perdition, il a prévu qu'ils se damneraient et il ne les a pas prédestinés à la damnation; mais, parce qu'il est juste, il leur a prédestiné une peine éternelle. C'est pourquoi nous disons qu'il n'y a qu'une prédestination de Dieu, laquelle concerne le don de la grâce ou la rétribution de la justice.

« 2. Nous avons perdu dans le premier homme la liberté de notre arbitre, mais nous l'avons recouvrée en Jésus-Christ. Nous avons pour le bien le libre arbitre abandonné de la grâce, et nous avons pour le mal le libre arbitre abandonné de la grâce, Nous avons donc le libre arbitre, parce que, par la grâce, il a été délivré et guéri, de blessé et corrompu qu'il était.

« 3. Dieu, qui est tout-puissant, veut que tous les hommes soient sauvés, mais ceux qui sont sauvés le sont par la grâce de celui qui les a sauvés, et ceux qui sont damnés le sont par leur faute.

« 4. Comme il n'y a pas d'homme, qu'il n'y en a jamais eu et qu'il n'y en aura jamais, dont Jésus-Christ n'ait pris la nature, il n'y a pas d'homme, il n'y en a jamais eu et il n'y en aura jamais, pour qui Jésus-Christ n'ait souffert. Quoique tous ne soient pas rachetés par le mystère de sa passion, ce n'est pas que le prix ne soit assez abondant, mais c'est qu'il y a des infidèles et d'autres qui ne croient pas de la foi qui opère par la charité; car le remède, qui opère le salut de l'homme, et qui est composé de notre faiblesse et de la vertu divine, a en soi de quoi être utile à tous; mais si on ne le prend pas ce remède, il ne guérit pas. » Tels sont les quatre articles d'Hincmar, qui furent signés par le roi Charles, les évêques et les abbés du concile (1).

Ces articles ayant été portées à Lyon, l'archevêque et son Eglise crurent y découvrir plusieurs propositions louches. Remi les signala dans un écrit ayant pour titre : *De l'attachement inviolable à la vérité*. Il trouve d'abord à redire que, dans le premier article, en parlant de l'état originel du premier homme, les évêques de Quierzy n'aient fait aucune mention de la grâce, mais seulement du libre arbitre, supposant que le premier homme eût pu persévérer dans la justice par son libre arbitre seul, « tandis que, sans la grâce, aucune créature raisonnable, ni ange ni homme, n'a pu, ne peut, ne pourra jamais être, demeurer et persister dans la justice et la sainteté. » Ce sont les paroles de Saint-Remi de Lyon (2).

(1) Labbe, t. 9, p. 56. — (2) Bibl. PP., t. 15, p. 702. C. S.

Cette observation qu'il appuie de Saint-Augustin, de Saint-Ambroise et du concile d'Orange, nous paraît des plus justes et des plus capitales. A elle seule, bien comprise, elle suffit pour éclaircir la question de la nature et de la grâce, question si embrouillée par Luther, Calvin et Jansénius. Elle indique nettement que le premier homme n'a pas été créé dans un état purement naturel, mais qu'en même temps il a été élevé par la grâce à un état surnaturel de justice et de sainteté, où il pouvait persévérer avec la grâce, mais non sans elle; en sorte que la grâce n'est pas une simple restauration de la nature, mais une élévation gratuite et ineffable de la nature au-dessus d'elle-même.

Remi de Lyon trouve encore mauvais que, dans ce même premier article, en disant que Dieu a élu les uns selon sa prescience, on ne parle pas non plus de la grâce; comme si Dieu n'avait élu les uns que parce qu'il prévoyait de leur part les bonnes œuvres faites indépendamment de sa grâce et par le seul libre arbitre, ce qui n'est pas catholique (1). Enfin, il trouve inconséquent que, dans le même article, on dise que la peine éternelle est prédestinée aux méchants, sans vouloir admettre toutefois que les méchants soient prédestinés à cette peine. Cette conséquence d'Hincmar est encore plus manifeste dans les dernières paroles de l'article : « C'est pourquoi nous disons qu'il n'y a qu'une prédestination de Dieu, laquelle concerne le don de la grâce ou la rétribution de la justice. » En effet, n'est-ce pas dire que la prédestination divine, une en soi, est double

(1) C. 4 p. 704.

dans ses effets, de grâce à l'égard des élus, de justice à l'égard des réprouvés? Mais alors pourquoi ne pas parler comme les autres puisque l'on pense de même? C'était pour ne pas avoir l'air d'admettre l'hérésie de Gottschalk.

Remi trouve encore blâmable, du moins équivoque, cette proposition du second article : « Nous avons perdu dans le premier homme la liberté de notre arbitre, mais nous l'avons recouvrée en Jésus-Christ; » « car, fait-il observer, si les infidèles qui n'ont pas reçu la grâce de Jésus-Christ, ont perdu le libre arbitre en Adam, ni Dieu ni les hommes ne peuvent plus les condamner pour le mal qu'ils font, puisqu'ils ne sont pas libres de ne pas le faire. Aussi les saints Pères disent : tous les hommes, même ceux qui ne sont pas chrétiens, ont le libre arbitre, mais affaibli par la prévarication d'Adam, mais privé de la puissance et de l'innocence originelles; par ce libre arbitre, ils peuvent encore vouloir le mal, ils peuvent encore vouloir quelque bien, et même le faire, mais par une affection humaine, pour l'honnêteté humaine, » ce qu'il prouve par un texte de Saint-Augustin. « Mais que ce même libre arbitre aime, comprenne, reçoive, pratique et conserve les biens divins par une affection divine, non pour quelques avantages temporels, mais pour les récompenses éternelles, non pour la seule honnêteté de la vie présente, mais pour la seule béatitude de la vie éternelle, voilà ce qu'il ne peut s'il n'est inspiré, excité, illuminé, aidé et comme ressuscité par la grâce divine; car cette vie humaine, qui n'a pour principe

que l'affection humaine, peut paraître vie aux hommes,
mais devant Dieu elle est morte (1). »

Cette distinction de l'archevêque Remi entre les actions
naturellement bonnes et celles qui le sont surnaturel-
lement est d'autant plus remarquable que nous ne l'a-
vons encore vue nulle part, d'une manière aussi
nette.

Les observations sur le troisième article sont perdues.
Dans le peu qui en reste on voit que, sur ce texte de
Saint-Paul : « Dieu veut sauver tous les hommes, » il
eût voulu qu'on laissât libres les diverses interprétations
des Pères, sans en adopter une à l'exclusion des autres.
Il s'explique à peu près de même sur le quatrième
article, touchant le sens dans lequel Jésus-Christ est
mort pour tous les hommes.

Remi eut aussi recours contre Hincmar aux armes
de l'autorité. Le huitième jour de janvier 855, il s'assembla, par ordre de l'empereur Lothaire, un concile
à Valence, pour juger l'évêque de cette ville, accusé
de plusieurs crimes. Il s'y trouva quatorze évêques de
trois provinces, avec leurs métropolitains qui les pré-
sidaient, savoir Remi de Lyon, Agelmar de Vienne et
Roland d'Arles. Après que l'on eût terminé l'affaire de
l'évêque de Valence, on dressa vingt-trois canons, dont
les six premiers sont de doctrine et se rapportent aux
articles dressés à Quierzy.

« Nous évitons, disent les évêques, les nouveautés de
paroles et les disputes présomptueuses, qui ne causent
que du scandale, pour nous attacher fermement à l'E-

(1) Bibli. PP., t. 25, p. 711.

criture Sainte, et à ceux qui l'ont clairement expliquée, à Cyprien, Hilaire, Ambroise, Jérôme, Augustin et autres docteurs catholiques. Quant à la prescience de Dieu, la prédestination et les autres questions qui scandalisent nos frères, nous nous en tenons à ce que nous avons appris dans le sein de l'Eglise notre mère.

Dieu, par sa prescience, a connu de toute éternité les biens que devaient faire les bons et les maux que devaient faire les méchants. Il a prévu que les uns seraient bons par sa grâce, et par sa même grâce recevraient la récompense éternelle, et il a prévu que les autres seraient mauvais par leur propre malice, et par sa justice condamnés à la peine éternelle. La prescience de Dieu n'impose à personne la nécessité d'être mauvais; personne n'est condamnée par le préjugé de Dieu, mais par le mérite de sa propre iniquité. Les méchants ne périssent pas parce qu'ils n'ont pu être bons, mais parce qu'ils ne l'ont pas voulu et sont demeurés par leur faute dans la masse condamnée.

« Nous confessons hardiment la prédestination des élus à la vie et la prédestination des méchants à la mort; mais, dans le choix de ceux qui seront sauvés, la miséricorde de Dieu précède leur mérite, et dans la condamnation de ceux qui périront, leur démérite précède le jugement de Dieu. Il n'a ordonné, par sa prédestination, que ce qu'il devait faire par sa miséricorde gratuite ou par son juste jugement. C'est pourquoi, dans les méchants, il a seulement prévu et non pas prédestiné leur malice, parce qu'elle vient d'eux et non de lui; mais il a prévu, parce qu'il sait tout, et prédestiné, parce qu'il est juste, la peine qui doit suivre leur démérite. Au reste, que par la puissance divine quelques uns soient prédestinés au mal, comme s'ils ne pouvaient être autre chose, non-seulement nous ne le croyons pas, mais si quelqu'un le croit, nous lui disons anathème avec le concile d'Orange. »

Ces trois premiers canons sont irréprochables. Il n'en est pas ainsi du quatrième, et, de toutes les propositions louches ou équivoques reprochées à Hincmar, il n'en est aucune d'aussi manifestement inexacte que la suivante : « Quant à la rédemption du sang de Jésus-Christ, ceux-là se trompent qui disent qu'il a été répandu même pour les impies, qui étant morts dans leur impunité ont été damnés depuis le commencement du monde jusqu'à la passion de Jésus-Christ, et nous disons, au contraire, que ce prix n'a été donné que pour ceux qui croient en lui. »

Dans ces paroles, les évêques de Valence semblent dire que Jésus-Christ n'est mort que pour les fidèles, proposition qui n'est exacte qu'en sous-entendant *d'une manière spéciale*, suivant cette parole de l'Apôtre : « Dieu est le sauveur de tous les hommes, principalement des fidèles (1). » Ces questions difficiles ont été élucidées, depuis, par la théologie scholastique qui a utilement distingué différentes espèces de volontés, absolue ou conditionnelle, antécédente ou conséquente.

Le concile de Valence ajoute : « Nous rejetons, au reste comme inutiles, nuisibles et contraires à la vérité, les quatre articles qui ont été reçus avec peu de pré-

(1) I. Tim., 4, 10.

caution par le concile de nos frères. Nous rejetons aussi dix-neuf autres articles qui sont des conclusions de syllogismes impertinents, et contiennent des articles du diable plutôt que des propositions de foi. Nous les interdisons par l'autorité du Saint-Esprit, et voulons que les auteurs des nouveautés soient réprimés. » Les quatre articles sont ceux de Quierzy, les dix-neuf ceux de Jean Scot. Le concile continue :

« Nous croyons que tous les fidèles baptisés sont véritablement lavés par le sang de Jésus-Christ et qu'il n'y a rien d'illusoire dans les sacrements de l'Eglise, mais que tout y est vrai et effectif. Toutefois de cette multitude de fidèles, les uns sont sauvés pour qu'ils persévèrent par la grâce de Dieu, les autres n'arrivent point au salut parce qu'ils rendent inutiles la grâce de la rédemption par leur mauvaise doctrine ou par leur mauvaise vie. » Ce cinquième canon est directement contre les erreurs de Gottschalk, telles que l'archevêque Amolon les avait trouvées dans ses écrits.

Le concile dit dans le sixième : « Touchant la grâce par laquelle sont sauvés ceux qui croient, et sans laquelle aucune créature raisonnable n'a jamais bien vécu, et touchant le libre arbitre, affaibli par le péché dans le premier homme, réintégré et guéri par la grâce de Jésus-Christ dans les fidèles, nous croyons fermement ce qu'ont enseigné les Saints Pères par l'autorité de l'Ecriture, ce que le concile d'Afrique et le concile d'Orange ont déclaré, et ce qu'ont tenu les bienheureux Pontifes du siège apostolique. Mais nous rejetons avec dédain les questions impertinentes et les fables des

Ecossais, qui ont causé dans ces temps malheureux une triste division (1). » C'est encore Jean Scot Erigène qui est signalé par ces paroles.

Une circonstance rendait encore plus difficile aux évêques de bien s'entendre sur des questions déjà si difficiles : c'était la division politique des royaumes. Le concile de Mayence était du royaume de Louis-le-Germanique ; le concile de Quierzy, du royaume de Charles-le-Chauve ; le concile de Lyon, du royaume de l'empereur Lothaire. Mais alors même que ces trois conciles eussent pu se réunir nous ne croyons pas, quoiqu'en dise M. Rohrbacher dans son *Histoire universelle de l'Eglise*, qu'on se fût entendu beaucoup mieux et plus tôt. Une lutte sourde subsistait toujours entre le midi et le nord de la Gaule. Le midi de la Gaule avait conservé bien plus de traces de la civilisation romaine ; le nord était beaucoup plus germain. L'archevêque de Lyon était le prélat le plus considérable de la Gaule méridionale, de même que l'archevêque de Reims le plus considérable de la Gaule du nord. La rivalité des sièges se joignit à l'opposition des doctrines.

(1) Labbe, t. 8, p. 134.

CHAPITRE IV.

Traités d'Hincmar sur LA PRÉDESTINATION. *Le premier est perdu. — Analyse du second. — Autre discussion d'Hincmar avec Gottschalk au sujet de la* TRINA DEITAS. *— Son ouvrage sur cette matière. — Il demande à Odon de Beauvais d'écrire contre Photius — Son traité de* LA NATURE DE L'AME.

Remy de Lyon porta à l'empereur Lothaire, son souverain, les décrets du concile de Valence et les écrits qu'il avait composés contre les quatre articles de Quierzy, afin qu'il les envoyât au roi Charles, son frère, dans les Etats duquel demeuraient Hincmar et les autres évêques, dont l'Eglise de Lyon combattait les sentiments. Hincmar ayant examiné ces écrits invoqua de nouveau le secours de la science et du raisonnement; mais, cette fois, il résolut de ne s'en fier à personne, et il écrivit lui-même en 857, un traité sur la *Prédestination* divisé en trois livres dont il ne nous reste que l'épître dédicatoire au roi Charles, que Flodoard a rapporté au long dans l'histoire *de l'Eglise de Reims* (1). Hincmar y reconnaît que ces quatre articles avaient été condamnés dans le concile de Valence, mais il se plaint qu'on ne les ait pas insérés dans le décret du concile, qu'on leur ait donné un mauvais sens et qu'on l'ait condamné sans l'avoir ouï.

(1) Flodo., liv. III, cap. XV.

Il se plaint encore qu'on le veuille rendre garant des
articles de Jean Scot, dont il n'avait entendu parler que
depuis peu et dont il n'avait pu découvrir l'auteur,
quelque mouvement qu'il se fût donné pour cela ; et
cependant c'était lui-même avec Pardule de Laon qui
avait excité Jean Scot à écrire. Il pense que ces dix-
neuf articles n'ont été recueillis que pour rendre
odieuses des personnes très-catholiques ; qu'il aurait
été selon les règles prescrites par l'Evangile de l'avertir
avant de le condamner, et de l'inviter pour cet effet
au concile. Enfin, il fait semblant de ne pas croire que
ce décret soit effectivement du concile de Valence, c'est
pourquoi il ajoute que ne sachant à qui adresser sa
réponse, il l'adresse au roi Charles de qui il avait reçu
les écrits. On voit dans ce procédé d'Hincmar, dit avec
raison Fleury, plus d'artifice que de bonne foi. Ensuite
il donne le plan de son ouvrage, disant qu'il y prou-
vera que les quatre articles de Quierzy contiennent
une doctrine conforme à celle de l'Eglise romaine, de
l'Ecriture et des Pères ; qu'à cet effet il en rapportera
les passages et les autorités, en joignant aux anciens
écrivains quelques-uns de ceux qui ont écrit dans des
siècles moins reculés, comme Bède, Alcuin et Théodore
de Cantorbéry.

Les évêques qui avaient assisté au concile de Valence,
en 855, se trouvèrent la plupart à celui de Savonnières,
en 859. Hincmar de Reims y assista aussi avec d'autres
évêques qui pensaient comme lui sur la prédestination.
On y lut les articles du concile de Valence, et ceux de
Quierzy. A la lecture des premiers, les évêques du parti

d'Hincmar voulurent s'opposer à leur réception; mais Remi de Lyon proposa de remettre cette discussion au synode prochain où l'on apporterait de part et d'autre les livres des Pères, pour décider d'un commun accord ce qui paraîtrait le plus conforme à la tradition de l'Eglise. Telle fut la conclusion de ce concile à cet égard. Mais on ne s'en tint pas là : ceux qui soutenaient les canons de Valence en demandèrent la confirmation au pape Nicolas Ier, et Hincmar composa un second traité pour la défense de ceux de Quierzy. Il fut adressé comme le premier au roi Charles-le-Chauve et divisé en 38 chapitres. On voit par les premiers mots de l'Epître dédicatoire qu'Hincmar le commença après le mois de juin 859, mais il ne marque nulle part le temps où il fut achevé; comme il est très-long, il lui en fallut beaucoup pour le finir, n'y ayant travaillé qu'aux heures qu'il pouvait dérober à ses grandes occupations. Il l'avait terminé en 863, puisque, durant cette année, il l'envoya au pape Nicolas par Odon de Beauvais, député à Rome pour l'affaire de Rothade de Soissons. Ce traité est intitulé : *Dissertation postérieure de la Prédestination de Dieu* et du *libre arbitre*, contre Gottschalk et les autres prédestinatiens. Flodoard en fait mention et le distingue de l'autre ouvrage qu'Hincmar avait composé et divisé en quarante-quatre chapitres, y compris six chapitres d'épilogue. C'est l'œuvre capitale d'Hincmar.

Avant d'entrer en matière, l'auteur rapporte le discours de Florus sur la prédestination, les six canons du concile de Valence touchant cette matière, plusieurs sentences des Pères pris de l'écrit de l'Eglise de Lyon,

quelques canons qui concernent l'élection et l'ordination des évêques, les quatre articles de Quierzy et la
lettre de Saint-Prudence de Troyes au concile de Sens.
Il avertit qu'il ne cite aucune des propositions tortueu-
ses et empoisonnées de Gottschalk parce qu'il aura
occasion d'en parler dans le cours de l'ouvrage, en le
réfutant.

Ch. I.   Après ce prologue, il commence sa dissertation par
l'histoire de l'hérésie des prédestinatiens qui a commencé dès le temps de Saint-Augustin dans le monastère d'Adrumet, en Afrique, dont les moines prirent
de travers plusieurs expressions de ce saint docteur.

II.   Hincmar fait ensuite l'histoire de Gottschalk qu'il
accuse d'avoir renouvelé l'hérésie des prédestinatiens :
puis, répondant à l'autorité de Saint-Fulgence que les
défenseurs des deux prédestinations alléguaient en leur

III.   faveur, il dit qu'on n'est point obligé d'épouser tous
les sentiments d'un auteur quoique respectable d'ailleurs; que Saint-Augustin n'a pas toujours pensé comme Saint-Jérome, ni Saint-Jérome comme Saint-Augus-

IV.   tin. Il fait profession de suivre la doctrine de l'Eglise
romaine et veut que tout le monde s'y attache sans y
rien mêler de nouveau ni d'étranger.

V.   Revenant à Gottschalk et à ses complices, — c'est ainsi
qu'il appelle ses défenseurs — il leur reproche de n'apporter pour établir leur opinion que des passages
tronqués, soit de l'Ecriture, soit des Pères. Il transcrit
plusieurs propositions des écrits de ce moine et de ceux
de Prudence de Troyes, et de Ratramne, où la prédestination à la mort éternelle est clairement marquée;

mais il ne les réfute point, parce qu'il l'avait fait dans les articles précédents.

Le reste de l'ouvrage d'Hincmar est employé à l'examen des six canons du concile de Valence, et à justifier les quatre de Quierzy. Quant aux dix-neuf articles de Jean Scot, il déclare qu'il ne songe point à les défendre. Il remarque que le premier canon de Valence est tiré du discours de Florus sur la prédestination, mais que celui qui en a fait l'extrait en a altéré le sens, comme il a mal interprété ces paroles de Saint-Paul : Le potier n'a-t-il pas le pouvoir de faire de la même masse d'argile un vase destiné à des usages honorables, et un autre destiné à des usages vils et honteux. Il prétend que l'apôtre ne parle pas à cet endroit de la double prédestination à la vie et à la mort, et que, s'il y a des vases de colère, ce n'est pas Dieu qui les a préparés à la mort ; qu'ils s'y préparent et s'y prédestinent eux-mêmes par leurs péchés. Il cite à l'appui de cette doctrine quelques passages des Pères et de l'Ecriture. Il en rapporte plusieurs de Fulgence pour montrer que Dieu ne prédestine point à la mort, et d'autres du même Père, de Saint-Isidore de Séville, de Saint-Augustin et de Florus pour les opposer à ceux qu'on lui objectait. Il en use de même à l'égard des textes de l'Ecriture, après quoi il examine le second article du concile de Valence.

Florus, qu'il considère comme l'auteur de cet article, avait dit : comme la volonté propre est récompensée dans les bons qui sont sauvés, elle est punie dans les méchants qui sont damnés ; Dieu qui a prévu que les bons le seraient par sa grâce, les a prédestinés gratuitement ; ayant prévu que les méchants le seraient par leur propre volonté, il a prévu aussi qu'ils seraient punis éternellement. Hincmar se plaint que le compilateur ait renversé le sens des paroles de Florus, en supprimant ce qu'il avait ajouté pour expliquer sa pensée.

Il veut qu'on distingue entre la prédestination à la grâce et la prédestination à la gloire, et il appuie cette
Ch. XII. distinction sur un passage de Saint-Augustin.

Quoiqu'il refuse de reconnaître que Dieu ait prédestiné les méchants à la mort ou à la mort éternelle, il convient que Dieu a non-seulement prévu la peine qu'ils souffriront mais qu'il l'a encore prédestinée. C'était se rapprocher le plus possible de ses adversaires,
XIII. pour les ramener à la vérité. Ceux-ci avaient pour eux Saint-Fulgence qui dans son livre à Monime admet la double prédestination : des bons à la vie, des méchants
XIV. à la mort éternelle. Hincmar lui oppose Saint-Prosper, et un passage de Saint-Augustin cité même par Saint-Fu'gence. Il exhorte les disciples de Gottschalk à reconnaître que, comme la vie éternelle est accordée aux élus par le distributeur de la grâce, la peine a été prédestinée aux méchants par le juste juge.

XV. Reprenant ensuite l'histoire des anciens prédestinatiens il leur attribue quatre erreurs, savoir : Que Dieu condamne les hommes pour des péchés qu'ils n'ont pas commis, mais qu'ils auraient commis s'ils eussent vécu ; que le baptême n'efface point le péché originel dans ceux qui ne sont point du nombre des prédes-

tinés ; qu'il n'y a pas de différence entre la prescience
et la prédestination ; que Dieu prédestine au péché et
à la condamnation. Il n'attribue pas à ceux qu'il appelle
mauvais prédestinatiens les trois premières erreurs, et
il convient que, pour la quatrième, ils ne l'enseignaient
pas même en termes formels : ils se contentent, dit-il,
d'en conserver le fond en soutenant que Dieu a prédestiné les réprouvés à la damnation éternelle quoiqu'il
ne les ait pas prédestinés au péché ; ce qui n'est selon
lui qu'un déguisement, puisqu'on ne peut arriver à la
damnation que par le péché.

Ch. XVI.   Cela posé, il entreprend l'apologie des quatre articles
de Quierzy, essaye de montrer qu'ils sont conformes à
la doctrine des Pères particulièrement de St-Augustin,
XVII. de Saint-Prosper et de Saint-Grégoire dont il rapporte
de longs passages. Il n'oublie point d'en citer plusieurs
de *l'hypomnesticon*, faussement attribué à St-Augustin,
et il consacre un chapitre à faire ressortir ce que dit
XVIII. l'auteur de ce livre de la prédestination des élus et de
l'abandon des réprouvés dans la masse de corruption.
Il prouve que quoique le nombre des prédestinés soit
déterminé, ceux-là même qui en font partie ne peuvent
arriver à la gloire qu'après l'avoir mérité, et quoiqu'il
rejette la double prédestination dans le sens de Gotts-
XIX. chalk, il enseigne qu'on peut l'admettre en ce sens :
comme les élus sont prédestinés à la gloire, la peine
est prédestinée aux méchants. Il insiste toutefois sur
l'unité de la prédestination, et parce que Saint-Grégoire-
le-Grand emploie quelquefois ce terme au nombre plu-
XX. riel, il explique les passages de ce Père à propos de la

prédestination à la grâce et de la prédestination à la
gloire qui n'ayant qu'un même but ne sont qu'une
prédestination, quoiqu'on puisse les distinguer comme on
distingue l'effet de la cause, la prédestination à la grâce
étant la cause de la prédestination à la gloire.

Ch. XXI, XXII. Quant au second capitulaire de Quierzy, qui traite
de la grâce et de la liberté, Hincmar soutient que ce
n'est qu'un précis de la doctrine des Pères sur cette
matière. Il en rapporte plusieurs passages dont il fait le
parallèle avec ce capitulaire. Il le compare aussi avec
XXIII. les canons du concile d'Orange et avec les décisions des
conciles d'Afrique. Il répond au reproche qu'on lui avait
fait d'avoir avancé dans ce capitulaire que l'homme a
perdu entièrement le libre arbitre par le péché d'Adam :
nous avons le libre arbitre, mais il est esclave du péché,
et quoiqu'il suffise seul pour faire le mal, il est trop
faible depuis la chute d'Adam pour faire le bien, s'il
n'est secouru par la grâce de Jésus-Christ. Pour justifier le troisième article de Quierzy touchant la volonté
XXIV. que Dieu a de sauver tous les hommes, il dit qu'on doit
s'en rapporter à ce que l'Eglise romaine, la première
de toutes les Eglises du monde, celle qui a été établie
de Dieu même et mérité la principauté sur toutes les
villes, enseigne sur ce sujet : Il allègue en faveur de toutes ces prérogatives la fausse décretale du pape Anaclet
et l'épître d'Innocent Ier à Décennius; puis, venant à ce
qui est le fond de la difficulté, il cite la décrétale du pape
Célestin à Vinérius, ou plutôt le huitième article des
autorités qui y sont jointes, et qui est tiré des prières
de l'Eglise, où il est dit que les ministres du Seigneur

prient dans la célébration des mystères pour tout le genre humain, pour toutes les puissances, pour tous les ordres de l'Eglise, pour les schismatiques, les hérétiques, les juifs, les païens, les catéchumènes, pour tous sans exception. D'où il conclut que la manière de prier établissant la règle de notre foi, il faut croire, que puisque l'Eglise prie pour tous les hommes, sans en excepter un seul, Dieu veut les sauver tous. Pourquoi donc demande-t-il ne sont-ils pas sauvés tous? Il répond : C'est parce qu'ils ne veulent pas, ils aiment mieux les ténèbres que la lumière, l'injustice que la justice, le péché que la vérité, s'ils périssent c'est par eux-mêmes; il ne suit pas de là, que Dieu ne soit pas tout-puissant, parce que, de quelque manière que les hommes se conduisent, la volonté de Dieu est toujours accomplie, car il se sert du mal même pour

Ch. XXV accomplir ses desseins. C'est ce qu'Hincmar établit par divers passages de Saint-Augustin, de Saint-Chrysostôme, de Saint-Grégoire et de plusieurs autres Pères. Il cite le livre de la *vocation des Gentils,* parmi les écrits de Saint-Prosper et le livre qui porte le nom de Saint-

XXVI. Denys l'Aréopagite. Il l'établit encore par plusieurs passages de l'Ecriture, et quand ses adversaires lui objectent que si Dieu voulait sauver tous les hommes, tous seraient effectivement sauvés, il leur demande si c'est par la volonté de Dieu que les anges sont tombés du ciel, et si c'est par cette même volonté que l'homme a péché dans le paradis terrestre. Ils n'oseraient, dit-il, répondre que c'est par la volonté de Dieu, autrement tout le peuple les lapiderait. S'ils disent que ce n'est pas par la volonté de Dieu, mais par leur propre faute, alors tous les témoignages qu'ils allèguent contre nous, se retournent contre eux ; car de même qu'Adam et eux sont tombés dans le péché, non par la volonté de Dieu, mais parce qu'ils veulent eux-mêmes périr, ainsi ceux de leurs descendants qui périssent, périssent non par la volonté de Dieu, mais parce qu'ils le veulent eux-mêmes. La conclusion qu'il tire de ce raisonnement, c'est qu'il y a des volontés de Dieu qui n'ont pas leur effet : Dieu parce qu'il est bon veut que tous les hommes soient retirés de la *masse de perdition ;* mais il y en a laissé parce qu'il est juste, pendant qu'il en tire d'autres par sa grâce parce qu'il est miséricordieux.

Ch. xxvii Vient ensuite l'examen du quatrième capitulaire de Quierzy qui porte que, quoiqu'il n'y ait point d'hommes pour qui Jésus-Christ n'ait souffert, tous néanmoins ne sont pas rachetés par son sang. Il déclare que sa proposition ne doit point s'étendre aux démons, parce que Jésus-Christ n'a été médiateur qu'entre Dieu et XXVIII. les hommes ; mais qu'on peut l'étendre à l'Antechrist qui doit être homme, à ceux d'entre les hommes qui sont morts dans leur impiété, avouant toutefois qu'on ne peut pas dire d'eux qu'ils aient été rachetés pour le salut éternel. Il avait affirmé dans le même chapitre XXIX. qu'il n'y a point d'homme dont le Sauveur n'ait pris la nature. Il justifie cette explication par plusieurs pas- XXX. sages des Pères et surtout de Prosper, où il avait puisé cette doctrine. Il ne répond point aux dix-neuf articles de Jean Scot qu'on lui avait objectés, ni à l'écrit de Prudence de Troyes, disant qu'il ne voulait pas appré-

Ch. xxxi cier les différends de ces deux écrivains, sans être
auparavant assuré de leur pensée. Il compare les sept
règles de la foi établies par Remy de Lyon à des toiles
XXXII. d'araignées plus propres à séduire les simples qu'à
XXXIII. fixer leur croyance. Il revient à deux propositions qu'il
XXXIV. avait cherché à établir, l'une que Jésus-Christ a souffert pour tous les hommes, l'autre que tous ne sont
pas rachetés pour la vie éternelle. Il cite à l'appui une
foule de passages des Pères et de l'Ecriture qu'il
confirme par divers raisonnements.

XXXV. Il souscrit au cinquième canon du concile de Valence,
où il est dit que Jésus-Christ est mort pour tous ceux
qui ont reçu le baptème; il en prend occasion de
réfuter l'erreur des anciens prédestinatiens, touchant
XXXVI. l'inutilité du baptème dans ceux qui ne sont pas du
nombre des prédestinés. Il ne dit rien du même canon
de ce concile, mais persuadé que le huitième, qui
traite de l'élection et de l'ordination des évêques,
avait été fait contre lui et contre les autres évêques
choisis par la faveur de la cour, il rapporte l'histoire de son ordination en la commençant à la
déposition d'Ebbon, et les actes du concile de Soissons, en 853, où la régularité de son ordination fut
constatée. Il examine ce canon dans toutes ses parties,
et il trouve qu'on y avait oublié beaucoup de choses
importantes, touchant les élections des évêques; et
sans nommer celui qu'il croyait l'auteur de ce règle-
ment, il dit que si on l'observe, cet auteur devrait être
exclu de l'épiscopat, ayant été ordonné dans une autre
Eglise que celle dont il était évêque, ce qui avait été

défendu par le pape Léon sous peine d'excommunication. On croit que c'est à Remy de Lyon qu'Hincmar
faisait allusion.

Ch. XXXVII   Après avoir suffisamment prouvé que ses adversaires
avaient renouvelé l'ancienne hérésie des prédestinatiens,
il rapporte d'autres articles qui sont autant de réglements faits par les papes et par les conciles contre
ceux qui renouvèlent des hérésies déjà condamnées.
Ceux qui intéressent davantage sa cause sont le quatrième et le cinquième : l'un porte que ceux qui com-
muniquent avec des hérétiques ne peuvent être admis
au synode par les catholiques ; l'autre que ceux qui
XXXVIII.   renouvellent une hérésie déjà condamnée doivent être
rejetés par tous les évêques. L'épilogue de ce traité n'est
qu'une répétition de ce qu'il avait dit sur la prédestination, la grâce, le libre arbitre, la volonté de Dieu de
sauver tous les hommes, et sur la mort de Jésus-Christ
pour les infidèles et ceux qui persévèrent dans le crime.

Hincmar, on le voit, déploie dans cet ouvrage une
prodigieuse érudition. Quelquefois, il est vrai, il allègue
contre ses adversaires tout ce qui se présente à sa mémoire, sans s'être auparavant assuré de la vérité. Mais
ce n'est pas avec le désir de les confondre comme le
lui reprochent quelques critiques passionnés, car il ne
les connaissait pas. Ce n'est donc pas à la dissimula-
tion qu'il faut attribuer ce défaut d'attention, mais à
l'extrême difficulté qu'il avait, au milieu des incessantes
préoccupations d'une vie si agitée et si remplie, de
vérifier l'exactitude de citations d'une importance souvent fort secondaire.

C'est par ce défaut d'attention qu'il avance, dans cet ouvrage *sur la prédestination,* que les évêques du concile de Sardaigne alléguaient dans leur lettre synodique les propres paroles de Saint-Augustin tirées de *l'Hypomnesticon* pour réfuter les hérétiques, et que le même Père marquant, dans son livre des *huit questions* à Dulcitius, les ouvrages dans lesquels il avait traité ces mêmes questions, cite l'*Hypomnesticon.* Ces deux faits sont également faux. Il n'est pas dit un mot de ce livre dans la lettre synodale des évêques de Sardaigne, ni dans le livre des *Questions* à Dulcitius; et il ne pouvait y en être parlé puisqu'il fut fait avant le livre la *Rétractation,* et aussi avant l'*Hypomnesticon* qu'Hincmar ne met que dans la dernière année de la vie de ce Père. Il a fait une faute semblable dans un autre de ses écrits, où il dit que ce saint Docteur rappelle l'*Hypomnesticon* dans ses livres sur la Genèse, contre les manichéens, quoique ces livres aient été composés environ quarante ans avant la mort de Saint-Augustin, et qu'ils n'aient aucun rapport avec *l'hypomnesticon,* qui même ne fut fait, selon Hincmar, que sur la fin de la vie de ce Père. Ajoutons que *l'hypomnesticon* réfute les Pélagiens, qui n'étaient pas encore nés dans le temps que Saint-Augustin écrivait son livre contre les manichéens; mais ce sont là des défauts d'attention plutôt que des erreurs.

Il règne dans ce livre un bon sens suprême. Les idées larges et générales y abondent, et quoiqu'en ait dit M. Guizot qui ne dissimule pas sa sympathie pour Gottschalk et ses autres défenseurs, Hincmar ne fut pas inférieur à ses adversaires comme théologien proprement dit. Il les combattit même d'une manière triomphante, car les quatre propositions dogmatiques formulées tout d'abord à Mayence et au premier synode de Quierzy-sur-Oise restèrent comme le dernier mot de la controverse.

Telle était la renommée dont il jouissait par son savoir théologique dans l'Eglise universelle que Nicolas I, au milieu des circonstances les plus graves de son pontificat, écrivit une lettre personnellement adressée à cet archevêque. Il y parle à tous les autres métropolitains du royaume de Charles-le-Chauve, pour les prier de travailler eux-mêmes ou de faire travailler les savants à réfuter les occupations des Grecs, et de lui envoyer ces divers écrits, afin qu'il les fît passer en Orient et qu'il s'en servît lui-même pour la défense de l'Eglise romaine contre Photius. Nicolas chargeait l'archevêque de Reims d'envoyer des exemplaires de cette lettre à tous les métropolitains, et de veiller à l'exécution des ordres qui y étaient contenus (1). Hincmar la reçut au palais de Corbéry, aujourd'hui saint-Marcou, au territoire de Laon, et il en fit aussitôt la lecture au roi et à plusieurs évêques. En même temps il écrivit à Odon de Beauvais pour le prier de chercher dans l'Ecriture et dans la tradition ce qu'il convient de répondre aux objections des Grecs qu'il lui rapporte, afin, dit-il, que quand nous nous assemblerons, nous puissions relire ensemble ce que chacun de nous aura trouvée et convenir de ce que nous devons répondre au

____

(1) *Concil.* Gallic. iii p. 338. Labb. t. viii p. 445.

Seigneur pape. Mais il ne paraît pas qu'Hincmar ait rien écrit contre Photius; les affaires de l'Eglise de France étaient plus que suffisantes pour l'absorber entièrement. Outre le prédestinatianisme, il s'était aussi élevé une discussion incidente entre Hincmar et Gottschalk sur quelques expressions concernant la Trinité : savoir si l'on pouvait dire simplement que la *Divinité est trine, Trina Deitas.* Hincmar jugea qu'on pouvait abuser de cette expression qui n'était pas exacte, et défendit qu'on chantât dans son Eglise la dernière strophe de l'hymne des martyrs, où il y avait : *Te trina Deitas unaque poscimus.* Ratramne trouva mauvais ce qu'avait fait Hincmar, il fit publier contre l'archevêque un écrit que Gottschalk s'empressa de soutenir. Hincmar défendit son sentiment par un ouvrage qu'il intitula : *De non trinâ Deitate,* mais il paraît qu'on ne disputât làdessus, avec tant de chaleur, que parce qu'on ne voulait pas s'entendre, comme il arrive souvent. Car il est certain qu'on ne peut pas dire que la Divinité est *trine* puisqu'elle est une; mais on peut dire que la Divinité est *trine* en personnes, et, dans l'office du Saint-Sacrement composé par Saint-Thomas d'Aquin, l'Eglise chante encore *Te trina Deitas,* quoiqu'on ait changé cette expression dans l'hymne des martyrs *sanctorum meritis* etc., où l'on a mis : *Te summa Deitas* à la place de *Te trina Deitas* dont Hincmar était choqué.

Hincmar composa quelques autres ouvrages de Théologie. Son traité sur les *Images* est perdu. Flodoard ne fait aucune mention du traité de la *Nature de l'âme,* et on le

(1) Hincm. *Oper.* t. ii, p. 104.

trouve sans nom d'auteur dans les manuscrits : c'est disent-ils une collection faite par un sage de deux passages de Saint-Augustin, où le saint docteur parle de la nature et de la propriété de l'âme. On est toutefois persuadé que l'ouvrage est d'Hincmar, comme l'indique l'épître dédicatoire au roi Charles tout-à-fait dans le goût des précédents. Les louanges qu'il donne à ce prince sont assez semblables, de même que les excuses qu'il apporte sur son incapacité de bien remplir le sujet que le roi lui avait proposé de traiter. L'auteur y prouve que l'âme est spirituelle de sa nature, n'étant point comme les corps composée de deux éléments, qu'étant un pur esprit elle ne peut être dans un lieu à la manière du corps ; qu'ainsi elle ne se meut point localement, quand même le corps qu'elle anime change de place, ce qui n'empêche point qu'elle ne change de volonté et d'affection, suivant les différentes sensations du corps. Immortelle et invisible, elle tire son origine de Dieu, comme des petits ruisseaux deviennent des fontaines abondantes; mais étant créée, elle ne peut être regardée comme une partie de la substance de Dieu. Ses connaissances s'étendent bien au-delà de la capacité de son corps, elle voit plus loin, et tandis que les yeux du corps placés en avant ne voient que ce qui s'y passe, l'âme parcourt ce qui se fait en Orient et partout; quoiqu'unie étroitement au corps, elle n'en sent pas toujours les mouvements.

Ce traité est suivi dans les manuscrits d'une chaîne de passages des Pères qui ont pour but de montrer que l'âme est dans le corps qu'elle anime.

CHAPITRE V.

*Quel jugement il faut porter sur la conduite d'Hincmar
envers Gottschalk et sur sa doctrine de la prédestination ? — Gottschalk a-t-il enseigné véritablement
l'erreur prédestinatienne? La responsabilité des rigueurs dont il fut l'objet peut-elle en quelque façon
incomber à Hincmar?*

Pour les protestants comme pour les disciples de
Jansénius, Gottschalk devint rétrospectivement un
martyr de la vérité. Dès lors Hincmar passa pour un
bourreau; on ne pouvait pardonner à cet archevêque la
sévérité avec laquelle il avait traité l'apôtre du fatalisme.
Ce sentiment se révèle sous la plume de Don Rivet, qui
écrit au tome v de l'*Histoire littéraire de France :*
« Hincmar ayant trop facilement épousé les fâcheux préjugés de Raban, archevêque de Mayence, contre Gottschalk, ce moine infortuné, mit tout en œuvre pour le
contraindre à renoncer à ses premiers sentiments.
Oubliant, selon la belle remarque de Saint-Remi de
Lyon, que la vérité se persuade et ne se commande pas,
il le fit traiter d'une manière terrible. Après quoi, il
l'enferma dans les prisons d'Hautviliers où il le laissa
mourir sans aucun secours spirituel. On ne répétera
pas tout ce qui se passa pendant la captivité de ce
pauvre prisonnier qui fut d'environ 20 ans. » Le ton
ému de cette doléance n'est qu'un aperçu des plaintes

amères que Jansénius avait déjà formulées contre ce qu'il appelait *l'inflexible rigueur d'Hincmar, la cruauté sombre, froidement calculée, persévéramment soutenue* que cet archevêque aurait déployée contre un moine innocent dont le seul tort était d'avoir eu du génie. Cette appréciation a été reproduite de nos jours avec les variantes que comportait le caractère ou la situation de chaque auteur, mais constamment avec une hostilité visible à l'endroit d'Hincmar. « Se flattant de le dompter par la force, dit M. Guizot (1), Hincmar donna ordre que Gottschalk fut fustigé publiquement, et sommé de se rétracter et de jeter ses écrits au feu; mais l'arrogance du despotisme ne pressent jamais l'obstination de la conscience; Gottschalk résista à tout, et fut enfermé dans les prisons du monastère d'Hautviliers où on le traita avec une extrême rigueur (849). La lutte se prolongea jusqu'à la mort de Gottschalk, survenue le 30 octobre 868 ou 869. Peu auparavant, quand ils le virent fort malade, les moines d'Hautviliers, où il était en prison, consultèrent Hincmar sur ce qu'ils avaient à faire à cet égard. L'inflexible évêque répondit qu'il fallait absolument qu'il se rétractât, sinon qu'ils eussent à lui refuser la confession et les sacrements. Non moins inflexible que son persécuteur, Gottschalk refusa de nouveau de se rétracter, et mourut sous le poids de ces rigueurs. Hincmar ne lui survécut que de trois ans. » M. Ampère et Michelet ont renchéri sur M. Guizot dans leur animosité contre Hincmar.

(1) *Hist. de la civil.* en Fr., tome II, p. 549.

De toutes ces exagérations, il résulterait qu'Hincmar a faussement attribué à Gottschalk le venin de l'erreur prédestinatienne et qu'il faut charger sa mémoire de toutes les rigueurs dont ce sectaire a été, selon eux, l'innocente victime. Le savant abbé Gorini a fait justice de ces exagérations et a pleinement justifié l'archevêque de Reims sur ce point particulier. Nous ne voulons ni refaire ni analyser sa dissertation, véritable chef-d'œuvre de polémique courtoise, il nous paraît suffisant de réfuter par des documents authentiques puisés aux sources même, des accusations si souvent répétées. Gottschalk, nous l'avons dit, enseignait, en substance qu'il y a une double et fatale prédestination au salut ou à la damnation éternelle ; que Jésus-Christ n'est pas mort pour tous les hommes mais seulement pour les élus ; que l'homme ne jouit pas du libre arbitre et qu'il est courbé fatalement sous une pression coactive et insurmontable. Cela résulte de la lettre d'Amolon, archevêque de Lyon. Voici comment ce prélat, l'un des plus remarquables de son temps, parle à Gottschalk : « Lorsque vous étiez encore en Germanie, nous avions ouï de vous des bruits fâcheux : que vous semiez des nouveautés et que vous agitiez des questions insensées. Depuis, nous avons reçu tant par d'autres que par vous, plusieurs de vos écrits où nous voyons pleinement vos erreurs. »

Amolon les réduit à six : 1º Aucun de ceux qui ont été rachetés par le sang de Jésus-Christ ne peut périr. 2º Le baptême et les autres sacrements ne sont donnés que pour la forme et d'une manière illusoire à ceux qui périssent, après les avoir reçus. 3º Les fidèles qui périssent n'ont point été incorporés à Jésus-Christ et à l'Eglise quand ils ont été régénérés. 4º Tous les réprouvés sont tellement prédestinés de Dieu à la mort éternelle qu'aucun d'eux n'a pu ni ne peut être sauvé. 5º La prédestination des réprouvés à leur perte est aussi irrévocable que Dieu est immuable. 6º Dieu et ses saints se réjouiront de la perte de ceux qui ont été prédestinés à la mort éternelle, Telle était donc l'hérésie de Gottschalk d'après ses propres écrits. Il n'y a guère que la mauvaise foi et l'intérêt de secte qui puissent s'inscrire en faux contre des témoignages si précis et entreprendre de justifier un auteur que les trois plus grands archevêques de leur temps, Raban , Hincmar et Amolon ont convaincu d'avoir enseigné l'hérésie prédestinatienne.

Cette erreur est exactement celle du protestantisme et des deux hérésies congénères de Jansénius et de Baïus. Dégagée de sa formule religieuse elle aboutit philosophiquement au fatalisme absolu, c'est-à-dire au système essentiellement démoralisateur dont Mahomet se dit le prophète. Au point de vue social, elle constitue l'erreur la plus funeste, puisqu'elle a pour conséquence logique la négation de toute responsabilité dans les actes humains. Nul n'est coupable, en effet, si l'acte criminel qu'un scélérat a perpétré lui était imposé fatalement par une force invincible.

Voilà pourquoi la France du ixme siècle qui considérait la doctrine chrétienne comme le plus ferme rempart des Etats, la plus puissante sauvegarde des peuples, ne laissa pas à Gottschalk la faculté de répandre son erreur, mais les mesures de répression dont il fut l'objet émanèrent directement de l'autorité civile. C'est ce qu'il est facile de prouver par la simple lecture des textes.

Le synode de Quiersy où fut condamné Gottschalk était assemblé par ordre de Charles-le-Chauve dans le palais de ce prince et en sa présence; il fut présidé non point par Hincmar mais par Wénilon, archevêque de Sens ; seize évêques titulaires, trois évêques nommés, trois abbés de monastères et, entre autres, celui d'Orbais dont Gottschalk était moine, prononcèrent la sentence rapportée plus haut. Les deux autorités, celle de l'Eglise et celle de l'Etat se réunissent dans l'exposé des motifs, pour réclamer contre le coupable le même châtiment. Il y a plus : ce furent les trois abbés, saint Ratbert de Corbie, Bavo d'Orbais et Halduin d'Hautviliers, qui prirent l'initiative dans la question du châtiment corporel à infliger au moine séditieux et récalcitrant. Voici les paroles même d'Hincmar dans sa lettre à Amolon, archevêque de Lyon : « Gottschalk fut interrogé en présence d'une foule énorme par le seigneur Wénilon ; il ne put rien trouver de raisonnable à répondre, et, dans la fureur où le jeta cette impossibilité de fournir des arguments plausibles, il se mit à vociférer des injures contre chacun des assistants. On eut dit un épileptique *et arreptitius*. Témoins de cette frénétique imprudence, les vénérables abbés et les religieux présents demandèrent que le châtiment, porté dans la règle de saint Benoît contre les moines rebel-

les, lui fût appliqué et qu'on le condamnât à la flagellation monastique (1). On trouvera peut-être que la
législation bénédictine était bien dure, mais on recon-
naîtra du moins que la responsabilité personnelle
d'Hincmar dans le jugement et la condamnation de
Gottschalk à Quierzy-sur-Oise est une pure imagination
des critiques modernes. Il en est de même de la *sombre
cruauté* de cet archevêque pendant la réclusion de
Gottschalk au monastère d'Hautviliers.

Hincmar lui adressa, dès les premiers mois, une lettre
où mêlant la bonté d'un père à la fermeté d'un juge
et à l'autorité d'un savant, il démontrait la fausseté du
prédestinatianisme, l'exhortant à abjurer cette erreur
et à souscrire les quatre propositions dogmatiques de
Quierzy-sur-Oise. A cette condition fort juste et qui
serait encore aujourd'hui indispensable en pareil cas,
Gottschalk devait être admis à la communion (2).
L'orgueilleux sectaire refusa. Il prétendit que ni les
Pères de Quierzy ni ceux de Mayence n'avaient compris sa véritable pensée. Huit siècles avant Jansénius,
héritier de son erreur et de son opiniâtreté, il mit en
avant la fameuse distinction du fait et du droit, soutenant qu'en droit on avait eu raison de condamner
le prédestinatianisme mais qu'en fait celui qu'on avait
condamné n'était pas le sien.

Sa réclusion au monastère était si peu sévère, et sa
condamnation au silence si mal observée, qu'elles ne

(1) Labbe, tom. cit., col. 58.

(2) Nous n'avons plus cette lettre mais elle a été analysée par
Flodoard.

l'empêchèrent ni de parler ni d'écrire, pour propager son hérésie. Hincmar nous fournit quelques détails intéressants sur son séjour à Hautviliers et sur les visions qu'il racontait aux religieux pour séduire leur bonne foi (1) : « J'ai reçu de Dieu, disait-il, l'ordre de ne jamais prier pour l'archevêque Hincmar. Cet ordre m'a été communiqué une première fois par la seconde personne de la sainte Trinité, le fils de Dieu incarné en moi. Le Père vint personnellement dans mon corps, puis le Saint-Esprit, dont le souffle ardent en passant par mes lèvres me brûla la barbe. » Gottschalk donna encore d'autres preuves de son aveuglement poussé jusqu'à la folie. « Durant un été, dit Hincmar, il refusa de recevoir les habits qui lui étaient fournis du vestiaire des religieux, sous prétexte que ces religieux reconnaissaient ma communion. Il n'aurait consenti à faire usage de ces vêtements que s'il eût été en mesure de les payer, mais comme il n'avait pas d'argent, il préféra demeurer tout nu dans l'état du premier homme avant le péché. C'était la comparaison qu'il aimait à répéter dans cette circonstance. Cependant, l'hiver étant venu, il accepta non-seulement les habits du vestiaire mais encore une pelisse de fourrure et le foyer qu'on plaça dans sa cellule. »

Tel était le dévergondage de cet impie sectaire qu'en arrivant à Hautviliers il avait annoncé qu'Hincmar mourrait dans trois ans, qu'il lui succéderait sur le siége de Reims, et que lui-même, après sept années d'é-

____

(1) Hincmar. *De una et trina Deitate.* cap. XVIII

piscopat serait empoisonné par les catholiques et obtiendrait ainsi la couronne du martyr. La prédiction ne s'étant réalisée sur aucun point, Gottschalk, ajoute Hincmar, écrivait à l'un de ses partisans : le brigand, le voleur d'archevêque n'est pas mort, comme je l'avais cru au terme fixé. Que nous reste-t-il à faire? Rien autre chose que de prier notre Dieu et maître Jésus-Christ, crucifié pour les seuls élus de prononcer l'arrêt de mort contre cet archevêque débauché, aveugle, impudent, hérétique, opiniâtre et relaps, ennemi de toute vérité, passionné pour toute erreur (1). Ce vocabulaire d'injures épuisé sur la tête vénérable d'Hincmar et inséré scrupuleusement par lui-même dans ses œuvres ne l'empêcha pas de faire de nouveaux efforts pour ramener cette âme dévoyée dans le sein de l'Eglise.

Ceux des moines d'Hautviliers restés fidèles au dogme catholique partageaient les préoccupations de leur archevêque. En 868, lorsque leur hôte fut frappé d'une maladie mortelle, ils s'empressèrent d'en informer Hincmar et de prendre ses instructions. Voici la noble et chrétienne réponse qu'ils en reçurent : Depuis longtemps je vous ai tracé les règles à suivre dans les devoirs de charité spirituelle et d'humanité corporelle que vous avez à observer pour Gottschalk, et de la conduite à tenir à son égard s'il vient à se repentir. Je me borne à vous les confirmer par des témoignages irrécusables : ceux des papes Célestin, Léon-le-Grand et saint Grégoire qui, d'accord avec les canons ecclésiastiques, sont unanimes à déclarer qu'eût-on passé toute

(1) Hincmar, loc, cit, col, 613.

sa vie dans l'hérésie et le schisme, le retour final à la vérité suffit avec le repentir pour être absout par l'autorité de l'Eglise et être admis à la participation des sacrements. Dès lors, si le malade donne des signes de repentir, s'il regrette sa conduite passée, s'il reconnaît l'autorité de l'Eglise et celle de son évêque, quand même il ne pourrait plus exprimer ce sentiment que par geste, à défaut de la voix, il faut le réconcilier avec Dieu et lui donner la communion. S'il vient à mourir ensuite, ses obsèques se feront avec le même cérémonial que celles des autres religieux, soit pour les prières publiques, soit pour le lieu de sépulture ; mais s'il persiste avec opiniâtreté jusqu'au dernier soupir, les saints canons et les règles formelles, posés par le bienheureux pape Grégoire, défendent la psalmodie, les hymnes des obsèques et la sépulture dans le lieu sacré où reposent les autres Pères. Dès lors il faudra lui rendre les derniers devoirs de l'humanité, mais sans solennité publique et il faudra l'enterrer dans un lieu séparé de la sépulture commune aux Pères (1).

Quand on proposa à Gottschalk de signer le formulaire dressé par Hincmar, il recueillit ce qui lui restait de forces et se mit à vomir contre son archevêque des flots d'injures accompagnés de blasphèmes. Les moines épouvantés s'étaient jetés à genoux pour prier quand la justice de Dieu arrêta ces débordements : il était mort dans l'impénitence et l'opiniâtreté, fruits ordinaires de l'esprit d'erreur surtout pour les personnes qui s'y livrent dans une profession sainte.

(1) Hincmar, Epist.

§ II.

La conduite d'Hincmar à l'égard de Gottschalk n'a pas été condamnée par le pape Nicolas I, non plus que sa doctrine sur la Prédestination.

La réclusion de Gottschalk fut si peu rigoureuse, et sa condamnation au silence si peu observée, qu'il put continuer, pendant vingt ans encore, à écrire des apologies de son système et à les répandre dans toute la Gaule.

Les moines d'Hautviliers ne résistèrent pas tous à la propagande hérétique; il en gagna un certain nombre à sa cause. L'un d'eux, nommé Godbert, essaya de lui rendre la liberté et envoya de sa part des lettres furtives. S'étant enfui avec des chevaux du monastère, ce moine porta au pape Nicolas les plaintes de Gottschalk. Le sectaire se représentait comme une victime de l'ignorance du clergé des Gaules et du despotisme d'Hincmar. Le moment où la requête parvint à Rome fut habilement choisi. Il coïncidait avec les justes réclamations de l'évêque de Soissons, Rothade, dont nous avons fait connaître la nature et le résultat.

Dans l'affaire de Rothade, Hincmar avait outre-passé ses droits de métropolitain et violé les règles canoniques. On pouvait donc facilement en conclure qu'il n'avait pas dû se montrer plus équitable vis-à-vis du moine Gottschalk, au sujet duquel le pape lui demanda des explications catégoriques. Mais sur ce point la réponse de l'archevêque de Reims satisfit pleinement le grand pontife. Après avoir exposé l'erreur du sectaire et la double condamnation dont elle avait été l'objet, aux conciles de Mayence et de Quiersy-sur-Oise, Hincmar s'exprime ainsi :

« Tels sont les renseignements que mon humble personne transmet à votre autorité suprême. Je la supplie de les faire contrôler par d'autres témoignages qui en démontreront la parfaite exactitude. Le venin de l'hérésie couve dans les Etats du seigneur roi Charles, votre fils ; jusqu'ici on est parvenu à le comprimer, mais les hérétiques se déclarent contre moi ; ils s'accordent pour noircir ma conduite et me déchirent à belles dents. Avec l'amour de Dieu, j'espère supporter cette persécution.

« Pour le peu de temps que j'ai à passer sur la terre, il m'importe peu d'y souffrir, soit dans mon corps, soit dans mon âme, pourvu que le secours divin m'accorde la patience. Si votre autorité daigne me donner l'ordre de faire sortir Gottschalk du monastère d'Hautviliers, pour l'envoyer soit à Rome où il serait interrogé par vous-même, soit à tout autre évêque qu'il vous plairait de déléguer, en votre nom, pour l'examen de sa cause, je m'empresserai d'obéir. Votre décision me dégagera de l'obligation où je me suis trouvé, jusqu'alors, de me conformer au jugement porté par les évêques de la Germanie et des Gaules dans leurs précédents synodes, car je suis loin de me complaire dans la réclusion, d'ailleurs si peu pénible, dont se plaint ce moine contumace; mais je gémis de ne pouvoir l'arracher à l'erreur dans laquelle il s'obstine (1). » Ces explications d'Hincmar éclairèrent la conscience de saint Nicolas le Grand. L'illustre pontife trouva la réclusion de Gottschalk fort légitime, il n'invoqua point l'affaire au tribunal du siège apostolique.

Quant à la doctrine d'Hincmar sur la prédestination, nous avons justement relevé une erreur qui lui est commune avec Raban. Afin de ne point paraître favoriser l'hérésie du turbulent Gottschalk, ils évitèrent l'un et l'autre d'admettre, mais seulement dans les termes, une double prédestination : l'une des bons à la grâce et à la gloire; l'autre des méchants, non au péché, mais à la peine. Ils enseignèrent tous les deux explicitement la première, et pour la seconde, ils se bornèrent à dire que Dieu prédestinait la peine aux pécheurs sans reconnaître, ce qui était une inconséquence comme on rencontre souvent dans la conduite d'Hincmar, qu'il prédestinait les pécheurs à la peine. Mais ce ne fut là qu'une erreur de langage. La foi d'Hincmar fut de tout point conforme à celle de l'Eglise catholique. Il enseigne, en effet, comme nous l'avons vu, que la rédemption s'étend à tous les hommes et pas seulement à *une partie* d'entre eux, et c'est là, d'après les textes même de l'Ecriture Sainte, le fond de l'enseignement orthodoxe et vraiment philosophique.

(1) Hincmar *Epist.* ii.

DEUXIÈME SECTION.

ZÈLE D'HINCMAR POUR LES LETTRES.

L'histoire des Lettres ne compte qu'un petit nombre de siècles inspirés et connaît beaucoup de siècles laborieux. L'inspiration, a dit Ozanam (1), est une grâce, elle est d'un lieu et d'un temps, elle vient et se retire. Le travail, au contraire, est une loi ; il est par conséquent de tous les temps, et celui qui en a fait la condition de l'humanité ne souffre pas qu'il s'interrompe jamais. Cependant on s'arrête avec admiration devant l'âge d'or des littérateurs, aux courts moments où le rayon d'en haut vient éclairer l'époque de Périclès, d'Auguste, de Léon X : on n'a que de l'indifférence et du mépris pour les périodes difficiles et méritoires qui d'un âge d'or à l'autre, ont gardé la tradition littéraire. Nous ne savons pas tout ce qu'il a fallu de courage à des hommes assurés qu'ils n'auraient jamais les applaudissements du monde, pour se vouer à cette tâche obscure, d'étudier, de commenter, de conserver la pensée d'autrui. Il y a pourtant quelqu'attrait à s'enfoncer dans ces siècles injustement dédaignés et, en particulier, dans ce IXᵉ siècle que nous étudions sous tous les aspects. Il est intéressant de rechercher le but vers lequel se dirigeait l'activité intellectuelle de ce temps.

(1) *Etudes Germaniques.*

CHAPITRE I.

MOUVEMENT LITTÉRAIRE AU IXe SIÈCLE ET PART IMPORTANTE
QU'Y PRIT HINCMAR.

§ I.

Réveil de la littérature au IXe *siècle. — De cette époque
date l'alliance des deux éléments auxquels on peut
rapporter le développement intellectuel de l'Europe
moderne : Le christianisme et la littérature ancienne. — Usage légitime des auteurs païens. —
L'Eglise a fondé sur cette idée l'instruction de la
jeunesse.*

Du VIe au VIIIe siècle, la littérature avait sommeillé en
France comme la théologie. On ne voit se produire durant
ce long intervalle aucune œuvre littéraire importante; il
y a des évêques, des prêtres, des moines, point d'écrivains sérieux et de théologiens. C'est sous Charlemagne
que les débats théologiques recommencent. Malheureusement des obstacles, toujours nombreux dans l'enfance
de la civilisation, combattirent le penchant secret qui
porte naturellement les âmes vers le beau comme l'objet
le plus en harmonie avec la pureté, la noblesse et la
dignité de leur nature. Alcuin, qui fut avec Charles
l'âme de cette civilisation, n'estimait pas assez l'étude des
auteurs profanes sans toutefois les dédaigner. Médités

comme il convient, ils eussent au sein de cette France, prête à abjurer la barbarie de ses conquérants, ramené peut-être quelques-uns des beaux jours de la saine antiquité : presque négligés sous le règne du seul prince dont la main vigoureuse put imprimer aux esprits une direction nouvelle, on reporta sur d'autres objets, peu propres à façonner le goût, l'application qu'on leur eût plus utilement consacrée. Avec Louis-le-Débonnaire, la littérature profane reprend ses droits : Cicéron, Salluste, Quintilien, Platon, Aristote concourent dans les écoles avec l'étude des Ecritures sacrées, des Pères de l'Eglise, des canons des conciles. Ce sont là les deux éléments fondamentaux auxquels ou peut rapporter le développement intellectuel de l'Europe moderne : Le christianisme d'une part et la littérature ancienne de l'autre, la théologie chrétienne et l'érudition classique.

Mais tandis que les langues et les littératures classiques sont les mêmes, au ixe siècle, que dans l'antiquité, l'usage qu'on en fait et le but auquel on tend, à cette époque, varient. Chez les Grecs, l'étude des auteurs classiques, notamment des poëtes, associé à l'enseignement de la grammaire et de la rhétorique, constituait la partie essentielle de toute culture intellectuelle, morale et religieuse ; car les œuvres d'Homère et d'Hésiode n'étaient pas seulement des chefs-d'œuvre de poésie, c'était encore la source principale de la religion et de la morale nationale. Lorsque les romains donnèrent pour base à l'enseignement de leurs enfants les études classiques et la langue grecque, ce fut au détriment de leur nationalité. Quand chez les peuples chrétiens on agit entièrement de même, ce ne peut être qu'au détriment du but auquel tend le christianisme, et cela ne peut être approuvé que par ceux qui, ne voyant pas dans ce but le terme le plus élevé et le seul définitivement légitime, honorent les auteurs classiques païens comme les maîtres incomparables et uniques du vrai, du bien et du beau.

Mais on est en droit de se demander si cette manière de comprendre l'antiquité, si cet usage de ses œuvres sont les seuls possibles, sont les seuls vrais; si le rapport entre l'antique paganisme et le christianisme n'est pas tout différent; si, sous certains rapports, l'un n'est pas le degré qui mène à l'autre, si celui-là ne doit pas servir d'école préparatoire à celui-ci.

Les plus grands docteurs du christianisme ont professé cette opinion, et l'Eglise a fondé l'instruction de la jeunesse chrétienne sur cette idée. C'est ainsi que Saint-Basile, par exemple, s'est exprimé en termes clairs et magnifiques, dans le discours adressé aux princes chrétiens de son temps, sur l'usage légitime des auteurs païens : « Nous savons que nous avons la plus grande des luttes à soutenir, que nous devons tout sacrifier à cette cause. Dès lors nous devons nous mettre en communication avec les poëtes, les historiens, les orateurs, avec tous ceux dont nous pouvons espérer quelque secours pour le salut des âmes. Comme les teinturiers préparent avec soin les étoffes qui doivent recevoir leurs couleurs, et ne les imbibent de l'éclat de la pourpre, qu'après ces soins préalables, ainsi quand nous voulons que notre âme se revête de l'éclat impérissable de l'éternelle beauté, nous devons l'y préparer par la culture

du dehors (païenne) avant d'écouter la doctrine mysté-
rieuse et sainte des Ecritures, et ce n'est qu'après nous
être, pour ainsi dire, habitués à contempler l'image du
soleil se reflétant dans le miroir des eaux, que nous
pouvons élever notre regard vers la lumière elle-même. »
C'est dans ce sens que furent instituées les écoles chrétiennes, qu'elles ont servi de refuge et d'asile à la littérature classique, d'instrument à sa propagation.

C'est de ces écoles que sortirent les plus illustres
docteurs de l'Eglise et les apôtres des nations, des
hommes tels que Saint-Boniface, Alcuin, Raban Maur
et Hincmar. Le zèle, que mit ce dernier à les faire fleurir
et à les multiplier, nous amène à parler des écoles au
IXe siècle, et en particulier de celle de Reims dont il fut
le fondateur.

§ II.

Les Ecoles au IXe *siècle. — Hincmar contribue puis-
samment à leur fondation. — Ecole de Reims.*

Aussi zélé pour les lettres que son père Charlemagne,
Louis-le-Débonnaire avait ordonné, du vivant même de
ce prince, dans une assemblée tenue à Attigny, que l'on
établirait de nouvelles écoles dans les grands centres
qui en étaient dépourvus. Il avait promis aussi de relever
celles qui étaient déjà établies, et il renouvela ces
ordres et ces promesses par un capitulaire de l'an 823.

Mais comme cette ordonnance, quelque sage qu'elle

fût, était assez mal exécutée, les évêques assemblés dans
le concile de Paris de l'an 829, demandèrent à Louis
la permission d'établir, au moins, trois écoles publiques
dans ses Etats « afin, disaient-ils à l'empereur, que le
fruit de votre travail et de celui de votre auguste père
ne soit pas perdu par négligence, que l'Eglise au contraire en retire et plus d'avantages et plus d'honneur,
et que votre réputation et votre récompense en reçoivent un nouvel accroissement. » Pour encourager les
études dans ces écoles, il fut ordonné dans le même
concile que les enfants, qui y seraient élevés, seraient
présentés aux conciles provinciaux. Un canon du concile d'Aix-la-Chapelle, en 816, avait déjà pourvu au
rétablissement des écoles et insisté sur la nécessité de
n'y placer que des maîtres habiles. Et ce qui paraît digne
de remarque, c'est que cette assemblée en donne la
raison suivante : « La science est nécessaire pour éloigner du vice et porter à la pratique de la vertu. » Le
concile de Meaux, en 845, celui de Valence, en 855, et
quelques autres, Hérard, archevêque de Tours, et beaucoup d'autres prélats, également persuadés de la nécessité de cultiver les sciences, à cause de l'influence qu'elles
ont sur la prospérité de l'Eglise et de l'Etat, ordonnèrent
l'établissement d'écoles nouvelles dans le pays dépendant
de leur juridiction, et ils ne tardèrent pas à voir les
résultats d'un zèle si louable.

Les historiens ont loué dans Charles-le-Chauve le
même goût pour les lettres et les savants. Héric dit,
dans sa vie de saint Germain, que ce prince marcha à
cet égard sur les traces de Charlemagne, et qu'il alla

même plus loin : « Charlemagne a ressuscité les sciences; pour vous, vous les avez étendues. Votre autorité,
votre exemple, vos bienfaits, vous les avez fait servir à
mettre les lettres en honneur, à réveiller le zèle de ceux
qui pouvaient les cultiver, à faire venir dans vos Etats
ceux qui pouvaient les éclairer. Vous avez répandu sur
eux vos largesses, vous les avez comblés de caresses :
votre amour pour les savants, et la protection, que vous
leur accordez, ont attiré chez vous beaucoup d'étrangers qui ont quitté leur patrie pour venir augmenter
la gloire de votre royaume. Au milieu du tumulte des
armes, les sciences languissent ordinairement, mais
vous avez su les y faire fleurir comme dans le sein
même de la paix. » On ne pourrait louer autrement
Louis XIV. Mais cet éloge était outré pour Charles-
le-Chauve, quoiqu'il soit certain que son palais ait eût
une école florissante. Jean Scot, qui ne manquait pas
d'habileté dans les langues grecque et latine, présida
assez longtemps à cette école. Hilduin, l'abbé d'Hincmar, eut le soin de la bibliothèque que l'on augmen-
tait souvent de livres nouveaux. Si l'on prend garde à
la présence d'Hincmar au palais, et à son influence sur
l'esprit de Louis-le-Débonnaire et de Charles-le-Chauve,
on ne peut s'empêcher de reconnaître la part qu'il eut
lui-même dans ce renouvellement des études classiques.

A peine fut-il monté sur le siège épiscopal de Reims,
qu'il fonda une école où il déploya les mêmes talents
que dans l'abbaye de saint Denys et dans celle de saint
Germer, au diocèse de Beauvais, qu'il avait gouvernée.
C'était, dit Flodoard, un prélat instruit et qui recher-

chait avec ardeur ceux qui avaient du goût et de la
capacité (1). Il prit soin lui-même de l'éducation des
neveux d'Isaac, évêque de Langres. Hincmar, son propre neveu, évêque de Laon, fut aussi élevé sous ses
yeux et en partie par ses soins. Il l'instruisit dans les
lettres où il ne fit pas tous les progrès qu'il eût été
capable de faire, comme son oncle le lui reprocha,
mais trop amèrement, dans les disputes qu'ils eurent
depuis ensemble, et où ils se livrèrent l'un et l'autre
à toute leur vivacité. Anségise, depuis archevêque de
Sens, fut instruit dans la même école de Reims, et il
paraît par la lettre d'Hincmar à Enée, évêque de Paris,
que Bernon lui fut envoyé pour le même sujet; ce qui
montre combien cette école était célèbre. Hincmar ne
la dirigeait pas toujours par lui-même. Ses autres occupations et surtout son zèle pour le service du roi
l'appelaient souvent ailleurs. Mais il y suppléait en con-
fiant cette école aux soins de plusieurs savants dont
les talents et les bonnes mœurs lui étaient connus.
Flodoard en nomme quelques-uns, entr'autres Sigloard
dont il parle avec estime. Les ravages des Normands,
qui faisaient des courses fréquentes aux environs et
jusqu'aux portes de Reims, arrêtèrent les progrès de
cette école au milieu de sa gloire. Le relâchement s'y
introduisit et dura jusque vers le temps de Foulques,
qui fut fait archevêque de cette ville en 882.

En examinant les divers monuments qui nous restent des temps dont je parle, on trouve qu'il y avait de
pareilles écoles à Lyon, à Evreux, à Sens, à Vienne, à

(1) *Flod, Lib.* 3, C. 23.

Laon, à Beauvais, à Corbie, à Cambrai, à Mayence, à Trèves, à Paderborn et ailleurs. On serait même tenté de croire, et cette conjecture n'est pas sans fondement, que les anciens chapelains des églises au moins cathédrales, n'étaient originairement que de jeunes étudiants que l'on attachait à ces églises, où ils apprenaient leurs devoirs en fréquentant l'école et en assistant à l'office divin. Il en fut de même dans la plupart des anciennes églises qui portent aujourd'hui le titre de Collégiales. Dans leur origine, ces églises étaient des monastères où l'on enseignait les sciences sacrées. Une partie des autres n'était, ce semble, que des congrégations ou collèges, fondés pour y enseigner l'Ecriture Sainte et les lettres humaines aux jeunes gens qui se destinaient à la cléricature. C'était là le but principal de Charlemagne et de ses successeurs, et qui doit paraître très-naturel à une époque où la religion était le foyer unique de toute vie intérieure et spirituelle. Cependant l'éducation du peuple n'était pas négligée. Les évêques, à l'exemple de Théodulphe, évêque d'Orléans, fondaient aussi dans leurs diocèses de écoles populaires.

§ III.

Objet de l'enseignement classique dans les Ecoles du
IXe siècle et en particulier dans celle de Reims.

Outre la langue latine qui était essentiellement nécessaire pour l'étude de la religion, les sciences humaines,

que l'on étudiait alors se réduisaient à ce que l'on nomme arts libéraux, sous lesquels Raban et tous les auteurs
de ce temps-là qui nous ont laissé des écrits sur cette
matière, comprenaient la Grammaire, la Rhétorique, la
Dialectique, l'Arithmétique, la Musique et l'Astronomie.

Par la grammaire, on n'entendait pas seulement l'art
de bien écrire et de bien parler, mais aussi la science
d'expliquer les poëtes et les historiens. Les maîtres de
ce temps veulent qu'on étudie la grammaire, ainsi
comprise, avant de s'appliquer à la lecture des auteurs,
parce que sans cela, disent-ils, on ne saisirait pas les
figures qui sont employées dans leurs ouvrages, la
force des termes, la justesse ou le défaut des expressions,
l'on se méprendrait à la ponctuation et l'on ignorerait
la bonne orthographe (1). Ils permettent la lecture des
poëtes profanes, qu'ils jugent fort utile pour orner l'esprit et polir le style, mais le but principal qu'ils recommandent, dans l'usage qu'on en fait, est de lire avec
plus d'utilité, l'Ecriture Sainte et les auteurs ecclésiastiques. Ce sont là les idées que donnent de la grammaire : Ermenric, moine de Richenow qui en a publié
un traité, Kerard, moine du même monastère qui a
fait un recueil de synonymes, l'abbé Smaragde dans son
commentaire sur Donat. On trouve des règles assez
bonnes dans ces différents écrits, mais ceux qui les
donnaient les suivaient assez mal pour l'ordinaire. Il ne
faut chercher dans la plupart ni correction de style, ni
beauté d'élocution, ni souvent des expressions bien
justes. Ces auteurs ne laissaient pas de se parer du titre

(1) Raban, *de Institutione clericor.*

le grand aimer et le faire honneur. C'était un
titre que l'on donnait aux gens de lettres et une marque
de l'estime que l'on faisait de leur savoir et de leur
esprit.

La Rhétorique que l'on enseignait alors n'était pas
plus parfaite que la grammaire. Les écrivains de ce
temps, qui en ont tracé les règles, en sentaient mieux
les avantages qu'ils n'étaient capables de donner de
bons préceptes ou de les suivre eux-mêmes. Raban,
dans son *Instruction des Clercs*, où il parcourt super-
ficiellement toutes les sciences la regarda comme nécessaire surtout à un ecclésiastique, soit pour enseigner la vérité, soit pour la défendre. Il la définit : l'art
de bien arranger ses pensées et de mettre en lumière
ses raisonnements. Il fait un portrait assez beau et assez
juste de l'éloquence et de ses effets. Mais il croit qu'il
ne convient pas à un homme grave de s'y appliquer.
Cette erreur lui fut commune avec presque tous les
auteurs de ce temps-là, et ils furent malheureusement
trop exacts à la suivre dans la pratique. Il est vrai qu'il
était bien difficile qu'ils devinssent d'habiles orateurs,
n'ayant qu'une lecture très-superficielle des bons auteurs grecs et romains. Si, dans plusieurs écoles, on
lisait Cicéron et Quintilien, on ne faisait presque qu'ef-
fleurer certains endroits de ces auteurs. Pour les orateurs grecs, l'étude de cette langue était peu commune.
Ceux qui en sentaient le plus l'utilité étaient souvent
rebutés par les difficultés qu'ils y trouvaient. On ne
lit pas volontiers ce que l'on entend trop difficilement.

De l'étude de la Rhétorique on passait à celle de la

Dialectique ou l'art de raisonner. On étudiait Platon et Aristote, surtout le dernier, et les ouvrages philosophiques de Boëce. Mais l'ouvrage philosophique qu'on lisait le plus, alors, était la Dialectique de Saint-Augustin, c'est-à-dire, très-probablement, le traité des dix catégories qui était attribué à ce saint docteur, dès le temps d'Alcuin, et qui avait prévalu, dès lors, sur Aristote.

On voit aussi par les ouvrages d'Hincmar de Reims, de Loup de Ferrière, de Raban et de beaucoup d'autres que l'on étudiait alors les mathématiques, mais très-superficiellement. Toute cette science consistait dans l'arithmétique, la géométrie, la musique et l'astronomie. Raban vante beaucoup la connaissance des nombres par cette raison que Dieu, en créant l'univers, fit tout avec ordre et proportion et parce que le nombre six est parfait, figurant les six jours de la création. Il donne aussi des raisons mystiques, pour le moins arbitraires du nombre ternaire, du septenaire et du dinaire.

La musique, si l'on en excepte peut-être l'astronomie, était de toutes les parties qui ont rapport aux mathématiques, celle qui était le plus cultivée. Il n'y avait presqu'aucune école, en France, où il n'y eût des maîtres pour l'enseigner surtout aux clercs et aux moines. Elle fut particulièrement en honneur à l'école de Reims. Quelques vingts ans après la mort d'Hincmar, Aurélien, clerc de cette église, adressait à Bernard, archichantre et depuis évêque, un traité des règles des modulations qu'on appelle *Tons* (1). Notker composa, aussi, un livre de la musique et de la symphonie. Ruthard et Herdinc d'Her-

(1) Trithème.

sauge, Rupert de Saint-Aban, Wérembert de Saint-Gal
et plusieurs autres en laissèrent des traités. On dit
qu'Hincbaud sut si bien, dans le sien, ajuster ce qui
compose le Monochorde avec les lettres de l'alphabet,
qu'en lisant son ouvrage on pouvait apprendre le chant
sans autre secours. Il avait aussi réglé le chant pour
plusieurs fêtes de saints, et les écrivains de cette époque
disent qu'il était aussi doux que régulier.

L'étude de l'astronomie était presqu'aussi commune
que celle de la musique. Mais on se contenta de savoir
supputer le temps, selon le mouvement du soleil et de
la lune, parce que de cette connaissance dépend celle du
temps de Pâques. Cette étude était expressément recom-
mandée aux ecclésiastiques. A partir du règne de Charlemagne jusqu'à la fin du xe siècle, on fit beaucoup de
lois pour les obliger à s'y appliquer. Les évêques, dans
leurs statuts, mettaient cette connaissance entre celles
qui étaient nécessaires au clergé, et les rois ne la recom-
mandaient pas moins dans leurs capitulaires.

La peinture, la sculpture et l'architecture sans être
florissantes, il est vrai, ne furent pas tout-à-fait négligées en ce siècle. Flodoard, dans la description qu'il fait
de l'Eglise de Reims, dont le magnifique vaisseau avait
été achevé, comme nous l'avons vu, par les soins
d'Hincmar, dit aussi qu'il y avait dans l'intérieur un
grand nombre de *belles* peintures qu'il décrit avec la
plus vive admiration.

Voilà quel fut le mouvement littéraire du siècle
d'Hincmar. On ne peut en contester la grandeur, mais
il faut aussi en reconnaître la faiblesse et ne pas s'é-

tonner si de nouvelles guerres, de nouveaux ravages ramenèrent l'ignorance dont on n'était pas sorti. Mais les traditions classiques demeurèrent, et dans ces savantes retraites, où la raison fut rigoureusement exercée, l'intelligence affinée parfois jusqu'à la subtilité, le cœur nourri de la lecture des écrits attribués à Denys l'Aréopagite, dont on commençait à s'engouer, on prépara de loin les générations studieuses aux travaux de la scholastique et de la mystique du moyen-âge.

CHAPITRE II.

ŒUVRES D'HINCMAR.

§ I.

Goûts littéraires d'Hincmar. — Ses quelques poésies. — Il existe plusieurs ouvrages de sa main.

Hincmar appliquait particulièrement son esprit vif et pénétrant à traiter les affaires les plus difficiles de l'Eglise et de l'Etat, mais il ne resta pas étranger à la littérature grecque et latine. Quoiqu'élevé dans l'école palatine, d'après la discipline d'Alcuin qui, comme nous l'avons fait observer, n'avait qu'un goût médiocre pour les lettres, il apporta au renouvellement des études un zèle admirable, et fit lui-même quelques poésies. Il adressa au roi Charles un ouvrage en vers intitulé : *Service de Salomon*. Cet ouvrage était composé de deux parties : la première se composait de quatre cent-quarante-six vers, la seconde était en prose. Il ne reste de la première que douze vers rapportés à la fin du second volume de ses œuvres. La seconde est une allégorie *sur le metz royal de Salomon* qu'il considère, d'après les saints Docteurs, comme la figure de l'Eglise. On y trouve un passage décisif pour la transubstantiation qui se fait dans la célébration des mystères par les paroles ordinaires de la consécration. Hincmar dit clairement que l'Eucharistie est le vrai et propre corps de Jésus-Christ son vrai et propre sang (1).

Pendant que Louis de Bavière était à Douzy avec le roi Charles, il demanda à l'archevêque de Reims la solution de diverses questions sur l'Ecriture auxquelles celui-ci répondit sur-le-champ. Mais n'ayant pas eu le loisir de donner l'explication de ces paroles du psaume cIII : *Le nid de la cigogne surpasse ceux des petits oiseaux dont elle est comme le premier et le chef*, il adressa un écrit sur cette matière au prince allemand et lui exprima les vœux qu'il faisait pour lui en six vers élégiaques.

Outre ces poésies, Hincmar fit en vers l'épitaphe de

______

(1) *Sacrificium corporis et sanguinis Christi Domini de pane et vino aquâ mixto ineffabili sanctificatione cruce et verbis ipsius consignatur, et verum ac proprium Domini nostri Jesus-Christi ac sanquis ejus verus ac proprius efficiuntur, sicut ipse protestatus est : hoc est corpus meum, hic est sanguis meus.*

Saint-Rémi (1), celle de l'archevêque Tilpin (2) et la
sienne propre; il composa aussi des vers pour l'autel de
la Vierge. Angelo Maii a publié au tome v^e des *Classici
Auctores* le poëme dogmatique à la bienheureuse Vierge-
Marie, et d'autres vers pour être gravés auprès du tombeau de Saint-Remy. L'épilogue du traité qu'il composa (3), à la prière des évêques, sur les images de
Notre-Seigneur et des Saints, était aussi en vers.

D'après ces poésies, Hincmar ne paraît pas avoir été
poëte, mais avoir étudié les poëtes. Ces vers sont sans
élégance, ni beauté; on n'y retrouve pas ce feu sacré
qui est l'âme de toute poésie. Ce sont plutôt des mots
agencés suivant les règles de la prosodie, des pensées
pieuses, belles même quelquefois, mais qui manquent
d'interprète. Hincmar a, du reste, cela de commun avec
ceux de ses contemporains qui se sont mêlés de faire
des vers. Dans ces innombrables inscriptions composées
pour les églises ou pour les mausolées, il n'y a rien de
vivant, d'animé. On ne trouve un peu de souffle que
dans quelques chants consacrés à célébrer les hauts
faits de Charlemagne.

(1) Flodoard, Lib. i. Ca. xxi.

(2) Epitaphium in Honorem Tilpini Præsulis :

> Hâc requiescit humo Tilpinus præsul honoris
>   Vivere cui Christus, vita et obire fuit.
> Hunc Rhemi populo martyr Dionisius almus
>   Pastorem vigilem misit, et esse patrem.
> Quem pascens quadragonis aut amplius annis,
>   Veste senectulis despoliatus abit.
> Quartas cum nonas mensis september habet,
>   Mortua quando fuit mors sibi vita manet
> Et quoniam locus atque gradus hoc junxerat Hincmar
>   Hunc fecit tumulum, composuit titulum.

(3) Flodo, cap. xxvi.

Le vrai caractère de cette époque était plutôt l'érudition. Aussi Hincmar aima-t-il beaucoup les livres. Ils étaient de son temps aussi rares que les hommes habiles à les transcrire. Ce n'était que dans les monastères qu'on trouvait des mains assez exercées pour les copier, et quelles peines il fallait s'imposer quand on voulait soigner ces reproductions! Hincmar n'était pas homme à reculer devant la peine ou la dépense; il transcrivit de sa main quelques ouvrages, fit transcrire à ses frais toutes les parties de la Bible, la presque totalité des œuvres de Saint-Augustin, quelques écrits de Bède, du pape Saint-Grégoire, de Saint-Ambroise et de Saint-Jérôme.

Pour avoir une idée de la bibliothèque d'Hincmar, il ne sera peut-être pas sans intérêt de rechercher le nombre des volumes qui, distribués autrefois par Hincmar, existent encore aujourd'hui. La bibliothèque de Reims possède neuf volumes où est inscrit le nom de cet archevêque; et si on y ajoute le célèbre évangiliaire écrit en lettres d'or, provenant d'Ebbon, qu'Hincmar emporta dans sa fuite, à l'approche des Normands, et qui est conservé dans la bibliothèque d'Epernay, on trouve vingt volumes possédés par ce savant archevêque. Il garda sans doute un exemplaire des livres donnés par lui, et il en avait un grand nombre d'autres. Mais quels auteurs posséda-t-il et quels sont ceux qu'il donna soit aux monastères soit aux églises? on peut le savoir en lisant les œuvres d'Hincmar. Nous ne sommes donc nullement étonnés de trouver au nombre des ouvrages inscrits au nom de cet archevêque, les livres suivants :

1. La Bible sacrée, d'après la version de Saint-Jérôme, appelée vulgairement la Grande Bible d'Hincmar.

2. Les quatre saints évangiles donnés par Hincmar au monastère de Saint-Théodore près de Reims. En tête, sont quelques lectures pour le lavement des pieds et un chant avec cet exorde : « Voici, mes très-chers, le jour du jugement. » Il y a, à la suite, quatre tables, divisées en quatre colonnes de chapitres, qui forment une concordance des quatre évangélistes (1).

3. Les Harmonies des Evangiles de Tatien.

4. Les quatre derniers livres du Pantateuque de Moïse.

5. Les traités du divin Ambroise : 1º *Paroles de Salomon;* 2º *Des divins mystères;* 3º *De Gédéon;* 4º *De la vigne de Naboth l'Israélite;* 5º *L'apologie de David,* c'est-à-dire, *son excuse;* 6º *Le mystère de la Pâque.*

6. Le premier livre des *Mystères* de Saint-Ambroise et le sixième *des Sacrements.* Le livre du même Père du *Paradis et des Vierges.* Le livre de Saint-Augustin de la *Foi du symbole,* de Saint-Victor, de *Delapsis.*

7. Le divin Jérôme sur les Psaumes.

8. Le dialogue de Saint-Jérôme contre les Lucifériens. La dispute d'Athanase contre Arius; la sentence du juge Probus; les actes du concile de Francfort.

9. Le livre des règles de Tycoricus.

10. Les *Locutions* de Saint-Augustin sur l'Ecriture sacrée.

11. Le livre de Saint-Augustin sur la Trinité.

(1) Vict. Cotron, prior mon. Sanc. Thom.

12. Divers traités de Saint-Augustin sur *la Foi et les Œuvres, du Soin des morts, de la Continence.*

13. Le livre de Saint-Augustin *du Maître, de la Virginité, de la Règle; des Objections et des Réponses des Ariens,* la lettre à Asillius pour éviter le Judaïsme, et à Théodore pour recevoir les Donatiens.

14. Quelques ouvrages de Saint-Augustin, à savoir : 1º *Aux évêques Eutrope et Paul;* 2º *De la Nature et de la Grâce;* 3º *A Valentin;* 4º *Du libre arbitre;* 5º Le second livre *de la Correction et de la Grâce;* 6º L'épitre de Prosper à Augustin; 7º d'Augustin *sur la Prédestination;* 8º *Du Don de la persévérance;* 9º *Du Lien conjugal;* 10º *De la sainte virginité;* 11º *Des Nôces;* 12º *De la Concupiscence.*

15. Sur le livre du B. Job, *Considérations morales* de Grégoire, pape, sous forme de méditations (cinq livres, deux parties).

16. Première partie des *Considérations morales* de Grégoire, pape, sur Job.

17. Le livre des *Origines* d'Isidore d'Espagne.

18. *Exposition du Vénérable Bède* sur le *Proverbe* de *Salomon* touchant les hérésies.

19. Le livre de Bède, prêtre, sur la grâce de Dieu contre l'hérétique Julien. *Exposition* du même auteur sur le *Cantique des Cantiques* et quelques passages extraits des opuscules du divin Grégoire.

On fera le plus grand cas de ces livres d'Hincmar, si on se rappelle que Jean II, roi de France, après avoir mis tous ces soins à former une bibliothèque, et dépensé beaucoup d'argent dans ce but, avait réuni environ vingt volumes seulement. Mais Hincmar en possédait sans doute beaucoup d'autres, lui qui en avait donné dix-neuf.

Le savant bibliothécaire de la ville de Reims a bien voulu mettre sous nos yeux quelques-uns de ces ouvrages, qui ont échappé au vandalisme et sont conservés à la bibliothèque de Reims. En général, l'écriture, la forme et la condition de ces volumes ont la même physionomie : jolie minuscule, régulière, ronde bien proportionnée, — intitulés des chapitres écrits au vermillon, — grandes initiales, généralement de forme anglo-saxonne, entrelacées et plus ou moins ornées, — presque tous les volumes avec cette forme carrée qui est particulière aux manuscrits des VIIIe et IXe siècles.

On s'étonnera peut-être, dit avec raison M. Loupot (1), de ne point voir parmi ces témoignages du zèle d'Hincmar pour les lettres quelques textes d'auteurs classiques ; il est hors de doute pourtant que le savant prélat en avait collectionné quelques-uns ; à sa mort, ils devinrent sans doute la proie de quelques seigneurs qui les laissèrent périr entre leurs mains.

____

(1) *Hincmar de Reims*, 304.

§ II.

Prodigieuses facultés d'Hincmar. — Sa profonde connaissance de l'Ecriture, des Pères et de la discipline ecclésiastique. — Caractère de ses travaux. — Pourquoi son style est diffus. — Les différentes collections de ses œuvres.

Hincmar ne se borna pas à copier les livres des anciens, il en composa lui-même un très-grand nombre; il nous en reste trois volumes in-folio. A le juger par ses écrits, on voit qu'il était doué d'un esprit subtil, vif, pénétrant, vaste et capable de manier les affaires les plus épineuses, et d'une mémoire merveilleuse qui lui rappelait sur-le-champ tout ce qu'il voulait; qu'il possédait on ne peut mieux l'Ecriture et les Pères. Il était surtout fort habile canoniste, et il avait une connaissance si parfaite des lois ecclésiastiques qu'il paraissait savoir par cœur les décrétales des papes et les canons des conciles. Il se plaisait à écrire sur cette sorte de matières qui font l'objet de la plupart de ses ouvrages, et il avait de la peine à finir tant il était plein de la science acquise dans cette étude. Il a effectiment réussi à faire entrer dans ses traités une infinité d'excellentes règles et d'autorités sur le gouvernement de l'Eglise. Il n'est pas d'ancien auteur où l'on en trouve un aussi grand nombre, si bien établies, et dans lequel on puisse apprendre plus de droit ecclé-

siastique. Quelques critiques lui ont reproché de n'avoir
point été assez versé dans la doctrine de Saint-Augustin : on voudrait apparemment insinuer par là qu'il a
eu tort de condamner Gottschalk, dont cependant il a
si clairement démontré les erreurs.

Il est plus vrai et plus équitable de dire qu'on remarque dans ses différents travaux plus d'érudition que
de justesse et d'exactitude, et plus de facilité naturelle
et d'invention que de travail et de méthode. L'auteur
instruit souvent son lecteur de plusieurs faits importants qu'on chercherait en vain ailleurs; mais il le
fatigue quelquefois par l'extrême prolixité de son style.
Il savait beaucoup, mais il ignorait le moyen d'être
court. Peut-être le temps lui manqua-t-il pour se former à cet art difficile ; car il était presque toujours
en marche et en lutte. Obligé sans cesse de partager
son attention entre les sujets les plus divers, accablé
sous le poids d'affaires souvent très-épineuses, il ne
pouvait écrire qu'à la hâte et comme en courant, et
il devait tomber nécessairement dans la diffusion. Si
délivré du souci des affaires, il lui eût été permis dans
le calme et le silence de concentrer les prodigieuses
facultés dont la nature l'avait doué, nul doute qu'il n'eût
donné à l'Eglise un de ses plus solides et de ses plus
brillants docteurs.

Ce qui nous le fait conjecturer, c'est le style plus
clair et plus net de ses lettres, qui forment la partie la
plus intéressante peut-être, sinon la plus considérable,
des écrits d'Hincmar.

Flodoard fait mention de plus de quatre cents lettres

dont plusieurs sont d'une étendue considérable, et il
ajoute qu'il parle seulement des plus importantes. Elles
l'étaient, en effet, si on en juge par la courte analyse
qu'il en a laissée. Elles sont adressées à des rois, reines,
papes, archevêques, évêques, prêtres, abbés, ducs,
comtes, etc., etc. La plupart de ces lettres sont malheureusement perdues; elles renfermaient sur les évè-
nements contemporains des renseignements d'autant
plus précieux qu'on n'en trouve pas ailleurs.

Dans celles qu'il adressait aux rois (1), il touchait
avec une grande sûreté de coup d'œil à presque toutes
les questions qui ont tant de fois préoccupé les gouvernements, et ne paraissait étranger à aucune affaire
de guerre ou de justice. — Il parlait aux évêques (2),
discipline, morale, liturgie, il appréciait les hommes
et les choses, faisait connaître les coutumes qu'on
pouvait tolérer et celles qu'il fallait proscrire, rappelait
à ceux qui paraissaient les oublier les prescriptions
des saints canons, la nécessité d'une vie régulière et en
harmonie avec la sublimité de leurs fonctions. — Avec
les abbés et les moines (3), il s'entretenait des moyens
de relever la discipline, il signalait les réformes à opérer,
les abus à détruire, et il disait avec raison que la perfection est là où se trouve l'exacte fidélité aux régles.
— La plupart de ses lettres aux laïques (4) ont un objet
nécessairement différent, il leur recommande le bien

(1) Flod. C. 19 - 20.
(2) Ibid. C. 21 - 23.
(3) Flod. C. 24.
(4) Ibid. C. 26.

matériel des églises, le respect dû à ce qu'il appelle le patrimoine des pauvres. Fort de son droit, il revendique sans crainte les propriétés qu'ils ont enlevées aux églises, il les somme de réparer les torts qu'ils leur ont causés et les menace, s'ils n'obéissent, de recourir aux armes spirituelles, *armes redoutables,* dit-il, *qui, pour ne pas blesser les corps, n'en sont que plus terribles pour l'âme.*

Les dames du monde (1), les princesses de sang royal ont aussi une part dans sa correspondance. Il leur rappelle, sous une forme polie mais où perce l'indépendance de l'apôtre, quelles obligations sont attachées à un rang élevé, et le bien qu'on peut faire par ses exemples ; il les prie de l'aider de leurs prières dans la lutte qu'il soutient pour la sainte Eglise, et de s'entremettre auprès de leurs illustrissimes époux afin d'arrêter le pillage des biens ecclésiastiques.

Le premier auteur, qui ait parlé avec détail des ouvrages d'Hincmar, est Flodoard, mais quoique cet historien en cite un très grand nombre, il avertit qu'il en a passé plusieurs sous silence. Voici ceux dont nous ne connaissons guère que les titres parce qu'ils n'ont point encore été rendus publics (2) : Explication des passages de saint Prosper mal entendus par Gottschalk ; traité aux reclus du diocèse de Reims pour les précautionner contre la doctrine de Gottschalk (3) ; lettre à

(1) Flod. C. 27.
(2) Flodo. Cap. xxviii.
(3) Hincm., *opusc.*, 1295-1310.

Raban (1) au sujet de ce traité; diverses lettres (2) touchant Gottschalk et sa doctrine; traité sur la Prédestination et le Libre Arbitre (3) dédié au roi Charles-le-Chauve; Mets (4) au service de la table de Salomon. Ce poëme était aussi dédié au roi Charles et contenait cent quarante-six vers élégiaques, et la préface vingt-quatre; traité sur le *Trina Deitas* (5) différent de celui que nous avons; lettres apologétiques (6) aux papes Nicolas I et Jean VIII; consultation sur les chorévêques (7) et les clercs ordonnés par Ebbon — Hincmar l'avait adressé au pape Léon IV —; recueil des canons (8) et autres autorités touchant les églises et les chapelles, contre un écrit de Prudence de Troyes, sur le même sujet. Il était adressé au roi Charles, de même que l'écrit intitulé *les Abus.* Cet écrit était tout différent de celui qu'on a imprimé, sous le même titre, parmi les œuvres de saint Cyprien et de saint Augustin. On ne trouve dans celui-ci que des passages de l'Ecriture. Hincmar alléguait dans l'autre non seulement des passages des Pères, mais encore les constitutions des rois prédécesseurs de Charles. On n'a plus l'instruction qu'il avait faite pour ce prince et pour la reine

(1) Flodo., lib. iii, cap. xxi.
(2) *Ibidem.*
(3) *Ibidem,* Cap. xv, et t. 1 *opusc.* Hincm. pag. 4.
(4) *Ibidem.*
(5) *Ibidem.*
(6) *Ibidem.*
(7) *Ibidem.* Cap. x.
(8) *Ibidem.* Cap. xviii.

son épouse, où il leur prescrivait les moyens de se rendre agréables par leur bonne conduite à Dieu et aux hommes (1); ni celle qu'il fit pour Louis-le-Bègue, aussitôt après la mort de l'empereur Charles, son père (2). Elle roulait sur les moyens de régner heureusement en remplissant ses devoirs envers l'Etat, et en rendant à l'Eglise l'honneur qui lui est dû. Il en composa plusieurs autres pour le même prince et pour Louis son fils (3).

La plus ancienne collection des œuvres d'Hincmar est due aux soins de Jean Buné, jésuite. Elle parut à Mayence, chez Jean Albin, en 1602, mais elle ne contient que neuf opuscules. De Cordes, en ayant retrouvé vingt autres, les fit imprimer chez Nivelles en 1615. Ces deux éditions sont in-4° et renferment divers autres monuments qui n'ont que peu ou point de rapports aux écrits d'Hincmar. Celle du P. Sirmond à Paris, en 1645, chez Cramoisy, est en deux volumes in-folio, sans aucune note : L'auteur a mis seulement à la tête des volumes une table chronologique où l'on trouve l'année et le sommaire de chaque ouvrage. Cette édition, quoique plus ample que les précédentes, n'est pas complète. Le P. Cellot recouvra, depuis, quelques autres écrits d'Hincmar qu'il fit imprimer à Paris, en 1658, avec les actes du concile de Douzy. C'est d'abord l'instruction qu'il adressa aux prêtres de son diocèse sur l'administration du baptême; ensuite, la lettre synodale du concile de

(1) *Ibidem.*
(2) *Ibidem.* Cap. xix.
(3) *Ibidem.*

Douzy, en 871, qu'on attribue à Hincmar. Sa lettre au pape Adrien sur la translation d'Actard, et son différend avec son neveu font aussi partie des actes de cette assemblée. Les mémoires ou expositions du roi Charles, pour la défense des libertés de l'Eglise, se trouvent dans le tome cxxv de la *patrologie latine* (1). Mais le premier de ces mémoires est la même chose que le 29e opuscule dans l'édition du P. Sirmond. Le quatrième avait déjà été imprimé dans le tome iie du *Spicilège*. A la suite de ces mémoires, sont imprimées huit lettres d'Hincmar qui regardent son différend avec son neveu, en particulier l'interdit que celui-ci avait jeté sur tout le diocèse de Laon. Eccard, qui ne savait pas que ces huit lettres eussent été rendues publiques, les a insérées dans le tome iie de son recueil. Le Père Sirmond en a donné cinq autres, déjà publiées dans l'édition des œuvres d'Hincmar, en 1615, par De Cordes. Elles se trouvent à la fin du tome viiie des *Conciles*. Les quatre premières se lisent dans le tome iie des capitulaires. Celle qui concerne l'ordination d'Hédenulphe est adressée au clergé et au peuple de l'Eglise de Laon, et signée de sept suffragants de l'Eglise de Reims, la date est de l'an 877. Elle se trouve dans le tome iie des *Conciles* (2). La lettre qu'Hincmar écrivit au roi Louis III, fils de Louis-le-Bègue, en réponse à celle que ce jeune prince, lui avait écrite au sujet de l'élection d'un évêque de Beauvais, a été imprimée dans le

(1) Col. 1035 - 1070.
(2) P. 1887. ·

volume VII des *Mélanges* de Baluze (1). Dom Mabillon
cite, dans ses *Annales*, la lettre du clergé de Ravenne
au roi Charles, et la réponse qu'Hincmar y fit au nom
de ce prince (2). La lettre de l'Eglise de Ravenne se
trouve parmi les opuscules d'Hincmar dans l'édition
de De Cordes, nous n'avons plus celle de cet archevêque. Mabillon cite aussi la lettre de Sigebod (3). Il
en est parlé dans Flodoard (4) et de plusieurs autres
qui ne sont pas venues jusqu'à nous.

Les œuvres complètes d'Hincmar sont reproduites
au tome CXXV^e de la *Patrologie Latine*, et dans une
partie du tome CXXVI. Le premier volume contient
une notice historique tirée de Cave, une seconde
d'après l'*Histoire littéraire* de la France, une notice
bibliographique d'après la même histoire et 2° les témoignages des auteurs. On reproduit ensuite l'édition
de Sirmond, mais on a soin d'y ajouter tous les écrits
d'Hincmar qui ne s'y trouvaient point. Ainsi on y
lit les expositions sur la *Défense des Libertés de
l'Eglise*, d'après les Actes de la province de Reims, la
vie et l'éloge de saint Remy d'après Surius, la profession
de foi adressée au pontife romain, d'après Marlot (5),
sept petites pièces de vers, d'après Flodoard, Marlot
et Sirmond. La troisième partie des *Annales de saint*

(1) P. 49.

(2) *In Annal.*, p. 213.

(3) Mabill., Lib. XXXVII, Annal. Num. 86, p. 199.

(4) Flodo., Cap. XVIII, XIX, XX, XXI, XXII, XXIII, XXIV, XXV, XXVI,
XXVII, XXVIII.

(5) Marlot, *Histoire de l'Eglise de Reims*.

Bertin est reproduite à la fin du premier volume d'a-
près Pert (1). Le tome IIe renferme les lettres d'Hincmar au nombre de cinquante-cinq, ses opuscules et ses
lettres concernant la cause d'Hincmar de Laon.

(1) *Monumenta Germ. Historiæ*, tome I.

CONCLUSION.

HINCMAR MÉRITE LE NOM DE GRAND PARCE QU'IL A CONSACRÉ
SA VIE A RÉPANDRE DANS LE MONDE LES SEMENCES
PRÉCIEUSES DE LA SAINTETÉ ET DE LA CIVILISA-
TION : LA DOCTRINE ET LES MŒURS

Telle fut la glorieuse existence que nous avons essayé d'esquisser ; tels furent les travaux et les fatigues qui la remplirent.

Il nous reste à parler des derniers instants du grand archevêque. Il termina sa longue carrière au milieu des incursions des Normands. Ces barbares, qui troublèrent tout le règne de Charles-le-Chauve, étant venus jusqu'à Laon, pillèrent et brûlèrent tous les environs; mais avant que de l'assiéger ils résolurent d'aller à Reims. Hincmar en fut averti, mais il se trouva sans défense, car la ville n'avait point de murailles; les pierres, en grande partie en avait été employées à rebâtir la cathédrale. D'un autre côté, les troupes de l'Archevêque étaient à l'armée de Carloman, roi de France. Les habitants de cette ville ne songèrent donc qu'à chercher leur salut dans la fuite. Les moines surtout et les religieuses s'empressèrent de sortir de leurs cloîtres, pour se disperser en divers lieux. L'archevêque Hincmar était malade en ce moment : son grand âge et la douleur qu'il eût de voir son troupeau exposé à ces malheurs augmentèrent son mal, sans toutefois diminuer son courage. Il se fit mettre à la hâte dans une chaise à porteurs, et se fit transporter à Epernay avec le plus précieux trésor de son Eglise, c'est-à-dire avec le corps de Saint-Remy. Les Normands vinrent piller jusqu'aux portes de Reims. Mais, quoique la ville fut sans défense, ils n'y entrèrent pas : ce qui fut regardé comme un effet de la protection du ciel, Dieu ayant voulu que l'Eglise de la Vierge devint pour la ville une défense plus sûre que n'auraient été les murailles dont on s'était servi pour bâtir.

Hincmar demeura quelque temps à Epernay avec les reliques de Saint-Remy, qui faisaient son unique consolation dans cette sorte d'exil, et y mourut de fatigues et de douleur après avoir occupé le siège de Reims trente-sept ans, sept mois et quatre jours : ce qui fixe la date de sa mort au 7 décembre 882, car il avait été ordonné le 3 mai 845. Son corps fut rapporté au monastère de Saint-Rémy, dont il était abbé et où il avait choisi sa sépulture aux pieds de ce grand saint. Il y avait fait faire son tombeau de son vivant, et il avait lui-même, comme nous l'avons dit, composé son épitaphe en quatorze vers latins. Les voici :

Nomine non merito præsul Hincmarus ab antro,
Te lector, tituli, quæso, memento mei :
Quem grege Pastorem proprio Dionysius olim
Remorum populis, ut petiere, dedit.

Quique humilis magnæ Remensis regmina plebis
  Rexi promodulo : hic modo verme voror.
Ergo animæ requiem nunc, et cum carne resumpta
  Gaudia plena mihi hæc quoque posce simul
Christi tui clemens famuli miserere fidelis ;
  Sis pia cultori sancta maria tuo.
Dulcis Remigi sibimet devotio prosit,
  Qua te dilexit pectore et ore, manu.
Quare hic suppetiit supplex sua membra locari,
  Ut bene complacuit, denique sic obiit.

On ajouta après la mort d'Hincmar ces paroles : Anno incarnationis Dominicæ DCCCLXXII, Episcopâtus autem sui XXXVII, mense VII, die IV.

C'était alors le plus grand personnage de l'Eglise de France. Malgré quelques fautes, que lui fit commettre son humeur fière et quelquefois violente, il l'emporta par la vivacité, la subtilité, la pénétration, l'étendue et la capacité de son esprit, la régularité de ses mœurs, sur les rois et les grands. Il s'élève au-dessus des ténèbres et des décombres de la barbarie, comme une statue grandiose ou une colonne restée debout au milieu des ruines de l'antique Egypte, tandis que le reste de la multitude gît étendue pèle-mèle sur le sol où a péri entièrement. Il en est peut-être qui, ne lui pardonnant pas sa manière de voir sur l'erreur de Gottschalk, lui reprochent « son caractère altier, inflexible, impérieux, rusé, partial, enveloppé, artificieux, entreprenant; » ou qui, passionnés pour les réputations classiques, réservent toutes leurs louanges pour quelque grec ou quelque romain, comme si les grecs et les romains avait ménagé aux leurs les panégyriques et les chants. Nous leur laissons sur ce point toute liberté; mais qu'on ne nous blâme pas d'avoir essayé de remettre en lumière un homme populaire parmi nos ancêtres, un Franc. Toutefois, nous le répétons, nous n'avons prétendu sauver de l'oubli que les actions vraiment bonnes et honorables qu'il était peut-être nécessaire d'acheter au prix de quelques fautes. Car alors les grands ne savaient au juste à quoi s'en tenir au sujet de leur puissance, les évêques eux-mêmes paraissaient peu fixés sur les limites de leurs droits, et ce n'était que par l'audace et la violence que chacun pouvait défendre son honneur, son autorité, toutes choses sans lesquelles il était difficile de bien faire ou de bien vivre. Aussi voit-on presque tous les mortels de cet âge se signaler par des crimes, très-peu par des faits éclatants, et, parmi ces derniers, le plus illustre est, sans contredit, Hincmar. Conseiller des grands, ministre et tuteur des rois, il s'occupa aussi des petits avec la plus minutieuse sollicitude. Tous, dans l'Eglise ou dans l'Etat, lui dûrent la paix, plus souvent la justice et, ce qui est plus précieux encore, les mœurs et la religion. S'il porta quelquefois atteinte aux droits des Pontifes romains, il finit toujours par se soumettre, et souvent par exalter leurs prérogatives.

Marlot l'appelle : « un évêque digne de succéder à saint Rémy, religieux, sage, prudent, courageux, ami de la justice, d'ordre et de police, ennemi des désordres et dissolutions, patron de vertus, auquel les prélats peuvent se conformer pour conduire les peuples parmi les tempêtes de beaucoup de fatigues, sans craindre les puissances terriennes qu'ils doivent toujours postérieurement poser aux lois divines. Son courage à maintenir la décision des conciles l'a fait estre trop sévère et véhément à ceux qui le regardent de profil sans considérer la direction d'un siècle auquel il fallait pour s'opposer aux abus. »

Il ne fut donc pas ce prélat ambitieux et qui mettait tout en usage pour venir à bout de ses desseins, comme le lui ont reproché les envieux de sa puissance ou les adversaires de ses doctrines. Défenseur de la patrie, promulgateur des lois en un temps où tout devenait la proie de la force, de la ruse, de l'ambition et de la cupidité, initiateur du mouvement intellecluel de son temps, voilà des titres de gloire que personne ne peut ravir à Hincmar. Et au lieu de dire avec le cardinal Bona qu'on aurait de la peine à définir ce qui a prévalu en lui, du bien ou du mal, nous nous croyons en droit de conclure qu'il doit être considéré comme Grand. Il est Grand parce qu'il a fait le plus de cas possible de la doctrine et des mœurs, et qu'il a consacré toute sa vie à répándre dans le monde ces précieuses semences de sainteté et de civilisation.

TABLE ANALYTIQUE

— 352 —

DEUXIÈME PARTIE.

TROISIÈME PARTIE.

St-OMER. — Typographie Lⁱ VAN ELSLANDT, rue de Calais, 8.